21 世纪高职高专经济管理系列教材

SHICHANG YINGXIAO

市场营销

（第三版）

梁晓萍　主编
胡穗华

中山大学出版社
SUN YAT-SEN UNIVERSITY PRESS

·广州·

版权所有　翻印必究

图书在版编目（CIP）数据

市场营销/梁晓萍，胡穗华主编.—3 版.—广州：中山大学出版社，2015.2
（21 世纪高职高专经济管理系列教材）
ISBN 978-7-306-05173-8

Ⅰ.①市…　Ⅱ.①梁…②胡…　Ⅲ.①市场营销学—高等学校：技术学校—教材　Ⅳ.①F713.50

中国版本图书馆 CIP 数据核字（2015）第 016831 号

出 版 人：徐　劲
策划编辑：刘学谦
责任编辑：刘学谦
封面设计：林绵华
责任校对：刘学谦
责任技编：何雅涛
出版发行：中山大学出版社
电　　话：编辑部 020-84111996，84113349，84111997，84110779
　　　　　发行部 020-84111998，84111981，84111160
地　　址：广州市新港西路 135 号
邮　　编：510275　　传　真：020-84036565
网　　址：http://www.zsup.com.cn　　E-mail：zdcbs@mail.sysu.edu.cn
印 刷 者：广州市怡升印刷有限公司
规　　格：787mm×960mm　1/16　21.25 印张　410 千字
版次印次：2005 年 12 月第 1 版　2010 年 8 月第 2 版　2015 年 2 月第 3 版　2015 年 2 月第 6 次印刷
定　　价：36.00 元　　印数：20001～24000 册

如发现本书因印装质量影响阅读，请与出版社发行部联系调换

21世纪高职高专经济管理系列教材编写委员会

主编 张亚丽　孙晓梅
委员 （以姓氏笔画为序）
　　　　丁行政　王国颖　许洁虹
　　　　李　勤　张伟今　胡穗华
　　　　梁晓萍　秦　璐　樊哲银

内容提要

本书以企业的市场营销管理为研究对象,强调营销的综合性、实践性和实用性。本书定位于初级水平,以为初学者讲述市场营销学的基本原理和基本方法为宗旨,简明、易懂,着重实用性。作者为读者提供了较完整的学习工具:穿插于每章中的"相关链接"以事例或法律条文帮助学生加深对相关问题的理解;每章后配备的"练习与思考"有助于学生把握各章的知识点;"案例研讨"有助于提高学生的综合分析能力和解决各种实际营销问题的能力。

本书可作为管理类、财经类高职高专学生的专业基础课教材或非管理类专业本科学生的选修课教材使用,也可作为机关事业单位基层管理人员或企业基层管理人员的培训教材或参考书。

总序 ………………………………………………………………………… （Ⅰ）
第三版前言 ………………………………………………………………… （Ⅲ）

第一章 市场营销导论 ………………………………………………… （1）
 第一节 市场营销和市场营销学 ……………………………………… （2）
  一、市场的概念和基本内容 ………………………………………… （2）
  二、市场营销的概念和基本内容 …………………………………… （3）
  三、市场营销学的研究对象和基本内容 …………………………… （5）
 第二节 企业市场观念及发展 ………………………………………… （6）
  一、生产观念 ………………………………………………………… （7）
  二、产品观念 ………………………………………………………… （7）
  三、推销观念 ………………………………………………………… （8）
  四、市场营销观念 …………………………………………………… （8）
  五、社会营销观念 …………………………………………………… （9）
  六、市场营销观念新发展 …………………………………………… （11）
 第三节 市场营销管理 ………………………………………………… （16）
  一、市场营销管理的实质 …………………………………………… （16）
  二、市场营销管理的任务 …………………………………………… （17）
 第四节 市场营销管理过程 …………………………………………… （18）
  一、市场营销管理过程概述 ………………………………………… （18）
  二、市场营销组合 …………………………………………………… （19）
 本章小结 ………………………………………………………………… （20）
 关键概念 ………………………………………………………………… （20）
 练习与思考 ……………………………………………………………… （21）
 案例研讨 ………………………………………………………………… （22）

第二章　市场营销环境 (25)
第一节　市场营销环境的概念和特点 (26)
　　一、市场营销环境的概念 (26)
　　二、市场营销环境的特点 (26)
　　三、市场营销活动与市场营销环境 (28)
第二节　市场营销环境研究的内容 (29)
　　一、宏观环境研究 (29)
　　二、微观环境研究 (36)
第三节　SWOT 分析及营销对策 (40)
　　一、SWOT 分析 (40)
　　二、营销环境分析及营销对策 (42)
本章小结 (43)
关键概念 (44)
练习与思考 (44)
案例研讨 (46)

第三章　消费者市场购买行为研究 (48)
第一节　消费者市场与消费者行为模式 (49)
　　一、消费者市场的概念和特点 (49)
　　二、消费者购买行为模式 (50)
第二节　影响消费者购买的主要因素 (52)
　　一、影响消费者行为的外在因素 (52)
　　二、影响消费者行为的内在因素 (55)
第三节　消费者购买决策过程 (60)
　　一、消费者购买决策过程的参与者 (60)
　　二、消费者购买行为类型 (61)
　　三、消费者决策过程的主要步骤 (63)
本章小结 (67)
关键概念 (68)
练习与思考 (68)
案例研讨 (70)

第四章 组织市场购买行为研究 (72)
第一节 组织市场的类型和特点 (73)
一、组织市场的概念和类型 (73)
二、组织市场的特点 (74)
第二节 生产者市场和购买行为分析 (76)
一、生产者购买行为的类型 (77)
二、生产者购买决策的参与者 (77)
三、影响生产者购买决策的主要因素 (79)
四、生产者购买决策过程 (81)
第三节 中间商市场和购买行为分析 (83)
一、中间商购买行为的类型 (84)
二、中间商购买过程的参与人员和组织形式 (84)
三、中间商购买决策过程 (85)
四、影响中间商购买行为的主要因素 (87)
第四节 非营利组织市场、政府市场和购买行为分析 (88)
一、非营利组织市场的类型 (88)
二、非营利组织市场的购买特点和方式 (89)
三、政府市场和购买行为分析 (90)

本章小结 (92)
关键概念 (93)
练习与思考 (93)
案例研讨 (95)

第五章 市场营销调研与需求测量 (98)
第一节 市场营销调研 (99)
一、市场营销调研的概念和作用 (99)
二、市场营销调研的类型和内容 (100)
三、市场营销调研过程 (102)
四、市场调研方法 (105)
五、市场调研技术 (107)
第二节 市场需求测量 (111)

一、市场需求及其相关概念的含义……………………………………(111)
　　二、估计当前市场需求…………………………………………………(112)
　　三、市场需求预测方法…………………………………………………(114)
本章小结………………………………………………………………………(119)
关键概念………………………………………………………………………(119)
练习与思考……………………………………………………………………(119)
案例研讨………………………………………………………………………(121)

第六章　STP 战略……………………………………………………………(125)

第一节　市场细分战略………………………………………………………(126)
　　一、市场细分概述………………………………………………………(127)
　　二、市场细分变量………………………………………………………(129)
　　三、市场细分原则………………………………………………………(132)
第二节　目标市场选择战略…………………………………………………(132)
　　一、选择目标市场………………………………………………………(132)
　　二、目标市场战略………………………………………………………(133)
　　三、市场竞争与营销战略………………………………………………(135)
第三节　市场定位战略………………………………………………………(138)
　　一、市场定位的概念及方式……………………………………………(138)
　　二、市场定位的步骤……………………………………………………(140)
　　三、市场定位战略………………………………………………………(141)
本章小结………………………………………………………………………(144)
关键概念………………………………………………………………………(144)
练习与思考……………………………………………………………………(145)
案例研讨………………………………………………………………………(146)

第七章　市场竞争战略………………………………………………………(150)

第一节　市场竞争者分析……………………………………………………(151)
　　一、识别企业的竞争者…………………………………………………(151)
　　二、确认竞争者的目标…………………………………………………(152)
　　三、判定竞争者的战略…………………………………………………(153)

四、评价竞争者的优势与劣势 ………………………………………… (153)
　　五、估计竞争者的反应模式 …………………………………………… (153)
　　六、选择要攻击和要回避的竞争者 …………………………………… (154)
　第二节　市场地位竞争战略 ……………………………………………… (155)
　　一、市场领先者战略 …………………………………………………… (155)
　　二、市场挑战者战略 …………………………………………………… (159)
　　三、市场跟随者战略 …………………………………………………… (160)
　　四、市场补缺者战略 …………………………………………………… (161)
　本章小结 …………………………………………………………………… (164)
　关键概念 …………………………………………………………………… (165)
　练习与思考 ………………………………………………………………… (165)
　案例研讨 …………………………………………………………………… (166)

第八章　产品策略 ……………………………………………………………… (170)
　第一节　产品概念、层次及分类 ………………………………………… (171)
　　一、产品概念 …………………………………………………………… (171)
　　二、产品层次 …………………………………………………………… (171)
　　三、产品分类 …………………………………………………………… (172)
　第二节　产品生命周期 …………………………………………………… (174)
　　一、产品生命周期各阶段的特点和营销策略 ………………………… (174)
　　二、判断企业产品市场生命周期的方法 ……………………………… (177)
　　三、产品市场生命周期的特殊表现形式 ……………………………… (177)
　第三节　新产品开发 ……………………………………………………… (178)
　　一、新产品的概念及种类 ……………………………………………… (178)
　　二、新产品的开发方式 ………………………………………………… (178)
　　三、新产品的独立开发程序 …………………………………………… (179)
　第四节　产品组合策略 …………………………………………………… (181)
　　一、产品组合及其相关概念 …………………………………………… (181)
　　二、产品组合决策 ……………………………………………………… (182)
　　三、产品线决策 ………………………………………………………… (184)
　第五节　品牌策略 ………………………………………………………… (186)
　　一、品牌与商标的概念 ………………………………………………… (186)

二、品牌的作用和品牌资产 …………………………………………… (186)
　三、品牌设计的基本原则 …………………………………………… (188)
　四、品牌决策 ………………………………………………………… (189)
　五、名牌与驰名商标的概念 ………………………………………… (192)
第六节　包装策略 ……………………………………………………… (193)
　一、包装及其组成部分 ……………………………………………… (193)
　二、包装的作用 ……………………………………………………… (193)
　三、包装的策略 ……………………………………………………… (194)
本章小结 ………………………………………………………………… (195)
关键概念 ………………………………………………………………… (196)
练习与思考 ……………………………………………………………… (196)
案例研讨 ………………………………………………………………… (198)

第九章　定价策略 ……………………………………………………… (202)
第一节　价格的构成及影响因素 ……………………………………… (203)
　一、价格的概念 ……………………………………………………… (203)
　二、商品价格的构成 ………………………………………………… (203)
　三、影响企业定价的主要因素 ……………………………………… (204)
第二节　企业定价的程序和方法 ……………………………………… (208)
　一、企业定价的程序 ………………………………………………… (208)
　二、企业定价的方法 ………………………………………………… (208)
第三节　企业定价策略 ………………………………………………… (215)
　一、价格折扣策略 …………………………………………………… (215)
　二、地区性价格策略 ………………………………………………… (216)
　三、心理定价策略 …………………………………………………… (217)
　四、产品组合定价策略 ……………………………………………… (218)
第四节　价格竞争与非价格竞争 ……………………………………… (220)
　一、价格竞争 ………………………………………………………… (220)
　二、非价格竞争 ……………………………………………………… (222)
本章小结 ………………………………………………………………… (222)
关键概念 ………………………………………………………………… (223)
练习与思考 ……………………………………………………………… (223)
案例研讨 ………………………………………………………………… (225)

第十章 渠道策略 ·· (228)
第一节 分销渠道概述 ·· (229)
　　一、分销渠道的概念和职能 ······································ (229)
　　二、分销渠道的类型 ·· (229)
第二节 中间商 ·· (232)
　　一、中间商的概念 ·· (232)
　　二、中间商的类型 ·· (232)
第三节 分销渠道设计 ·· (234)
　　一、分销渠道设计概述 ·· (234)
　　二、渠道方案确定 ·· (237)
　　三、评估渠道方案的原则 ······································ (239)
第四节 分销渠道管理 ·· (239)
　　一、渠道冲突 ·· (240)
　　二、渠道管理 ·· (241)
　　三、渠道调整 ·· (244)
第五节 分销物流管理 ·· (247)
　　一、物流的概念和内容 ·· (247)
　　二、物流系统决策 ·· (247)
　　三、销售物流的一般模式 ······································ (248)
　　四、销售物流的一般流程 ······································ (248)
　　五、物流现代化 ·· (249)
　　本章小结 ·· (250)
　　关键概念 ·· (250)
　　练习与思考 ·· (250)
　　案例研讨 ·· (252)

第十一章 促销策略 ·· (255)
第一节 促销与促销组合 ·· (256)
　　一、促销与促销组合的概念和作用 ······························ (256)
　　二、影响促销组合的因素 ······································ (257)
第二节 人员推销策略 ·· (258)
　　一、人员推销的概念和特点 ···································· (258)
　　二、人员推销的程序 ·· (259)

三、推销队伍的设计 …………………………………………………… (263)
　　四、推销队伍的管理 …………………………………………………… (263)
　第三节　广告策略 ………………………………………………………… (264)
　　一、广告的概念和特点 ………………………………………………… (264)
　　二、广告策划的基本要求 ……………………………………………… (265)
　　三、广告效果测定 ……………………………………………………… (269)
　第四节　公共关系策略 …………………………………………………… (271)
　　一、公共关系的概念和特点 …………………………………………… (271)
　　二、公共关系的职能 …………………………………………………… (272)
　　三、公共关系对促销活动的支持 ……………………………………… (274)
　第五节　营业推广策略 …………………………………………………… (275)
　　一、营业推广的概念和特点 …………………………………………… (275)
　　二、营业推广的目的 …………………………………………………… (276)
　　三、营业推广的工具 …………………………………………………… (276)
　　四、营业推广方案的制订、实施与评估 ……………………………… (276)
　本章小结 …………………………………………………………………… (277)
　关键概念 …………………………………………………………………… (278)
　练习与思考 ………………………………………………………………… (278)
　案例研讨 …………………………………………………………………… (280)

第十二章　市场营销策划 …………………………………………………… (283)
　第一节　市场营销策划概述 ……………………………………………… (284)
　　一、策划与计划的概念 ………………………………………………… (284)
　　二、市场营销策划的概念 ……………………………………………… (284)
　　三、市场营销策划的分类 ……………………………………………… (285)
　第二节　市场营销策划的程序 …………………………………………… (286)
　　一、拟订计划 …………………………………………………………… (286)
　　二、市场调研 …………………………………………………………… (288)
　　三、目标与方案设计 …………………………………………………… (289)
　　四、费用匡算 …………………………………………………………… (289)
　　五、方案实施与控制 …………………………………………………… (290)
　　六、效果测评 …………………………………………………………… (290)
　第三节　市场营销策划案 ………………………………………………… (291)

一、市场营销策划案的基本要素与结构 …………………………………（291）
　　二、市场营销策划案的基本要求 …………………………………………（293）
　　三、市场营销策划案的撰写 ………………………………………………（293）
 第四节　市场营销策划案实例 ………………………………………………（300）
　　一、实例一：雀巢2012年上半年广告策划案 …………………………（300）
　　二、实例二：EC湿巾校园营销策划案 …………………………………（309）
 本章小结 …………………………………………………………………………（316）
 关键概念 …………………………………………………………………………（316）
 练习与思考 ………………………………………………………………………（316）

主要参考文献 ……………………………………………………………………（318）

总序

　　高等教育分为博士生教育、硕士生教育、本科生教育和大专生教育四个层次。根据这四个层次和我国高等教育的入学考试模式，以及各个高校办学水平、师资力量等条件的不同，高等教育办学层次就更加复杂。学生层次不同必然导致教学内容、教学方式、实训要求等不能按照一个统一模式，这是不言而喻的。

　　从现实来看，教科书的建设并没有完全体现层次性要求，至少在经济管理类学科中存在这类问题。目前，博士生、硕士生的教科书主要是引进国外原版书或释本，有的高校也编著了一部分教材填补空白。但是，研究生教学带有较强的学术性和前沿性，加上研究生专业划分细，所以，研究生所使用的教科书建设有相当的空间。本科生教科书建设目前在我国做得最好，各种教科书琳琅满目，既有统一的要求，又有各自特点，这可能与本科学生的规模有关。但是，大专教育，特别是高职高专这一块，经济管理类的教科书存在空白点太多。我想其中原因有以下两点：第一，随着社会主义市场经济的发展，经济管理类的课程体系结构发生了很大变化，教材改革应首先在办学层次高的高校实行。第二，高职高专学校的教师教学任务普遍较重，从事科研的时间不如本科院校教师宽裕。因此，不少高职院校把适合本科教学用的教科书提供给高职高专学生使用，甚至个别高职专业仍在使用中专教材。这样，不同的培养目标却使用相同的教科书，教师在教学过程中就难以把握，学生在学习过程中也存在较大困难，难以满足高职高专学生教学的需要。

　　我国高职高专教育占高等教育比重很大，随着社会经济的发展，对高职高专层次人才的需求也呈现数量大和多样化的特点。因此，搞好高职高专的教材建设，编写出能够与国际接轨的教科书，提高高等职业教育院校技术应用型人才的培养质量将会有力地促进我国社会的进步。这便是"21世纪高职高专经济管理系列教材"问世的历史和现实背景。

　　这套教材最明显的特点，就是参编的教师非常了解和熟悉高职高专经济管理类学生的学习情况，同时又知道这些学生的毕业走向。所以，在编写过程中,作者依据高等职业教育应用型人才的培养模式,以适用性、实用性和应用性为重点设计体系和组织内容,既注重培养学生观察分析问题的思路和方法,又重视提高学生的实际操作能力,目的是让学生学以致用,与社会需求相适应。

这套教材第一版推出后受到了读者的普遍欢迎,由此肯定了作者坚持理论的适用、实用和应用理念的正确性。在中国的高等职业教育越来越强调应用特色和能力本位,越来越重视人才的创新素质和创新能力的培养之际,这套教材的第二版又面世了。我相信,该套修订版教材的推出,对于探索高职高专教材建设的新路子、进一步锻炼教师队伍、提高教学水平有着积极的意义。

当然,再版的教材还会有许多不足之处,希望专家和读者指正,以利今后再完善。

程 飚
2010 年 4 月 12 日

第三版前言

《市场营销》自 2005 年出版以来,得到了广大读者和同行的认可,目前已成为高职高专院校经济管理类专业的基本教材之一。近年来,由于营销环境的变化,营销观念随之更新,营销活动也不断创新,营销法律法规更为完善,所以我们对《市场营销》教材做了适时的修改。在保持原有风格和框架的基础上,对第二版不足的地方进行了修订,主要是拾遗补缺,厘正谬误,吸收新成果,增补部分新内容。具体是:对全书的案例和习题进行了补充和更新,增加了营销 3.0 时代等营销新观念,并收录了新消费权益保护法的内容,使教材与时俱进,更系统,更完善。

本书第三版由梁晓萍主编,胡穗华副主编,她们负责对全书的修订和最后的统稿、定稿。各章的编写分工为:第一章至第十一章由梁晓萍修订,第十二章由胡穗华修订。

本书在修订过程中参考和借鉴了市场营销学界有关专家和学者的成果,引用了有关学者出版的案例,收录了媒体记者的相关报道,在此,谨向各位专家学者表示诚挚的感谢!此外,中山大学出版社的编辑为本书的出版做了大量的工作,在此,编者表示衷心的感谢。

对于本教材的不足之处,我们衷心期望继续得到广大读者、同行专家的批评、指正。

编 者
2014 年 10 月

第一章
市场营销导论

本章要点
◎市场的概念
◎市场营销的概念
◎市场营销学的研究对象
◎企业市场观念的发展
◎八种需求管理
◎市场营销管理过程
◎市场营销组合

市场营销学主要研究市场营销活动及其规律性，是一门建立在经济学、行为学、现代管理理论基础之上的应用学科，具有综合性、边缘性的特点，属于管理学范畴。市场营销学的核心内容，就是在买方市场条件下，卖方如何从顾客的需求出发，制定企业营销战略，组织企业市场营销活动，从而在满足顾客需求的前提下，使企业在激烈竞争的市场环境中获得生存和发展。

本章是市场营销学的总论，主要介绍市场、市场营销和市场营销学的相关概念，市场营销学观念的形成和发展过程，市场营销管理和市场营销管理过程。

第一节　市场营销和市场营销学

一、市场的概念和基本内容

市场营销一般可理解为与市场有关的人类活动。因此，我们首先要了解市场的概念与基本内容。

1. 市场的概念

市场的概念具体包括：

（1）市场是商品交换的场所，亦即买主和卖主发生作用的地点或地区。在这里，市场是一个地理概念。

（2）市场是指某种或某类商品需求的总和。也就是说，市场是由某一产品的所有现实买主和潜在买主所组成的群体。

（3）市场是买主、卖主力量的结合，是商品供求双方的力量相互作用的总和。"买方市场"、"卖方市场"反映了供求力量的相对强度，反映了交易力量的不同状况。

（4）市场是指商品流通领域，反映的是商品流通的全局，是商品交换的总和。这是一个"社会整体市场"的概念。

市场营销学所研究的"市场"，主要是从第二种含义上使用市场的概念。市场营销学主要是研究经营者营销活动的。对经营者来说，市场只是需求一方，因为站在卖方角度，作为供给一方，市场营销就是研究如何适应买方的需求，如何组织整体营销活动，如何拓展销路，以达到自己的经营目标。因此，市场在这里只是指某种商品的现实购买者和潜在购买者需求的总和。在市场营销学中，"市场"往往等同于"需求"。

站在经营者角度，人们常常把卖方称为行业，将买方称为市场。它们之间的关系如图1-1所示。

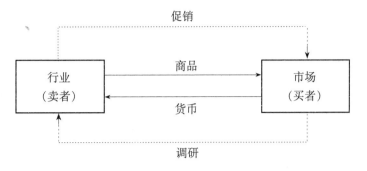

图1-1 简单的市场营销系统

这里,买卖双方由四种流程相连:卖方将商品(服务)送达市场,并与市场沟通;买方把金钱和信息送到行业。在图1-1中,内环表示钱物交换,外环表示信息交换。

2. 构成市场需求的基本要素

现实的市场需求由人口、购买力和购买欲望三个要素所组成。这三个因素相互制约、缺一不可,只有三者结合起来才能构成现实的市场,才能决定市场的规模和容量。

市场 = 人口 + 购买力 + 购买欲望

(1)人口是构成市场的基本因素,哪里有人,有消费者群,哪里就有市场。一个国家或地区的人口多少,是决定市场大小的基本前提。

(2)购买力是指人们支付货币购买商品或劳务的能力。购买力的高低由购买者收入的多少来决定。一般来说,人们收入高,购买力强,市场和市场需求就大;反之,市场和市场需求就小。

(3)购买欲望是指消费者购买商品的动机、欲望和要求。它是消费者把潜在的购买欲望变为现实购买行为的重要条件,因而也是构成市场的基本要素。

如果有人口,有购买力,而无购买欲望;或是有人口和购买欲望,而无购买力,对卖主来说,形成不了现实的有效市场,只能成为潜在的市场。

二、市场营销的概念和基本内容

1. 市场营销的概念

国内外学者对市场营销的定义有上百种,企业界对营销的理解更是各有千秋。美国学者基恩·凯洛斯曾将各种市场营销定义分为三类:一是将市场营销看做一种为消费者服务的理论,二是强调市场营销是对社会现象的一种认识,三是认为市场营销是通过销售渠道把生产企业与市场联系起来的过程。这从一个侧面反映了市场营销的复杂性。本书采用著名营销学家菲利普·科特勒教授的定义：市场营销是个人和群体通过创造并同他人交换产品和价值，以满足需要和欲望的一种社会和管理过程。根据这一定义，可以将市场营销概念归纳为下列几点：

（1）市场营销的最终目标。市场营销的最终目标是"满足需要和欲望"。

（2）"交换"是市场营销的核心。交换过程是一个主动、积极寻找机会，满足双方需要和欲望的社会过程和管理过程。

（3）交换过程。交换过程能否顺利进行，取决于营销者创造的产品和价值满足顾客需求的程度和交换过程管理的水平。

2. 市场营销的基本内容

（1）需要、欲望和需求。需要和欲望是市场营销活动的起点。所谓需要，是指人类与生俱来的基本需要，表现为不足感和欠缺感，如人类为了生存必然有对吃、穿、住、安全、归属、受人尊重的需要。这些需要存在于人类自身生理和社会之中，市场营销者可用不同方式去满足它，但不能凭空创造。

欲望，是指想得到上述需要的具体满足的愿望，是个人受不同文化及社会环境影响所表现出来的对基本需要的特定追求，表现为对消费的选择。人的需要是有限的，但欲望却是无止境的。市场营销者无法创造需要，但可以激发欲望，开发及销售特定的产品和服务来满足消费者的欲望。

需求，是指有购买力支持的对某个具体产品的购买欲望。市场需求实际上反映人们对某特定产品及服务的购买意愿和购买能力。人的欲望无限，但财力却有限。他必须在其购买力的范围内选择适合的产品来满足自己的欲望。市场营销者要根据消费者的购买能力，生产合适的产品来满足消费者的欲望。

（2）产品。产品是能够满足人的需要和欲望的一切有形的或无形的东西。产品必须与购买者的需求相吻合。市场营销者必须清醒地认识到，其创造的产品不管形态如何，如果不能满足人们的需要和欲望，就必然不会有市场。

（3）效用、费用和满足。效用是消费者对产品满足自己欲望的能力的一种主观心理评价。效用因人、因时、因地而不同。一个消费者通常根据对某种产品价值的主观评价和所需支付的费用来做出决定，购买那些能极大地满足自己需要和欲望的产品。

（4）交换、交易和关系。交换是指以自己的某种东西作为回报而从他人处取得所需之物的行为，其主要优点是参加者的利益都可得到提高，因此，交换成为人类社会满足需要和欲望的普遍方式。

交换的发生，必须具备五个条件：一是至少有交换双方，二是双方都有对方需要的有价值的东西，三是双方都有沟通和运送货品的能力，四是双方都可以自由地接受或拒绝，五是双方都认为与对方交易是合适或称心的。交换是从他人处取得所需之物的公平行为，交换双方都认为自己在交换后会得到更大的利益。

交换是一种过程，在这个过程中，如果双方达成一项协议，我们就称之为发生了交易。交易通常有两种方式：一是货币交易，二是非货币交易，包括以物易物、以服务易服务的交易等。一项交易通常要涉及几个方面：至少两件有价值的物品，双方同意的交易条件、时间、地点，有法律制度来维护和迫使交易双方执行承诺。

一些学者将建立在交易基础上的营销称为交易营销。为使企业获得较之交易营销所得到的更多，就要建立关系营销。关系营销是市场营销者与顾客、分销商、经销商、供应商等关系利益人建立、保持并加强合作关系，通过互利交换及共同履行诺言，使各方实现各自目的的营销方式。与顾客建立长期合作关系是关系营销的核心内容，与各方保持良好的关系要靠长期承诺和提供优质产品、良好服务和公平价格，以及加强经济、技术和社会各方面联系来实现。关系营销可以节约交易的时间和成本，使市场营销宗旨从追求每一笔交易利润最大化转向追求各方利益关系的最大化。

（5）市场营销与市场营销者。在交换双方中，我们将主动、积极地寻求交换的一方称为市场营销者，把被动的一方称为潜在顾客。因此，所谓市场营销者，是指希望从别人那里取得资源并愿意以某种有价值的东西作为交换的人。市场营销者可以是卖方，也可以是买方。当买卖双方都表现积极时，我们就把双方都称为市场营销者，并将这种情况称为相互市场营销。

三、市场营销学的研究对象和基本内容

1. 市场营销学的研究对象

菲利普·科特勒的经典阐述："市场营销学是一门建立在经济科学、行为科学、现代管理理论基础上的应用科学。"市场营销学的研究对象，是以满足消费者需求为中心的企业营销活动过程及其规律性。即在特定的市场营销环境中，企业在市场调研的基础上，为满足消费者和用户现实和潜在的需要所实施的以产品、分销、定价、促销为主要内容的营销活动过程及其客观规律性。

2. 市场营销学的基本内容

市场营销学的构建从微观（企业）开始，逐步形成了微观与宏观两个分支。宏观市场营销学从社会总体交换层面研究营销问题。它以社会整体利益为目标，研究营销系统的社会功能与效用，并通过这些系统引导产品和服务从生产进入消费，以满足社会需要。宏观市场营销学将营销视为一种社会经济过程。正如尤金·麦卡锡所言："引导某种经济的货物和劳务从生产者流转到消费者，在某种程度上有效地使各种不同的供给能力与各种不同的需求相适应，实现社会的短期和长期目标。"它强调从整体经济、社会

道德与法律的角度把握营销活动，以及由社会（政府、消费者组织等）控制和影响营销过程，求得社会生产与社会需要之间的平衡，保证社会整体经济的持续、健康发展和保护消费者利益。因此，宏观市场营销学的研究对象有经济立法、公共政策、经济发展方针、总体消费模型等政策性问题。

微观市场营销学从个体（个人和组织）交换层面研究营销问题。微观市场营销，正如尤金·麦卡锡所言，"是指某一组织为了实现其目标而进行的这些活动：预测顾客和委托人的需要，并引导满足需要的货物和劳务从生产者流转到顾客或委托人"。显然，个人和组织（其典型是企业）的营销活动是围绕产品或价值的交换，实现其目标而进行的决策与管理过程。在这一过程中，营销者首先要通过调研了解消费者的特定需要，并据此研制开发能满足这种需要的产品；然后，要在进一步分析消费者行为的基础上，制订市场计划，实施适当的产品、分销、价格与促销策略。微观市场营销的主要活动如图1-2所示。

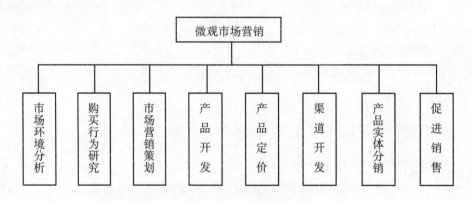

图1-2 微观市场营销的主要活动

本书所述的市场营销主要是微观市场营销。即站在企业经营者的角度，对市场和自身企业进行研究分析，制定出相应的总体营销战略和具体营销策略。

第二节 企业市场观念及发展

市场观念是指企业对其营销活动及管理的基本指导思想，它是一种观念，一种态度，或一种企业思维方式。任何企业的营销管理都是在特定的指导思想或观念指导下进行的。确立正确的市场观念，对企业经营成败具有决定性意义。

市场观念的核心是正确处理企业、顾客和社会三者之间的利益关系。在许多情况下，这些利益既相互矛盾，也相辅相成。企业必须在全面分析市场环境的基础上，正确处理三者关系，确定自己的市场观念，并用于指导营销实践，才能有效地实现企业目标，保证企业的成功。随着生产和交换日益向纵深发展，社会、经济与市场环境的变迁和企业经营经验的积累发生了深刻变化。这种变化的基本轨迹是由企业利益导向，转变为顾客利益导向，再发展到社会利益导向。

一些学者将企业市场观念的演变划分为生产观念、产品观念、推销（销售）观念、市场营销观念和社会营销观念五个阶段。前三个阶段的观念一般称为旧观念，是以企业为中心的观念；后两个阶段的观念是新观念，可分别称之为顾客（市场）导向观念和社会营销导向观念。

下面，我们分别就以生产观念、产品观念、推销观念、市场营销观念、社会营销观念以及市场营销观念新发展，来讨论西方企业100多年来市场观念的演变及其背景。

一、生产观念

生产观念是一种最古老的营销管理观念。生产观念认为，消费者总是喜欢买到价格低廉的产品，企业应当集中精力提高生产效率和扩大分销范围，增加产量，降低成本。

生产观念在西方盛行于19世纪末20世纪初。当时，资本主义国家处于工业化初期，市场需求旺盛，整个社会产品供应能力则相对不足。企业只要提高产量、降低成本，便可获得丰厚利润。因此，企业的中心问题是扩大生产价廉物美的产品，而不必过多关注市场需求差异。在这种情况下，生产观念为众多企业所接受。

除了物资短缺、产品供不应求的情况之外，还有一种情况也会导致企业奉行生产观念，这就是某种具有良好市场前景的产品，技术含量和生产成本很高，必须通过提高生产率，降低成本来扩大市场。

生产观念是一种重生产、轻市场的观念，在物资紧缺的年代也许能"创造辉煌"，但随着生产的发展及供求形势的变化，这种观念必然使企业陷入困境。

二、产品观念

产品观念认为，消费者最喜欢高质量、多功能和具有某些特色的产品。因此，企业管理的中心是致力于生产优质产品，并不断精益求精。

持产品观念的公司假设购买者欣赏精心制作的产品，相信他们能鉴别产品的质量和功能，并愿意出较高价格购买质量上乘的产品。因此，这些公司的经理人员常迷恋自己的产品，而不太关注市场是否欢迎。他们在设计产品时只依赖工程技术人员，极少让消费者介入。

产品观念和生产观念几乎在同一时期流行。与生产观念一样，产品观念也是典型的"以产定销"观念。由于过分重视产品而忽视顾客需求，这两种观念最终将导致"营销近视症"。如铁路行业以为顾客需要火车而非运输，忽略了航空、公共汽车、卡车以及管道运输的日益增长的竞争。计算尺制造商以为工程人员需要计算尺而非计算能力，忽视了袖珍计算器的挑战。经营者只致力于大量生产或精工制造、改进产品，而忽视市场需要，其最终结果是产品被市场冷落，从而陷入困境甚至破产。

三、推销观念

推销观念（或销售观念）认为，消费者通常有一种购买惰性或抗衡心理，若听其自然，消费者就不会大量购买本企业的产品，因而营销管理的中心是积极推销和大力促销。执行推销观念的企业，称为推销导向型企业。

推销观念盛行于20世纪三四十年代。这一时期，由于科技进步、科学管理和大规模生产的推广，商品产量迅速增加，整个社会已经由商品不足进入商品过剩，卖主之间的市场竞争日益激烈。例如，1929年爆发的资本主义世界空前严重的经济危机，前后历时5年，堆积如山的货物卖不出去，许多工商企业纷纷倒闭，市场极度萧条。这种现实使许多企业家认识到，企业不能只集中力量发展生产，即使有价廉物美的产品，也必须保证其能被人购买，企业才能生存和发展。

在推销观念指导下，企业相信产品是"卖出去的"，而不是"被买去的"。他们致力于产品的推广和广告活动，以求说服甚至强制消费者购买。他们收罗了大批推销专家，做大量广告宣传，夸大产品的"好处"，对消费者进行无孔不入的促销信息"轰炸"，迫使人们购买。

与前两种观念一样，推销观念也是建立在以企业为中心，"以产定销"，而不是满足消费者真正需要基础上的。

四、市场营销观念

市场营销观念认为，企业的一切计划与策略应以消费者为中心，正确确定目标市场的需要与欲望，企业营销管理的中心就是比竞争者更有效地提供目标市场所要求的满足。

市场营销观念形成于20世纪50年代。战后，随着第三次科学技术革命的兴起，西方各国企业更加重视研究和开发，产品技术不断创新，新产品竞相上市。大量军工企业转向民用品生产，使社会产品供应量迅速增加，许多产品供过于求，市场竞争进一步激化。同时，西方各国政府相继推行高福利、高工资、高消费政策，社会经济环境出现快速变化。消费者有较多的可支配收入和闲暇时间，对生活质量的要求提高，消费需要变得更加多样化，购买选择更为精明，要求也更为苛刻。这种形势要求企业改变以往单纯以卖主为中心的思维方式，转向认真研究消费需求，正确选择为之服务的目标市场，并以满足目标顾客的需要及其变动，不断调整自己的营销策略。也就是说，要从以企业为中心转变到以消费者（顾客）为中心。

执行市场营销观念的企业，称为市场营销导向型企业。市场营销观念改变了旧观念（生产观念、产品观念和推销观念）的逻辑，它要求企业营销管理贯彻"顾客至上"的原则，将管理重心放在善于发现和了解目标顾客的需要，并千方百计去满足它，使顾客满意，从而实现企业目标。因此，企业在决定其生产、经营时，必须进行市场调研，根据市场需求及企业本身的条件，选择目标市场，组织生产经营，其产品设计、生产、定价、分销和促销活动，都要以消费者需求为出发点。产品销售出去之后，还要了解消费者的意见，据以改进自己的营销工作，最大限度地提高顾客满意程度。总之，市场营销观念根据"消费者主权论"，相信决定生产什么产品的主权不在于生产者，也不在于政府，而在于消费者，因而将过去"一切从企业出发"的旧观念，转变为"一切从顾客出发"的新观念，即企业的一切活动都围绕满足消费者需要来进行。

市场营销观念有目标市场、整体营销、顾客满意和营利率四个支柱。市场营销观念是从选定的市场出发，通过整体营销活动，实现顾客需求的满足和满意，来获取利润，提高营利率，这与推销观念从厂商出发，以现有产品为中心，通过大量推销和促销来获取利润是不同的。

五、社会营销观念

从20世纪70年代起，随着全球环境遭到破坏、资源短缺、人口爆炸、通货膨胀和忽视社会服务等社会问题日益严重，要求企业顾及消费者整体与长远利益即社会利益的呼声越来越高。在西方，市场营销学界提出了一系列新的观念，如人类观念、理智消费观念及生态准则观念，其共同点是认为企业生产经营不仅要考虑消费者需要，而且要考虑消费者和整个社会的长远利益。这类观念可统称为社会营销观念。

社会营销观念认为，企业的任务在于确定目标市场的需要、欲望和利益，比竞争者更有效地使顾客满意，同时维护与增进消费者和社会福利。

社会营销观念是对市场营销观念的补充与修正。市场营销观念的中心是满足消费者的需求与愿望，进而实现企业的利润目标。但往往出现这样的现象，即在满足个人需求时，与社会公众的利益产生矛盾，企业的营销努力可能不自觉地造成社会的损失。市场营销观念虽也强调消费者的利益，不过它认为谋求消费者的利益必须符合企业的利润目标，当二者发生冲突时，保障企业的利润要放在第一位。因为利润才是资本主义企业生产的根本目的。社会市场营销观念的基本观点是：以实现消费者满意以及消费者和社会公众的长期福利作为企业的根本目的与责任。理想的市场营销决策应同时考虑到消费者的需求与愿望，消费者和社会的长远利益，企业的营销效益。

对于市场营销观念的四个重点（顾客导向、整体营销、顾客满意和营利率），社会营销观念都作了修正。一是以消费者为中心，采取积极的措施，如供给消费者更多、更快、更准确的信息，改进广告与包装，增进产品的安全感和减少环境污染，增进并保护消费者的利益；二是整体营销活动，即视企业为一个整体，全部资源统一运用，更有效地满足消费者的需要；三是求得顾客的真正满意，即视利润为顾客满意的一种报酬，视企业的满意利润为顾客满意的副产品，不是把利润摆在首位。上述修正同时要求企业改变决策程序。在市场营销观念指导下，决策程序一般是先决定利润目标，然后寻求可行的方法来达到利润目标；社会市场营销观念则要求，决策程序应先考虑消费者与社会的利益，寻求有效地满足与增进消费者利益的方法，然后再考虑利润目标，看看预期的投资报酬率是否值得投资。这种决策程序的改变，并没有否定利润目标及其价值，只是将消费者利益置于企业利润目标之上。上述五种观念的比较见表1-1。

表1-1　五种营销观念的比较

市场观念	营销出发点	营销目的	基本营销策略	侧重方法
生产观念	产品	通过大批生产产品获利	以增加产量、降低价格竞争	坐店等客
产品观念	产品	通过改善产品获利	以提高产品质量竞争	坐店等客
推销观念	产品	通过大量推销产品获利	以多种推销方式竞争	派员销售广告宣传
市场营销观念	消费者需求	通过满足需求达到长期获利	以发现和满足需求竞争	实施整体营销方案
社会营销观念	消费者需求	通过满足需求达到长期获利	以获取消费者信任、兼顾社会利益影响消费者竞争	与消费者及有关方面建立良好的关系

六、市场营销观念新发展

现代市场营销观念在经历了生产观念、产品观念、推销观念、市场营销观念和社会营销观念之后，继续随着实践的发展而不断深化、丰富，产生了许多新的观念，这些新的观念相互交融，共同构成了现代营销观念的新特色。

1. 整体营销观念

1992 年美国市场营销学界的权威菲利普·科特勒提出了跨世纪的营销新观念——整体营销，其核心是从长远利益出发，公司的营销活动应囊括构成其内、外部环境的所有重要行为者，他们是供应商、分销商、最终顾客、职员、财务公司、政府、同盟者、竞争者、传媒和一般大众。前四者构成微观环境，后六者体现宏观环境。公司的营销活动，就是要从这 10 个方面进行。

（1）供应商营销。把供应商看做合作伙伴，设法帮助他们提高供货质量和及时性。为此，一是要确定严格的资格标准以选择优秀的供应商；二是积极争取那些成绩卓著的供应商，使其成为自己的合作者。

（2）分销商营销。开展分销商营销，以获取他们主动或被动的支持成为制造商营销活动中的一项内容。具体来说，一是进行"正面营销"，即与分销商展开直接交流与合作；二是进行"侧面营销"，即公司设法绕开分销商的主观偏好，而以密集广告、质量改进等手段建立并维持巩固的顾客偏好，从而迫使分销商购买该品牌产品。

（3）最终顾客营销。这是传统意义上的营销，指公司通过市场调查，确认并服务于某一特定的目标顾客群的活动过程。

（4）职员营销，也称"内部营销"。它一方面要求通过培训提高职员的服务水平，增强敏感性及与顾客融洽相处的技巧；另一方面，要求强化与职员的沟通，理解并满足他们的需求，激励他们在工作中发挥最大潜能。

（5）财务公司营销。公司须了解金融机构对它的资信评价，并通过年度报表、业务计划等工具影响其看法。这其中的技巧就构成了财务公司营销。

（6）政府营销。开展政府营销，以促使其制定于己有利的立法、政策等，已成为众多公司营销活动中的内容。

（7）同盟者营销。同盟者一般与公司组成松散的联盟，在设计、生产、营销等领域为公司的发展提供帮助，双方建立互惠互利的合作关系。如何识别、赢得并维持同盟者是同盟者营销需要解决的问题，须根据自身实际资源状况和经营目标加以选择，一旦确定，就设法吸引他们参加合作，并在合作过程中不断加以激励，以取得最大的合作效益。

(8) 竞争者营销。竞争者可以转变为合作者，只要"管理"得当。这种对竞争者施以管理，以形成最佳竞争格局、取得最大竞争收益的过程就是竞争者营销。

(9) 传媒营销。传媒营销的目的就在于鼓励传媒做有利的宣传，尽量淡化不利的宣传。这就要求一方面与记者建立良好的关系，另一方面要尽量赢得传媒的信任和好感。

(10) 大众营销。为获得大众喜爱，公司必须广泛搜集公众意见，确定他们关注的新焦点，并有针对性地设计一些方案加强与公众的交流。如资助各种社会活动、与大众进行广泛接触等。

2. 顾客让渡价值观念

菲利普·科特勒在1994年出版的《市场营销管理——分析、规划、执行和控制》（第8版）中，新增了"通过质量、服务和价值建立顾客满意"一章，提出了"顾客让渡价值"的新概念。这一概念的提出，是对市场营销理论的最新发展。

顾客让渡价值 = 顾客总价值 - 顾客总成本

"顾客让渡价值"是指顾客总价值与顾客总成本之间的差额。顾客总价值是指顾客购买某一产品与服务所期望获得的一组利益，它包括产品价值、服务价值、人员价值和形象价值等。顾客总成本是指顾客为购买某一产品所耗费的时间、精神、体力以及所支付的货币资金等，因此，顾客总成本包括货币成本、时间成本、精神成本和体力成本等。

由于顾客在购买产品时，总希望把包括货币、时间、精神和体力等有关成本降到最低限度，同时又希望从中获得更多的实际利益，以使自己的需要得到最大限度的满足。因此，顾客在选购产品时，往往从价值与成本两个方面进行比较分析，从中选择出价值最高、成本最低，即"顾客让渡价值"最大的产品作为优先选购的对象。

企业为了在竞争中战胜对手，吸引更多的潜在顾客，就必须向顾客提供比竞争对手具有更多"顾客让渡价值"的产品，这样才能使自己的产品为消费者所注意，进而购买本企业的产品。为此，企业可从两个方面改进自己的工作：一是通过改进产品、服务、人员与形象，提高产品的总价值；二是通过降低生产与销售成本，减少顾客购买产品的时间、精神与体力的耗费，从而降低货币与非货币成本。

3. 创造需求观念

现代市场营销观念的核心是以消费者为中心，认为市场需求引起供给，每个企业必须依照消费者的需要与愿望组织商品的生产与销售。几十年来，这种观念已被公认，在实际的营销活动中也备受企业家的青睐。然而，随着消费需求的多元性、多变性和求异性特征的出现，需求表现出了模糊不定的"无主流化"趋势，许多企业对市场需求及走向常感到捉摸不定，适应需求难度加大。另外，完全强调按消费者购买需要与欲望组织生产，在一定程度上会压抑产品创新，而创新正是经营成功的关键所在。为此，在当代激烈的商战中，一些企业总结现代市场营销实践经验，提出了创造需求的新观念，其核心是指市场营销活动不仅限于适应、刺激需求，还在于能否生产出对产品的欲望。例如，日本索尼公司董事长盛田昭夫对此进行了表述："我们的目标是以新产品领导消费大众，而不是问他们需要什么，要创造需求。"索尼公司的认识起码有三方面是新颖的：其一，生产需求比生产产品更重要，创造需求比创造产品更重要。其二，创造需求比适应需求更重要。现代企业不能只满足于适应需求，更应注重"以新产品领导消费大众"。其三，"创造需求"是营销手段，也是企业经营的指导思想，它是对近几十年来一直强调"适应需求"的市场营销观念的发展。

4. 关系市场营销观念

关系营销最先是由美国的营销学学者巴巴拉·本德·杰克逊于1985年提出的。他认为交易营销适合于"短浅眼光和低转换成本的顾客"，而关系营销则更适合于"具有长远眼光的和高转换成本的顾客"。他认为："关系营销是企业与顾客、分销商、经销商、供应方等建立、保持并加强关系，通过互利交换及共同履行诺言，使有关各方实现各自的企业与购买者之间创造更亲密的工作关系和相互依赖的伙伴关系，建立和发展双方的连续性效益，提高品牌忠诚度和巩固市场的方法和技巧。"

关系市场营销观念的着眼点是与企业发生关系的供货方、购买方、侧面组织等建立良好稳定的伙伴关系，最终建立起一个由这些牢固、可靠的业务关系所组成的市场营销网络，以追求各方面关系利益最大化。逐步地，竞争不再是在公司之间进行，而是在不同营销网络之间进行，具有更好营销网络的公司将赢得胜利。这种从追求每笔交易利润最大化转化为追求与各方面关系利益最大化是关系市场营销的特征，也是当今市场营销发展的新趋势。

5. 绿色营销观念

绿色营销观念是在当今社会环境遭到破坏、污染加剧、生态失衡、自然灾害威胁人类生存和发展的背景下提出来的新观念。20世纪80年代以来，伴随着各国消费者环保意识的日益增强，世界范围内掀起了一股绿色浪潮，绿色工程、绿色工厂、绿色商店、绿色商品、绿色消费等新概念应运而生。不少专家认为，我们正走向绿色时代，21世纪将是绿色世纪。在这股浪潮的冲击下，绿色营销观念也就应运而生。

绿色营销观念主要强调把消费者需求与企业利益和环保利益三者有机地统一起来，它最突出的特点，就是充分顾及资源利用与环境保护问题，要求企业从产品设计、生产、销售到使用，整个营销过程都要考虑到资源的节约利用和环保利益，做到安全、卫生、无公害等，其目标是实现人类的共同愿望和需要——资源的永续利用与保护和改善生态环境。为此，开发绿色产品的生产与销售，发展绿色产业是绿色营销的基础，也是企业在绿色营销观念下从事营销活动成功的关键。

> **相关链接　格力绿色产品**
>
> 2013年12月，格力光伏直驱变频离心机被国家权威机构认定为"全球首创、国际领先"。该产品利用太阳能直接驱动空调机组运行，省去光伏逆变上网的逆变损耗及进空调的整流环节损耗，提高光伏能利用率约6%~8%，还可省去再单独配备并网逆变器的投资以及场地安装费用。该技术已获得15项发明专利。
>
> 在全球变暖和环境污染日益加剧的今天，格力电器对低碳、节能、环保产品的执着结出硕果。光伏直驱变频离心机将大幅降低社会建筑总能耗，肩负起助力国家节能减排的责任，对整个大气环境的改善，如降低臭氧层消耗、减少温室效应、防止雾霾天气等，都将起到积极作用。
>
> 2014年3月12日，由万达集团董事长王健林和格力电器董事长董明珠共同出演的广告亮相央视，广告主推产品正是格力中央空调新品——光伏直驱变频离心机，其最大特点是将大型中央空调机组与"取之不竭"的太阳能相结合，实现了"中央空调不用电费"的承诺。
>
> 4月9日，在北京开幕的2014年中国制冷展上，格力电器展出的光伏直驱变频离心机成为制冷展最亮眼的明星产品。
>
> ［资料来源：格力官网］

绿色营销的评价体系主要有国际标准化组织颁布的ISO14000环保认证标准，对绿色产品等级进行评判的评价体系和量化分析模型，以及对企业实施绿色营销的效益评价。

6. 文化营销观念

文化营销观念是企业基于目标市场的文化特点，发掘产品、品牌与企业文化以及消费者文化的关联因素，给予产品、品牌与企业以丰富的个性化的文化内涵，使企业营销活动带有文化特色，运用文化因素来形成竞争优势的一种营销观念。

在企业的整个营销活动过程中，文化渗透于其始终。一是商品中蕴含着文化。商品不仅仅是有某种使用价值的物品，同时，它还凝聚着审美价值、知识价值、社会价值等文化价值的内容。例如，"孔府家酒"之所以能誉满海外，备受海外华人的青睐，不仅仅在于它的酒味香醇，更在于它满足了海外华人思乡恋祖的文化需要。日本学者本村尚三郎曾说过，"企业不能像过去那样，光是生产东西，而要出售生活的智慧和欢乐"，"现在是通过商品去出售智慧、欢乐和乡土生活方式的时代了"。二是经营中凝聚着文化。日本企业经营的成功得益于其企业内部全体员工共同信奉和遵从的价值观、思维方式和行为准则，即所谓的企业文化。营销活动中尊重人的价值、重视文化建设、重视管理哲学及求新、求变精神，已成为当今企业经营发展的趋势。例如，美国IBM公司"尊重个人，顾客至上，追求卓越"三位一体的价值观体系，日本松下公司"造物之前先造人"的理念，瑞士劳力士手表"仁心待人，严格待事"的座右铭，等等，充分说明了企业文化的因素是把企业各类人员凝聚在一起的精神支柱，是企业在市场竞争中赢得优势的源泉和保证。

7. 全方位营销观念

菲利普·科特勒在2009年出版的《营销管理》（第13版）中强调前版所提出的"全方位营销"（Holistic Marketing）观念——该新观念是对内部营销、整合营销、关系营销和绩效营销新的综合和提升，涵盖了当前营销人员所应具备的全新思维方式。

全方位营销认为"所有事物都与营销相关"，因此需要有一种广泛的、整合的观念。首先，企业要以顾客为中心，尽力发挥和协调各个部门和管理层次的营销作用（内部营销），以便组织、设计和协调所有营销活动和方案，以在实现总体效果最大化的过程中为顾客创造价值（整合营销）；其次，企业也要从与顾客和其他利益相关者建立长期关系中获利（关系营销）；最后，企业要把营销看做对顾客的投资，因此应该测量营销投资回报及其对股东价值的作用；此外，还要更广泛地关注营销对法律、伦理、社会和环境的影响（绩效营销）。这也意味着当今世界的营销管理已经开始发生根本性变革：不应该把营销看成是单一部门的职能，而是与整个企业全体员工都相关的工作，因此必须努力做好内部营销和整合营销；同时，也不应该把营销看成是仅仅为了解决顾客的问题，而是要协调和管理各个利益相关者，因此就必须开展关系营销，并以绩效营销为目标。

8. 营销革命3.0观念

菲利普·科特勒、卡塔加雅、塞蒂亚万在2011年出版的《营销革命3.0从产品到顾客，再到人文精神》一书中提出了营销3.0时代的到来。在营销1.0时代，营销和价值观分离，企业认为营销并不需要什么高尚价值观的引导，强调价值观只会让企业付出更多成本，为企业平添许多约束。在营销2.0时代，营销和价值观平衡，企业除营销之外，还会向社会事业捐赠部分利润。到营销3.0时代，营销和价值观融合，企业必须依靠价值观来生存，这些价值观使企业具有不同的个性和目的感。换言之，企业单独强调营销或价值观都无法取得成功。营销1.0，2.0和3.0时代的综合对比见表1-2。

表1-2 营销1.0, 2.0和3.0时代的综合对比

	营销1.0时代 产品中心营销	营销2.0时代 消费者定位营销	营销3.0时代 价值驱动营销
目标	销售产品	满足并维护消费者	让世界变得更好
推动力	工业革命	信息技术	新浪潮科技
企业看待市场方式	具有生理需要的大众买方	有思想和选择能力的聪明消费者	具有独立思想、心灵和精神的完整个体
主要营销概念	产品开发	差异化	价值
企业营销方针	产品细化	企业和产品定位	企业使命、愿景和价值观
价值主张	功能性	功能性和情感化	功能性、情感化和精神化
与消费者互动情况	一对多交易	一对一关系	多对多合作

营销革命3.0时代，企业成功的十大秘诀：一是热爱你的顾客，尊重你的竞争对手；二是善于察觉变化，随时准备好做出变革；三是捍卫你的品牌，永远明确自己的目标；四是消费者千差万别，努力满足你的最佳客户；五是永远以合适的价格和包装提供产品；六是随时待命，主动寻找潜在消费者；七是抓住消费者的心，和他们一起成长；八是无论经营哪种业务，记住你是在提供服务；九是学会从质量、成本和交付三方面改善业务流程；十是广集信息，慎下结论。

第三节 市场营销管理

一、市场营销管理的实质

市场营销管理是指企业为实现其目标，创造、建立并保持与目标市场之间的互利交换关系而进行的分析、计划、执行与控制过程。它的基本任务是通过营销调研、计划、执行与控制来营销目标市场的需求水平、时机和构成，以达到企业目标。换言之，营销管理的实质是需求管理。为了保证营销管理任务的实现，营销管理者必须对目标市场、市场定位、产品开发、定价、分销、信息沟通与促销做出系统决策。

二、市场营销管理的任务

在现实生活中,企业市场营销管理的任务,会随着目标市场的不同需求状况而有所不同。企业通常都会对目标市场设定一个预期交易水平,即"预期的需求水平"。然而,期望不等于现实,实际需求水平可能低于或高于期望。营销者必须善于应付各种不同的需求状况,调整相应的营销管理任务。

八种典型的不同需求状况及其相应的营销管理任务见表1-3。

表1-3 营销管理任务

需求状况	需求特征	营销管理任务
负需求	绝大多数人不喜欢,甚至花费一定代价也要回避某种产品	扭转性营销:试图使原来不喜欢某些事物的人变得喜欢。对于信仰、风俗、文化等引起的负需求难以扭转,只能顺应营销
无趣需求	目标消费者对于某些产品或服务不感兴趣或漠不关心的一种状态	刺激性营销:刺激人们对不了解的或无形取得产品的需求
潜伏需求	当许多消费者对不存在于实际的某些东西有强烈的需求时,就形成了潜伏需求的状况	开发性营销:衡量潜在市场的范围,试图发展某种新产品或新的服务
下降需求	市场对一个或几个产品的需求呈下降趋势的情况	恢复性营销:企业通过各种方式企图重新建立人们对产品或服务的兴趣
起伏需求	在某些时候,需求低于供给能力,而在某些时候,供给低于需求能力	同步营销:设法使产品的需求配合供给
充分需求	营销者对其营业额感到满意的状况	维持性营销:维持或改进其产品的质量,不断地评估消费者的满足程度
过量需求	某产品或服务的市场需求超过企业所能供给或愿意供给的水平	低营销:暂时地或长期地减少市场对产品的需求
有害需求	市场对某些有害物品或服务的需求	反营销:试图移植市场对某种产品或服务的需求

第四节 市场营销管理过程

一、市场营销管理过程概述

市场营销管理过程包括以下步骤（见图1-3）。

图1-3 市场营销管理步骤

1. **明确经营战略与目标**

各个战略经营单位的市场营销部门，首先必须分析、解读本单位的基本战略和目标，它们将对市场营销管理的具体要求和各种约束，作为发展各自市场营销计划的导向。如果一个经营单位的战略和目标是成本领先和扩大市场占有率，那么它的市场营销管理就必须和生产管理、财务管理、人力资源管理和研究与开发管理等职能一起，严格遵循、贯彻这一战略方针。

2. **战略性市场营销决策**

在明确经营战略与目标的基础上，各个战略经营单位的市场营销部门需要全面分析本单位面临的各种机会，从中发现其市场营销过程可用的有利条件，找出无法避免的威胁，提出市场营销的基本设想。包括进行：

（1）市场细分。依据顾客需求的不同特性将市场区分为若干部分即细分市场，并对各个细分市场的价值做出客观、科学的评估。

（2）选择市场。在市场细分的基础上，决定目标市场。

（3）市场定位。在拟定的目标市场上，为企业、产品或品牌树立一定的特色，以突出和显示与竞争者的差别。

3. **战术性市场营销决策**

各个战略经营单位及其市场营销部门，需要根据目标市场的特点和市场定位的要求，考虑实现市场营销目标的主要原则。战术性市场营销包括两项基本决策：

（1）市场营销组合。企业或战略经营单位依靠哪些和如何整合各种市场营销手段抗击竞争者，赢得目标市场和顾客。

（2）市场营销预算。决定花多少钱、怎么花钱，用于各个目标细分市场、产品的市场营销工作，如何在各种市场营销手段、各个市场营销环节合理分配资金。

4. 制订市场营销计划

各个经营单位需要分别为自己的产品（服务）、产品线、品牌、细分市场和区域市场甚至顾客制订市场营销计划。

5. 实施与控制市场营销活动

将市场营销计划转变为市场营销行动，并对市场营销活动的进程和各个方面进行控制和市场营销审计，以保证达成预定的市场营销目标。

二、市场营销组合

在市场营销管理过程中，企业必须发展合适的市场营销组合，有效管理它的目标市场及其需求。所谓市场营销组合，是企业为进占目标市场，满足顾客，加以整合、协调使用的市场营销手段。尼尔·鲍敦曾将这些因素确定为12个，在1950年左右提出了"市场营销组合"的概念。里查德·克莱维特进一步把它们归纳为四大类型，即产品、价格、促销和渠道。1960年，杰罗姆·麦卡锡又在文字上将它们表述为产品（Product）、价格（Price）、地点（Place）和促销（Promotion），即著名的"4P"。以后，学术界不断地又提出了其他的一些"P"。目前广为流传的仍然是四大类型的分法。

在市场营销组合中，产品通常指提供给目标市场的货物、服务的集合，它不仅包括产品的效用、质量、外观、式样、品牌、包装和规格，还包括服务和保证等因素。价格指出售产品所追求的经济回报，内容有价目表价格、折扣、折让、支付方式、支付期限和信用条件等，所以又称为定价。地点通常称为分销或渠道，代表为使其产品进入和达到目标市场所经由的路径（途径、通道、通路）和环节、场所，所组织、实施的物流活动如仓储、运输等。促销则是指利用各种信息载体与目标市场进行沟通的传播活动，包括广告、人员推销、营业推广与公共关系等。

产品、价格、分销和促销是市场营销管理过程中可控制的因素，也是进行市场营销活动的基本手段，对它们的具体运用，形成了市场营销的战略、战术和方法。这些手段或因素之间的关系不是彼此分离的，而是相互依存、相互影响和相互相约的。在市场营销管理过程中，企业要满足顾客、实现经营目标，不能孤立地只是考虑某一因素或手段，必须从目标市场的需求和市场营销环境的特点出发，根据企业的资源和优势，整合运用各种市场营销手段，形成统一的、配套的市场营销组合，争取整体效应。

市场营销组合具有层次性、整体性、动态性、应变性的特点（见图1-4）。

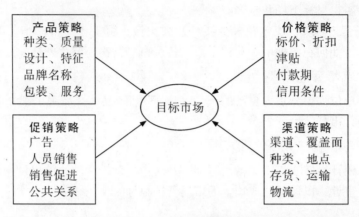

图1-4 市场营销组合

本章小结

1. 市场是商品经济中生产者与消费者之间实现产品（服务）价值，满足需求的交换关系、交换条件和交换过程。

2. 市场营销是个人和群体通过创造并同他人交换产品和价值，以满足需求和欲望的一种社会和管理过程。

3. 市场营销的实质是需求管理。

4. 市场营销的任务是对负需求、无趣需求、潜伏需求、下降需求、起伏需求、充分需求、过量需求和有害需求八种不同需求状态的管理。

5. 市场观念的演变划分为生产观念、产品观念、推销（销售）观念、市场营销观念和社会营销观念五个阶段。前三个阶段的观念一般称为旧观念，是以企业为中心的观念；后两个阶段的观念是新观念，可分别称为顾客（市场）导向观念和社会营销导向观念。

6. 市场营销管理过程包括明确经营战略与目标、战略性市场营销决策、战术性市场营销决策、制订市场营销计划和实施与控制市场营销活动五个步骤。

7. 产品、价格、分销和促销是市场营销组合中可控制的因素，也是进行市场营销活动的基本手段。

关键概念

市场　市场营销　效用　交换　市场营销学　需求管理　生产观念　产品观念

销售观念　市场营销观念　社会营销观念　整体营销观念　顾客让渡价值观念　市场营销管理过程

一、判断正误

1. 交换是市场营销的核心。（　　）
2. 现实的市场需求由购买欲望和购买力构成。（　　）
3. 需要和欲望是市场营销的起点。（　　）
4. 市场营销管理的实质是需求管理。（　　）
5. 针对充分需求，企业营销管理的任务是"反市场营销"。（　　）
6. 推销观念是以消费者为中心的市场观念。（　　）
7. 关系营销和交易营销的主要区别，是交易营销强调如何获得顾客，而关系营销更加强调保持顾客。（　　）
8. 市场定位是策略性市场营销。（　　）
9. 市场营销组合具有层次性、整体性、动态性、应变性的特点。（　　）

二、单项选择

1. A把x给B，同时获取了y，此时，在A与B之间所发生的行为属于（　　）。
    A. 交换活动　　B. 交易活动　　C. 买卖活动　　D. 协商活动
2. 市场营销观念与推销观念之间存在着巨大的差别，这是因为市场营销观念是以（　　）需求为中心。
    A. 卖方　　　　B. 买方　　　　C. 生产方　　　D. 销售方
3. 消费者最喜欢高质量、多功能和具有某种特色的产品，企业应致力于生产高值产品，并不断加以改进。这种市场营销观念属于（　　）。
    A. 生产观念　　B. 产品观念　　C. 推销观念　　D. 市场营销观念
4. 某啤酒公司准备开发某地市场，调查后发现，该地的人不喜欢喝啤酒。对此，企业市场营销的任务是实行（　　）。
    A. 扭转性营销　B. 恢复性营销　C. 刺激性营销　D. 协调性营销
5. 以"顾客需要什么，我们就生产供应什么"作为其座右铭的企业是（　　）企业。
    A. 生产导向型　　　　　　　　B. 推销导向型
    C. 市场营销导向型　　　　　　D. 社会营销导向型
6. 面对无害香烟和大量节油汽车的需求，企业市场营销管理的任务是（　　）。
    A. 开发市场营销　B. 刺激市场营销　C. 改变市场营销　D. 协调市场营销

市场营销（第三版）

7. 瑞士雀巢公司经过漫长的努力，使几千年来都崇尚茶文化的日本等国的青年以喝咖啡为时髦，该公司的这种行为属于（　　）。
   A. 适应需求　　　B. 满足需求　　　C. 创造需求　　　D. 管理需求

8. （　　）是企业为了进占目标市场，满足顾客需求，加以整合、协调使用的可控制因素。
   A. 促销组合　　　B. 市场定位　　　C. 市场选择　　　D. 市场营销组合

9. （　　）是指企业利用多种信息载体，与目标市场进行沟通的传播活动，包括广告、人员推销、营业推广与公共关系等。
   A. 产品　　　　　B. 定价　　　　　C. 分销　　　　　D. 促销

三、问答题

1. 市场营销学中，"市场"概念的含义是什么？
2. 如何理解"市场营销"这一重要概念的含义？
3. 怎样区分需要、欲望和需求？
4. 为什么说推销观念不是现代市场营销观念？
5. 什么是顾客让渡价值？顾客让渡价值理论对企业的意义何在？
6. 针对不同需求的市场营销管理任务是什么？
7. 营销1.0、营销2.0和营销3.0时代有何不同？
8. 市场营销管理程序包括哪几个步骤？
9. 如何理解市场营销组合的概念及其特点？

案例研讨　《来自星星的你》对中国的影响

《来自星星的你》（以下简称《星星》）是 HB Entertainment 公司制作出品，韩国 SBS 电视台播出的水木特别企划剧。400 年前坠落在朝鲜的外星人、现任大学讲师的都敏俊（金秀贤饰），他拥有与初到地球时一样的年轻英俊的外貌，并有着超天才的能力。都敏俊结识了搬家到隔壁的大牌女星千颂伊（全智贤饰），她目中无人、冒冒失失，并卷入凶杀案，事业受挫。该剧讲述了两个人从一开始的互相讨厌演变成相互爱恋的浪漫爱情。

全智贤在剧中不计形象的搞笑演出，金秀贤扮演冷静帅气的大学讲师，被粉丝昵称为"叫兽（教授同音）"。都敏俊处处照顾千颂伊所表现出的体贴，也让粉丝们陷入"叫兽依赖症"。2013 年，该剧在韩国首播时，取得了当年迷你剧 15.6% 的最高首播收视率，播毕全剧最高收视率达 28.1%，网络最高收视率达 73.4%，双双位居 2013 年迷你剧首位；随后，该剧迅速风靡整个亚洲，仅中国地区网络播放量就超过了 40 亿，成为史上第一部百度指数破 400 万的电视剧，被认为是"中国拥有社交媒体以来最被热议的韩剧"，不仅在"两会"期间受到关注，还登上了美国《华盛顿邮报》头版和《华尔街日报》首页。

该剧多次受到中韩两国最高领导人的青睐，在重要场合被广泛提起。

在韩国电视界最高奖项"百想艺术大赏"中，该剧入围以最佳电视剧、最佳男演员、最佳女演员、最佳导演、最佳编剧为代表的9项电视奖项，全面领跑。

该剧于2013年12月18日在中国正式播出后，剧中人物的衣食住行被粉丝和各路"达人"扒出来广为传播。衣服、鞋子、发饰、墨镜、项链，甚至炸鸡和啤酒都成了消费者追逐的热点。

一、"炸鸡"拯救饲养业

在遭遇新一波H7N9的"禽流感"打击之后，家禽业一度陷入低谷。但自从《星星》播出后，"炸鸡和啤酒"套餐就奇迹般地火了起来。在合肥，有学校食堂推出了"炸鸡和啤酒"的广告词，销售额提升两成。在北京，各家韩式炸鸡店客流量直线上升。在上海，著名的韩国街虹泉路彻底火起来了，根据《申江服务导报》的消息，去虹泉路吃炸鸡烤肉已经成为上海青年新年约饭的第一选择。在广州，不少快餐连锁店的炸鸡销售也直线提升。网友抱怨说："周三晚上10时去给老婆买炸鸡竟然跑了3家店才买到。"一家杭州日本连锁餐厅在情人节期间推出了"炸鸡啤酒套餐"，结果仅情人节当晚就热卖上千套。一家提供冷冻鸡翅原材料的企业表示，对于近来激增的订单感到相当意外，感谢《星星》帮家禽业挽回部分市场。

二、奢侈品被迫全亚洲调货

从2013年开始，中国的奢侈品行业走上了衰退之路。不过，自从《星星》热播后，因为女主角千颂伊几乎每一集都变着花样穿戴出各种奢侈品，引无数粉丝疯狂追赶，导致奢侈品的销售额直线上升。据报道，看戏入迷的女粉丝们几乎每追一集《星星》都要前往奢侈品店照单扫货。如果千颂伊在戏里穿过的秋冬款爱马仕大衣在台湾本地没货了，粉丝就要求专柜在全亚洲范围内调货，发誓要买到为止。男粉丝也不落后。男主角都教授在戏中的"座驾"也很受追捧。不少粉丝前往4S店询问金秀贤在剧中开的白色奔驰。

又比如YSL的一款唇蜜，因为全智贤在剧中所用奢侈品牌中售价最亲民而遭抢购，多地专柜传闻断货。有奢侈品从业者表示，这是继美剧《欲望都市》之后10年内再次出现的由电视剧带旺奢侈品销售的情况。

三、旧版图书都卖断货

剧中不少露过脸的图书都遭遇热销。首当其冲的自然是都敏俊最爱的书《爱德华的奇妙之旅》。这本书于2007年由新蕾出版社引进中国，亚马逊图书方面的负责人接受媒体采访时透露，该书的中英文版本都已经脱销且已经缺货很长时间。有消息说，出版社方面目前已在紧急加印,除平装版外,还会再推精装版。在韩国,这部2009年出版的图书5年间仅销售了1万册,但最近半个月内竟售出5万本。

此外,作为《星星》故事起源的《朝鲜王朝实录》也受到关注。而在都教授书房里出现过的中国图书《明心宝鉴》及剧中千颂伊的前世在家抄写过的《列女传》和向400年前"教授"表白时提到的《聊斋志异》等都受到关注。至于都教授奉为人生之书的《九云梦》,有粉丝在网络上表示,即便不看都得买来放着。

四、连通讯软件都更新了

有网友称,《星星》走红后,连通讯软件都换了,比如都敏俊和千颂伊都在用的即时通讯软件LINE。这是一款由韩国互联网集团NHN的日本子公司推出的通讯应用软件,才上线两三年,目前全球注册用户已超过3亿。这就多亏了男女主角每一次远程对话都用到这个软件。不少粉丝下载这一软件,点开千颂伊的LINE账号就可以看到"我把我们的因缘牢牢锁在这里了,祈祷永远打不开"等与剧情关联的更新。而且,你还可以跟"千颂伊"对话。如果你对她说"爱你",她会回复你:"什么?联系不上都经纪人?因为是外星人所以很忙吗?都经纪人,出来一下嘛。"

[资料来源:周昭:《〈来自星星的你〉真实地影响经济民生》[N],《广州日报》,2014-02-22]

讨论题:

1. 影视市场需求属于哪种类型?如何才能推动这种市场需求?
2. 《来自星星的你》为什么会这么火?这里面体现了哪些市场营销观念?
3. 你从《来自星星的你》得到哪些营销启示?

第二章
市场营销环境

本章要点
◎市场营销环境的概念和特点
◎市场营销环境对企业营销活动的影响
◎宏观营销环境的内容
◎企业微观环境的内容
◎市场机会和环境威胁对企业的影响
◎各种市场营销环境中企业采取的营销策略

上一章介绍了市场营销学的一些基本理论、不同市场观念的特点及现代市场营销观念。企业的各种市场营销活动都是在一定的环境条件下展开的。为了实现营销目标，企业必须认真分析和研究市场营销环境，努力谋求企业外部市场环境与企业内部条件及营销策略之间的动态平衡。研究市场营销环境，是企业制定营销策略的前提。

本章首先介绍企业市场营销环境、企业面临的宏观环境及微观环境，然后通过SWOT环境分析法说明，企业可针对不同的营销环境采取相应的营销策略，以使其经营管理与市场营销环境相适应。

第一节 市场营销环境的概念和特点

一、市场营销环境的概念

市场营销环境，是指影响企业市场营销活动和营销目标实现的各种因素和条件。这些因素和条件由企业营销管理机构外部的行动者与力量所组成，它们影响着企业发展、维持为目标顾客提供满意产品或服务的能力。

任何企业都如同生物有机体一样，总是生存于一定的环境之中，企业的营销活动不可能脱离周围环境而孤立地进行。企业营销活动要以环境为依据，要主动地去适应环境；但是，企业可以了解和预测环境因素，不仅主动地适应和利用环境，而且透过营销努力去影响外部环境，使环境有利于企业的生存和发展，有利于提高企业营销活动的有效性。因此，重视研究市场营销环境及其变化，是企业营销活动最基本的课题。

营销环境包括微观环境和宏观环境。微观环境指与企业紧密相联、直接影响企业营销能力的各种参与者，包括企业本身、市场营销渠道、企业、顾客、竞争者以及社会公众。宏观环境指影响微观环境的一系列巨大的社会力量，主要是人口、经济、政治法律、科学技术、社会文化及自然生态等因素。微观环境直接影响与制约企业的营销活动，多半与企业具有或多或少的经济联系，也称直接营销环境，又称作业环境。宏观环境一般以微观环境为媒介去影响和制约企业的营销活动，在特定场合，也可直接影响企业的营销活动。宏观环境被称作间接营销环境。宏观环境因素与微观环境因素共同构成多因素、多层次、多变的企业市场营销环境的综合体。如图2-1所示。

二、市场营销环境的特点

市场营销环境是企业生存和发展的条件。市场营销环境的发展变化既可以给企业带

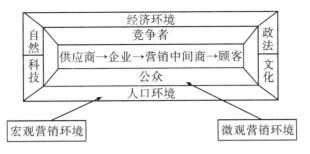

图 2-1　市场营销环境

来市场机会，也可以给企业造成严重威胁。如何适应、创造与之相适应的外部环境，对企业开展营销活动至关重要。企业要在复杂多变的环境下驾驭市场，就必须认真研究、了解市场营销环境的特点。概括地说，市场营销环境具有以下特点：

1. 客观性

客观性是市场营销环境的首要特征。营销环境的存在不以营销者的意志为转移，其对企业营销活动的影响具有强制性和不可控性的特点。一般来说，营销部门无法摆脱和控制营销环境，特别是宏观环境，企业难以按自身的要求和意愿随意改变它。主观地臆断某些环境因素及其发展趋势，往往造成企业盲目决策，导致在市场竞争中的惨败。这要求企业主动适应环境的变化和要求，根据环境因素和条件的变化制定并不断调整其市场营销策略。

2. 多变性

多变性是市场营销环境的基本特征。任何环境因素都不是静止的、一成不变的，相反，它们始终处于变化甚至是急剧的变化之中。例如，顾客的消费需求偏好和行为特点在变，宏观产业结构在调整，等等。企业必须密切关注市场营销环境的变化趋势，以便随时发现市场机会和警惕可能受到的威胁。

3. 差异性

市场营销环境的差异性不仅表现在不同企业受不同环境的影响；而且，同样一种环境因素的变化对不同企业的影响也不相同。由于环境因素对企业作用的差异性，从而导致企业为应付环境的变化所采取的营销策略各有其特点。

4. 相关性

市场营销环境不是由某个单一的因素决定的，诸因素间是相互影响、相互制约的，且某一因素的变化会带动其他因素的相互变化，形成新的营销环境。例如，商品的价格不但要受市场供求关系的影响，而且还要受到科学技术的进步和财政税收政策的影响。

又如，竞争者是企业重要的微观环境因素之一，而宏观环境中的政治法律因素或经济政策的变动，均能影响一个行业竞争者加入的多少，从而形成不同的竞争格局。市场环境因素相互影响、相互制约的程度是不同的，有的可以通过调查、分析进行评估，有的就难以估计和预测。

三、市场营销活动与市场营销环境

市场营销环境通过其内容的不断扩大及其自身各因素的不断变化，对企业营销活动产生影响。首先，市场营销环境的内容随着市场经济的发展而不断变化。20世纪初，西方企业仅将销售市场作为营销环境；30年代后，将政府、工会、竞争者等与企业有利害关系者也看做环境因素；进入60年代，又把自然生态、科学技术、社会文化等作为重要的环境因素；90年代以来，随着政府对经济干预力度的加强，愈加重视对政治、法律环境的研究。环境因素由内向外的扩展，国外营销学者称之为"外界环境化"。其次，市场环境因素经常处于不断变化之中。环境的变化既有环境因素主次地位的互换，也有可控性质的变化，还有矛盾关系的协调。每一个环境因素的变化，都可能为某些企业创造机会，也可能为另一些企业造成威胁。而且，鉴于营销环境的动态性，市场营销机会和环境威胁在一定条件下还会互相转化。例如，德国政府对环境保护苛刻的要求使许多企业感到压力和威胁，但也为新材料、新能源产业和环保产业带来巨大商机；而若干年后，绿色产品和绿色营销将使德国企业在国际市场中具有明显的竞争优势。

虽然企业营销活动必须与其所处的外部和内部环境相适应，但营销活动绝非只能被动地接受环境的影响，营销管理者应采取积极、主动的态度能动地去适应营销环境。就宏观环境而言，企业可以采取不同的方式增强适应环境的能力，避免来自环境的威胁，有效地把握市场机会。在一定条件下，也可运用自身的资源，积极影响和改变环境因素，创造更有利于企业营销活动的空间。菲利普·科特勒的"大市场营销"理论即认为企业要成功地进入特定的市场，就应在策略上协调地使用经济的、心理的，特别是政治权力（Political Power）和公共关系（Public Relations）等手段，以博得外国的或地方的各有关方面的合作与支持，消除壁垒很高的封闭型或保护型的市场存在的障碍，为企业从事营销活动创造一个宽松的外部环境。就微观环境而言，直接影响企业营销能力的各种参与者，事实上都是企业营销部门的利益共同体。企业内部其他部门与营销部门利益的一致固不待言，按市场营销的双赢原则，企业营销活动的成功，应为顾客、供应商和营销中间商带来利益，并造福于社会公众。即使是竞争者，也存在互相学习、互相促进的因素，在竞争中，有时也会采取联合行动，甚至成为合作者。

第二节 市场营销环境研究的内容

一、宏观环境研究

宏观环境是指那些给企业造成市场机会和环境威胁的主要社会力量,包括人口环境、经济环境、自然环境、科学技术环境、政治和法律环境以及社会文化环境。这些主要社会力量代表企业不可控制的变量,企业及其微观环境都受到这些社会力量的制约和影响。

1. 人口环境

人口是构成市场的基本要素,哪里有人,哪里就有衣、食、住、用、行等各种消费需求。但任何企业的产品都不可能面对所有的人。因此,除了对一国或地区的总人口分析外,还要研究人口的地理分布、年龄结构、性别、家庭单位及人数等因素。

(1) 人口总量。是指一个国家或地区总人口数量的多少,它是衡量市场容量的首要因素。在收入水平一定的条件下,一个国家总人口的多少将决定市场容量的大小。我国有13亿多人口,大致相当于欧洲和北美洲人口的总和。随着国家经济的发展,人民生活水平的提高,中国被视作最大的潜在市场。

目前,人口环境方面的主要动向有:一是世界人口增长整体上呈显著放缓的趋势,从全球范围来看,最近几十年,特别1960年之后,出生率有了明显下降。包括中国、印度、印度尼西亚和南非在内,许多主要发展中国家都出现了女性生育子女数量大幅下降的情况。但在一些发展中国家,尤其是在非洲地区,人口仍在快速增长。2014年世界人口大概是72亿(其中80%的人口属于发展中国家),到2025年,人口将达81亿,到2050年达96亿,世界人口尤其是发展中国家的人口持续增长,意味着世界市场继续增长。二是发达国家人口总量不变,90%新增人口在发展中国家,使得这些国家人均所得的增加以及需求升级受阻。

(2) 人口地理分布及流动。是指人口在地区上的分布,与市场消费需求有密切关系。居住在不同地区的人群,由于地理环境、气候条件、自然资源、风俗习惯的不同,消费需求的种类和数量也不尽相同,购买习惯与行为也存在差别,不同地区的居民在服装、饮食上也都有不同的爱好。以我国为例,东南沿海就集中了我国94%的人口。人口的这种地理分布表现在市场上就是市场的规模不同。此外,不同地理区域的人口的消费习惯也有很大的区别。例如,南方人以大米为主食,而北方人以面食为主食;广东人吃菜喜欢清淡,而四川、湖南等地区的人讲究口味重,喜辣喜咸。近年来,随着社会分工和商品经济的发展，以及工业化和城市化的发展，人口必然不断地从农村流向城市，这对企业的营销活动尤其是零售商业企业的市场营销活动影响很大。

（3）年龄结构。消费者的年龄差别，对于商品和服务产生不同的需要，形成各具特色的市场。例如，婴儿需要奶粉、尿布等，儿童需要糖果糕点、玩具等，青少年需要书籍、文具用品、服装等，老年人对食品、医药保健等方面有着特殊的要求，等等。近几十年来，由于经济发展和节制生育政策的实行，发达国家人口的死亡率普遍降低，人口平均寿命延长，人口趋于老龄化。按照联合国卫生组织的统计标准，60岁以上的老人占10%就是老龄化国家，现在我国已经成为老龄化国家。企业必须认识到这一趋势，努力开发老年人消费市场。

（4）家庭结构。家庭是社会的细胞，也是商品采购的基本单位。传统家庭的组成是丈夫、妻子、孩子（有时还有祖父母）。随着社会日益多元化，非传统家庭（如单身、同居、单亲家庭、无子女家庭等）越来越多，家庭数量的增加而人数的减少引起购买行为和习惯的改变，如小居室、小型便宜的家具、电器、陈设、小包装食品的需求量增加。一个精明的企业经营者应时刻关注这些动向。

2. 经济环境

市场营销学认为，市场是由那些想购买物品并且有购买力的人组成的，而且这种人越多，市场的规模就越大。这就是说，购买力是构成市场和影响市场规模大小的一个重要因素。而整个购买力即社会购买力又直接或间接受消费者收入、价格水平、储蓄、信贷等经济因素的影响。所以说，社会购买力是一些经济因素的函数。正因为这样，企业的市场营销不仅受其人口环境影响，而且受其经济环境影响。所以，企业的最高管理层还必须密切注意其经济环境方面的动向。国内生产总值、国民收入水平、产业结构、消费者收入水平、消费者支出模式和消费结构、消费者投资和储蓄机会与信贷水平等都是构成经济环境的基本要素。以下主要分析与市场消费直接相关的几个因素：

（1）消费者收入。包括消费者个人工资、红利、租金、退休金、馈赠等收入。但消费者并不是将其全部收入都用来购买商品（包括物品和服务）。消费者的购买力只是其收入的一部分。因此，要区别可支配的个人收入和可随意支配的个人收入。可支配的个人收入是指扣除消费者个人缴纳的各种税款和交给政府的非商业性开支后可用于个人消费和储蓄的那部分个人收入。可支配的个人收入是影响消费者购买力及消费者支出的决定性因素。可随意支配的个人收入，是指可支配的个人收入减去消费者用于购买生活必需品的固定支出（如房租、保险费、分期付款、抵押借款）所剩下的那部分个人收入。可随意支配的个人收入一般都用来购买奢侈品、汽车、大型器具及度假等。所以，这种消费者个人收入是影响奢侈品、汽车、旅游等商品销售的主要原因。进行消费者收入分析时还要区别货币收入和实际收入。货币收入只是一种名义收入,并不代表消费者可购买到的实际商品的价值,实际收入是名义收入的购买力。假设消费者的货币收入不变,如果物价下跌,消费者的实际收入便增加;相反,如果物价上涨,消费者的实际收入便减少。即使消费者的货币收入随着物价上涨而增长,但是,如果通货膨胀率超过了货币收入增长率,消费者的实际收入也会减少。

此外,企业的最高管理层还要分析研究消费者的平均收入及各个阶层的消费者收入。由于各地区的工资水平、就业情况有所不同,消费者的收入水平和增长率也有所不同。

(2)消费者支出模式和消费结构。随着消费者收入的变化,消费者支出模式会发生相应变化,继而使一个国家或地区的消费结构也发生变化。通常用恩格尔系数来反映这种变化。

恩格尔系数 = 食物支出总额/家庭消费支出总额

恩格尔系数表明,在一定条件下,当家庭个人收入增加时,收入中用于食物开支部分的增长速度要小于用于教育、医疗、享受等方面的开支增长速度。食物开支占总消费量的比重越大,恩格尔系数越高,生活水平越低;反之,食物开支所占比重越小,恩格尔系数越小,生活水平越高。恩格尔系数是衡量一个国家、地区或城市家庭生活水平高低的重要参数。根据联合国粮农组织提出的标准,恩格尔系数在60%以上为贫困,50%~60%为温饱,40%~50%为小康,30%~40%为富裕,低于30%为最富裕。

消费结构是指消费过程中人们所消耗的各种消费资料(包括劳务)的构成,即各种消费支出占总支出的比例关系。优化的消费结构是优化的产业结构和产品结构的客观依据,也是企业开展营销活动的基本立足点。我国随着改革开放的不断深入,在工资、住房、医疗、保险方面的改革有了重大突破,人们的收入和消费水平都有了较大的提高,对于一些耐用的大件消费品和休闲娱乐消费的需求量不断增加。企业在市场调查和分析中应当着重考虑消费支出模式和消费结构的变化,提供符合市场要求的商品和劳务。

相关链接 人均可支配收入增速跑赢 GDP

2014年2月24日,国家统计局发布2013年国民经济和社会发展统计公报,2013年我国GDP总量实际增长7.7%,扣除人口自然增长因素后,人均GDP实际增长7.1%,与之对应的全国居民人均可支配收入为18311元,扣除价格因素后,实际增长8.1%,增速跑赢GDP。

公报数据还显示,去年我国居民消费水平持续提高。具体来看,2013年我国农村居民恩格尔系数为37.7%，比上年下降1.6个百分点；城镇居民恩格尔系数为35%，下降1.2个百分点。限额以上企业商品零售额中，金银珠宝类、家具类、通讯器材类等热点消费领域销售额均实现了20%以上的增长。

总体来看，2013年中国经济社会发展实现了经济平稳较快增长、就业增加、物价稳定、结构优化、效益提高、民生改善的良好局面。

[资料来源：朱剑红：《〈2013年国民经济和社会发展统计公报〉公布》[N]，《人民日报》，2014-02-25]

（3）消费者储蓄和信贷情况。消费者的储蓄和信贷，直接影响着消费者不同时期的货币持有，也就直接影响着消费者购买力的大小。

消费者储蓄的形式有银行存款、债券、股票、保险、不动产等。在其他一切条件不变的情况下，储蓄增加，当期的支出就会减少，而未来的支出可能会增加，对于日常用品一类的产品和服务，购买力会下降，但对一些耐用品或昂贵商品来说反倒形成具有现实意义的购买力。在我国消费信贷还不发达的情况下，大型商品的购买力仍主要形成于储蓄。企业对此应充分重视，全面了解消费者的储蓄情况，尤其是要了解消费者储蓄目的的差异。因为储蓄目的的不同，往往影响到潜在需求量、消费模式、消费内容、消费发展方向的不同。这就要求企业营销人员在调查、了解储蓄动机与目的的基础上，制定不同的营销策略，为消费者提供有效的产品和服务。

随着商品经济的日益发达，消费者不仅可以用货币收入来购买商品，还可以采用借贷的形式来购买，这就是消费者信贷。所谓消费者信贷，就是消费者凭信用先取得商品使用权，然后按期归还贷款，以购买商品。这实际上就是消费者提前支取未来的收入，提前消费。目前，消费者信贷形式主要有日常用品的短期赊销、购买住宅时的分期付款、较昂贵耐用品的分期付款和信用卡信贷。在我国，近几年消费者信贷的发展势头很强劲，比如在房地产市场，购买商品房的银行资金按揭就是一个典型。按揭即是指购买者支付一定数额的资金，对其余不足以支付房款的部分，以所购住房向银行抵押，进而取得贷款支付给售楼一方。之后，消费者按照与银行签订的按揭合同，分期偿还本息。消费者信贷的出现，大大刺激了消费，增加了劳动就业机会，推动了经济的发展。因此，经营者在采取营销活动之前，必须考虑到企业周围的消费者信贷水平和规模。

3. 自然环境

自然环境包括自然资源和物质（自然）环境。

自然资源有三类：第一类是取之不尽、用之不竭的，如空气、阳光；第二类是有限但可更新的，如森林、粮食；第三类是既有限又不能再生的，如石油、煤及各种矿产。

第一类和第二类资源各地分布不均，而且按年份、季节不同而有所变化，第三类更是长期面临短缺。这些迫使人们研究、开发、利用新的资源，形成新的需求。

物质（自然）环境包括：第一，基础建设。即能源供应、交通运输和通讯条件、商业网点的发展等。第二，环境保护。工业化一方面创造了丰富的物质财富，另一方面是森林大面积被砍伐，工业废气、废液、废渣大范围污染大地、海洋和空气。水土流失、土地沙漠化、酸雨的侵袭、食品中添加剂超量等，这些都威胁着人类健康和社会发展。从市场营销学角度，自然环境的发展变化，已给企业带来严重威胁，同时也创造了市场机会，使得机遇与挑战同在。目前，自然环境有以下四个发展趋势：

（1）原料的短缺或即将短缺。无限资源类的空气受到严重污染，而水在世界上某些地区已经出现供应不足。可再生的有限资源，如森林、粮食等，也面临着林木的大量采伐和耕地的日趋减少的严重威胁。至于不可再生的有限资源，诸如石油、矿藏等，早已出现供不应求，使许多行业面临着因原材料缺乏而导致生产成本越来越高的困境。在这种情况下，对致力于开发和勘探新的能源、研究新型材料以及如何节约资源的企业来讲，有着巨大的市场机会。

（2）能源成本的增加。能源短缺导致成本增加。煤、石油、天然气等常规能源，都属于不可再生的有限资源，短缺问题相当严重。及时开发和研制太阳能、风能、原子能等新能源，或开发研制节能的新型产品，无疑对企业都是很有利的营销机会。

（3）污染的日益严重。空气污染、海河水源污染、土壤和植物里有害物质的含量增高，随处可见的塑料等包装废物以及污染层面日渐升级的趋势等，都使污染成为备受世人关注的大问题。那些制造污染的行业、企业成为众矢之的，面临着倒闭的威胁，但也给那些致力于控制污染、研究开发环保新产品的行业和企业创造了市场机会。

（4）政府对自然资源管理方面有力的干预。政府从整体利益和长远利益出发，对自然资源的管理逐步加强。但有时出于经济增长的压力，又不得不推迟考虑环保问题。营销管理人员必须重视物质环境，在获取所需资源时要主动注意物质环境，树立环保意识；对来自政府方面的规定更应积极遵守，不应抱反感和抵触情绪。

企业可通过实行可持续发展战略，既保证企业可获利发展，又保护资源与环境，达成社会与自然的协调。当前社会上的绿色产业、绿色消费、绿色营销以及生态营销的蓬勃发展，即是顺应了这种要求。企业营销人员在面临环境威胁的同时，应努力寻找、创造、把握市场机会。

4．科学技术环境

科学技术是很重要和有长远影响的环境因素，它是人类在生产和科学实践中，认识自然和改造自然而积累起来的经验、知识的总和，以及体现这些知识经验的劳动资料。科学技术的发展对于社会的进步、经济的增长和人类社会生活方式的变革都起着巨大的推动作用。它作为重要的营销环境因素，不仅直接影响企业内部的生产和经营，而且还同时与其他环境因素相互依赖、相互作用，影响企业的营销活动。

科学技术的发展为人类的发展不断提供新资源，带来新材料、新工艺、新设备等，这为企业生产的不断进步提供了必要的前提条件，并且产生了新的营销机会，刺激了新行业的诞生。但是科技发展的同时，也加速了一些不可再生性资源的消耗，造成了这些资源的短缺，给依赖这些资源的传统企业带来了生存危机；新技术的出现，对消费者也产生了深远的影响，传统的消费者购买习惯在科技发展的冲击下，有了全新面目。比如，电子商务的出现，为消费者提供了更为快捷、便利、全天候的消费渠道，而且消费方式更加多元化，满足了消费者个性化的消费需求。

科学技术的发展为企业提高营销效率提供了更新更好的条件。表现在：第一，科学技术的发展，为企业提高营销效率提供了物质条件。例如，新的交通运输工具的发明或旧的运输工具的技术改进，使运输的效率大大提高；信息、通讯设备的改善，更便于企业组织营销，提高营销效率。第二，科学技术的发展，可使促销措施更有效。例如，广播、电视、传真、网络技术等现代信息传媒的发展，可使企业的商品和劳务信息及时准确地传送到全国乃至世界各地，这将大大有利于本国和世界各国消费者了解这方面的信息，并起到刺激消费、促进销售的作用。现代计算技术和手段的运用，又使企业可及时对消费者的消费需求及动向进行有效地了解，从而使企业营销活动更加切合消费者需求的实际情况。第三，科学技术的发展，推动了消费者需求向高档次、多样化方向的变化，消费者消费的内容更加纷繁复杂。因此，生产什么商品，生产多少商品去满足消费者需要的问题，还得依靠调查研究和综合分析来解决。这种情况完全依赖传统的计算和分析手段是无能为力的，而现代计算和分析手段的发明运用，为这些问题的解决提供了有力的武器。

科学技术的发展，给人类的生活方式带来了深远的影响，造成了政治、经济、社会各方面的变革。这些变化必然会影响到企业的市场营销活动，给企业带来机会和威胁，甚至关系到企业的生存和发展。因此，企业应特别重视科学技术这一重要的环境因素对企业营销活动的影响，以使企业能够抓住机会，避免风险，求得生存和发展。

5. 政治和法律环境

政治和法律环境是指那些强制和影响社会上各种组织和个人的法律、政府机构和压力集团。作为社会生活的组成部分，企业的一切营销活动必须遵守党和国家的方针、政策和法令，不允许有丝毫的背离。

（1）政治环境。是指企业营销活动的外部政治局势和状况。其主要内容包括一个国家的政治局势、经济体制、宏观政策以及地方政府的方针政策等。在国内，安定团结的政治局面，不仅有利于经济发展和人民收入的增加，而且影响群众的心理状况，导致市场需求的变化。党和政府的方针、政策，不仅关系到国民经济的发展方向和速度，也直接关系到社会购买力的提高和市场消费需求的增长。对国际政治环境的分析，应了解"政治权力"与"政治冲突"对企业营销活动的影响。政治权力影响市场营销，往往表现为由政府机构通过采取某种措施约束外来企业，如进口限制、外汇控制、劳工限制、绿色壁垒等等。政治冲突指国际上的重大事件与突发性事件，这类事件在以和平与发展为主流的时代从未绝迹，对企业市场营销工作影响或大或小，有时带来机会，有时造成威胁。

(2) 法律环境。是指国家或地方政府所颁布的特别是与经济相关的各项法令、法规和条例等。对企业来说，法律是评判企业营销活动的准则，只有依法进行的各种营销活动，才能受到国家法律的有效保护。因此，企业开展市场营销活动，必须了解并遵守国家或政府颁布的有关经营、贸易、投资等方面的法律、法规。如果从事国际营销活动，企业就不但要遵守本国的法律制度，还要了解和遵守市场国的法律制度和有关的国际法规、国际惯例和准则。这既可保证自身严格依法管理和经营，也可运用法律手段保障自身的权益。

目前，我国对企业市场营销有直接影响的法律主要有：《中华人民共和国消费者权益保护法》、《中华人民共和国政府采购法》、《中华人民共和国反垄断法》、《中华人民共和国反不正当竞争法》、《中华人民共和国专利法》、《中华人民共和国产品质量法》、《中华人民共和国商标法》和《中华人民共和国广告法》等。

6. 社会文化环境

每个人都生长在一定的社会文化环境中，并在一定的社会文化环境中生活和工作，他的思想和行为必定受到这种社会文化环境的影响和制约。市场营销学中所说的社会文化环境，一般泛指在一种社会形态下已经形成的信念、价值观念、宗教信仰、道德规范、审美观念以及世代相传的风俗习惯等被社会所公认的各种行为规范。社会文化作为人们一种适合本民族、本地区、本阶层的是非观念，强烈影响着消费者的购买行为，使生活在同一社会文化范围内的各成员的个性具有相同的方面，它是购买行为的习惯性和相对稳定性的重要成因。企业的市场营销人员必须注意分析、研究和了解社会文化环境。社会文化环境内容非常广泛，以下就其主要内容略加分析。

(1) 价值观念。是指生活在某一社会环境下的多数人对事物的普遍态度或看法。人们生活的社会环境不同，所形成的价值观念也不同，消费者对商品的需求和购买行为都深受其价值观念的影响。因此，企业在进行营销时应注意研究不同国家和地区的人们的价值观念。

(2) 教育水平。教育程度不仅影响劳动者收入水平，而且影响着消费者对商品的鉴别力，影响消费者心理、购买的理性程度和消费结构，从而影响着企业营销策略的制定和实施。

（3）宗教信仰。人们在其自身发展过程中，充满了对幸福、安全的向往和追求。在生产力低下、对某些自然现象和社会现象还迷惑不解的时期，这种追求必然带着盲目崇拜的宗教色彩。这种宗教色彩一旦被沿袭下来就逐渐形成一种模式，影响着人们的消费行为。

（4）消费习俗。消费习俗是人们历代传递下来的一种消费方式，也可以说是人们在长期经济活动与社会活动中所形成的一种消费风俗习惯，是各类习俗中的重要习俗之一。消费习俗在饮食、服饰、居住、婚丧、节日、人情往来等方面都表现出独特的心理特征和行为方式。

（5）消费时潮。由于受社会文化多方面的影响，消费者产生共同的审美观念、生活方式和情趣爱好，从而形成一种社会风尚。这在服饰、美容、家电、保健品等方面表现得最为突出。消费时潮在时间上有一定的稳定性，但有长有短，长则可能几年，短则可能是几个月；在空间上有一定的地域性，表现在同一时期内，不同地区时潮的商品品种、款式、型号、颜色可能不尽相同。

二、微观环境研究

企业的营销工作不仅要研究宏观环境，同时还要研究微观环境。微观环境指的是企业内部环境、企业的市场营销渠道、竞争者、顾客和各种公众等因素。微观环境虽然与宏观环境一样都是企业营销环境的集合，但它与宏观环境是有区别的：一是微观环境比宏观环境对企业的市场营销的影响更为直接，二是微观环境中的一些因素经过企业的努力可以不同程度地加以控制。

市场微观环境的主要内容有：

1. 企业内部环境

企业的经营理念、管理体制与方法，企业的目标宗旨、企业精神与企业文化等因素，都影响着企业的营销活动。不过，分析市场营销环境，重点是考虑营销部门与公司其他各个部门的协调及相互关系，主要包括决策层、财务部门、研究开发部门、采购、会计及制造部门等。这些部门构成了企业制定、执行、控制营销计划，实现营销职能的企业内部微观环境。如图2-2所示。

决策层是企业管理的领导核心，负责确定企业的目标、战略与策略。营销管理人员必须在此范围内做出各项计划、决定，而所做出的计划及提出的营销建议，也得经决策层批准后才可付诸实践。营销部门与其他部门之间也是相互联系、相互制约的。财务部门负责解决实施营销计划所需的资金和进行成本控制，关心营销的风险与效益。研究开发部门负责新产品、新技术开发，有力支持营销活动。采购部门要保证企业生产经营所需要的各种供应品能及时地得到供应。生产制造部门更关心能否达到最大生产能力，能否按需要生产出足量保质的产品等。会计部门负责成本与收益的核算，并帮助营销部门了解营销利润的实现情况。所有这些部门与营销部门在实际工作中，都有可能产生或大或小的矛盾与冲突。这就需要企业内部各部门之间在决策层的统一领导与指挥下，进行必要的协调，以能够互相配合，使企业的整个营销活动得以正常高效地运转。

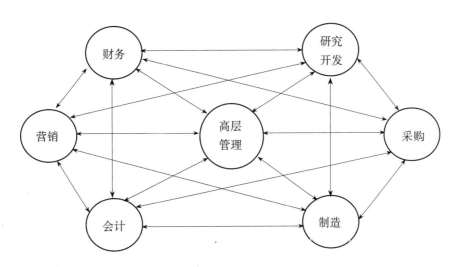

图2-2 企业内部环境

2. 企业的市场营销渠道

在现代市场经济条件下，任何一家企业都不可能自己承担有关产品和服务的全部生产和营销活动，一家企业必须与营销渠道中的其他企业合作，才能完成市场营销研究、推销产品、储存产品、运输产品等任务。

一个企业的市场营销渠道通常包括：

（1）供应商。即向企业供应原材料、部件、能源、劳动力和资金等资源的企业和组织。

（2）商人中间商。即从事商品购销活动，并对所经营的商品拥有所有权的中间商，如批发商、零售商等。

（3）代理中间商。也叫经纪商，即专门介绍客户或协助商定合同但不取得商品所有权的中间商，主要职能在于促成商品的交易，借此取得佣金收入，如经纪人、制造商代表等。

（4）辅助商。即辅助执行中间商的某些职能，为商品交换和物流提供便利，但不直接经营商品的企业或机构，如运输公司、仓储公司、银行、保险公司、广告公司、市场营销研究公司、市场营销咨询公司等。

以一家生产自行车的工厂为例，首先，必须与供应商订约，以获取生产自行车所需的各项生产资源，如钢材、轴承、轮胎等。其次，还需借助代理商以争取更多的订货；同时还要将生产的自行车直接销给中间商，即批发或零售企业；还要运用运输公司、仓储公司、银行等服务商的服务，以取得分销的便利和资金融通；为了提高营销效率，还要运用广告代理商、市场营销研究机构等。

3. 竞争者

市场营销观念表明，企业要想在市场竞争中获得成功，就必须能比竞争者更有效地满足消费者的需要与欲望。因此，企业所要做的并非仅仅迎合目标顾客的需要，而是要通过有效的产品定位，使得企业产品与竞争者产品在顾客心目中形成明显差异，从而取得竞争优势。企业在市场上面临着四种类型的竞争者：

（1）愿望竞争者。即满足消费者的各种目前愿望，与企业争夺同一顾客购买力的所有其他企业。例如，当一个消费者休息时可能想看书、进行体育运动或吃东西，每一种愿望都可能意味着消费者将在某个行业进行消费。

（2）一般竞争者。即提供不同种类的产品，满足购买者某种欲望，与企业争夺同一顾客的企业。一般竞争是决定需要的类型之后的次一级竞争，也称平行竞争。假设前面那个消费者吃东西的欲望占了上风，他可以选择的食品很多，如水果、冰淇淋、饮料、糖果或其他。

（3）产品形式竞争者。即提供同种但不同型号的产品，满足购买者某种欲望，与企业争夺同一顾客的企业。同一产品，规格、型号不同，性能、质量、价格各异，消费者将在充分收集信息后做出选择。上例中，假设消费者选中了糖果，则有巧克力、奶糖、水果糖等多种产品形式满足其欲望。

（4）品牌竞争者。即能满足消费者的同一需要的同种形式产品不同品牌之间的竞争者。上例中，如果消费者对巧克力感兴趣，并特别偏爱德芙牌，那么，该品牌的产品在竞争中赢得了最后的胜利。

品牌竞争是这四个层次的竞争中最常见和最显在的，其他层次的竞争则比较隐蔽和深刻。有远见的企业并不仅仅满足于品牌层次的竞争，而会关注市场发展趋势，在恰当的时候积极维护和扩大基本需求。另外，在现代经济社会中，市场竞争日趋激烈，企业的竞争对手除了本行业的现有竞争者外，还有代用品生产者、潜在加入者、原材料供应者和购买者等多种竞争力量。因此，企业必须加强对竞争对手的研究，在形形色色的竞争对手中，寻求增大本企业产品吸引力的各种方法，在竞争中立于不败之地。

4. 顾客

顾客是企业服务的对象，是企业经营活动的出发点和归宿。企业的一切营销活动都要以满足顾客的需要为中心。因此，顾客是企业很重要的环境因素。企业经营的实践证明，谁能赢得顾客的信任和支持，谁就能在市场上立于不败之地。企业必须坚持顾客第一的观念，加强对顾客的研究。可以从不同的角度以不同的标准对顾客进行分类。按照购买动机和类别分类，整个市场可分为五种类型：

（1）消费者市场。是指为了个人消费而购买商品和服务的个人和家庭所组成的市场。

（2）生产者市场。是指为了进行生产经营活动、赚取利润而购买商品及劳务的个人和企业所构成的市场。

（3）中间商市场。是指通过转售以获取利润而购买商品和劳务的批发商和零售商所构成的市场。

（4）非营利组织市场。是指为提供公共服务或转赠需要者而购买商品和服务的政府机构和非营利组织构成的市场。

（5）国际市场。是指国外购买者，包括消费者、生产者、中间商和非营利组织所构成的市场。

每一种市场都有其独特的顾客，而这些顾客不断变化着需求，必定要求企业以不同的服务方式提供不同的产品和劳务，从而制约着企业营销决策的制定和服务能力的形成。因此，企业要认真研究为之服务的不同顾客群，研究其类别、需求特点、购买动机、购买规律以及从事购买的人员或组织、购买的方式等，使企业的营销活动能针对顾客的需要，符合顾客的愿望。

5. 公众

公众是指对企业实现其市场营销目标构成实际或潜在影响的任何团体和个人，包括：

（1）融资公众。是指影响企业取得资金能力的任何机构，如银行、投资公司、保险公司等。他们影响企业获得资金的能力。

（2）媒介公众。是指报纸、杂志、广播、电视、互联网等具有广泛影响的大众媒体。

（3）政府公众。是指对企业的经营活动有相当影响的有关政府机构。这些机构就产品的安全性、广告的真实性等方面进行监督。

（4）社团公众。包括各种消费者权益保护组织、环境保护组织、少数民族组织及其他群众团体等。

（5）社区公众。是指企业附近的居民群众、地方官员等。

（6）一般公众。是指上述各种公众之外的社会公众。

（7）企业内部公众。如企业董事会、经理、员工等。

第三节 SWOT分析及营销对策

一、SWOT分析

营销环境分析常用的方法为SWOT分析法，它是英文Strength（优势）、Weak（劣势）、Opportunity（机会）、Threat（威胁）的简称。

1. 机会与威胁

市场机会的实质是指对企业市场营销活动富有吸引力的领域，在这些领域，企业拥有竞争优势。企业的市场营销机会既可能来源于宏观环境，也可能来源于微观环境。市场机会对不同企业有不同的影响力，企业在每一特定的市场机会中的成功概率，取决于其业务实力是否与该行业所需要的成功条件相符合。

环境威胁指对企业营销活动不利或限制企业营销活动发展的因素。环境威胁主要来自两方面：一方面，环境因素直接威胁着企业的营销活动。例如，有些国家政府规定必须在香烟广告和烟盒上显眼的地方注明"吸烟危害健康"等警告，这就威胁到烟草公司。另一方面，企业的目标、任务及资源与环境相矛盾。例如，传统的造纸企业会排放出大量的废气和废水，与整个社会的可持续发展目标相违背，这就给企业的生存和发展带来了威胁。

2. 优势与劣势

优势即企业拥有的优势。它包括企业拥有的技术技能、有形资产、无形资产、人力资源、组织体系、竞争能力等。

劣势即企业存在的薄弱环节。

3. SWOT矩阵分析

（1）罗列企业的优势和劣势，可能的机会与威胁。将那些对企业发展有直接的、重要的、大量的、迫切的、久远的影响因素优先排列出来，而将那些间接的、次要的、少许的、不急的、短暂的影响因素排列在后面。

（2）优势、劣势与机会、威胁相组合，形成SO，ST，WO，WT策略。

（3）对SO，ST，WO，WT策略进行甄别和选择，确定企业目前应该采取的具体战略与策略。SWOT矩阵如图2-3所示。

	机会列举1，2，3…	威胁列举1，2，3…
优势列举1，2，3…	SO策略 发挥优势，利用机会	ST策略 利用优势，回避威胁
劣势列举1，2，3…	WO策略 利用机会，克服劣势	WT策略 减小劣势，回避威胁

图2-3 WOT矩阵

相关链接 "零帕"饮料的SWOT分析

内部能力因素 / 外部环境因素	优势（Strength） ①怡宝公司品牌背书 ②生产与销售网络优势 ③产品质量竞争能力优势 ④企业品牌知名度优势	劣势（Weakness） ①原定位不够清晰 ②"零帕"饮料口感一般 ③"零帕"包装吸引力不强 ④定价偏高 ⑤产品品牌宣传力度不足
机会（Opportunity） ①政法环境逐步完善 ②人们消费能力提高 ③消费者更注重减压 ④年轻人对饮料的重度消费 ⑤饮料技术的创新 ⑥天气机会和促销机会	SO战略 ①利用企业品牌获取信任 ②利用消费者追求健康安全饮食的心理宣传产品 ③以校园为市场突破口 ④通过试饮等促销方式让消费者了解"零帕"	WO战略 ①重新定位 ②改善产品口感 ③更灵活的价格策略 ④改进包装 ⑤普及健康知识 ⑥增加促销方式
威胁（Threat） ①竞争者的威胁 ②原材料价格上升 ③消费者对产品功能仍存在疑惑 ④消费者对"零帕"品牌的认知度不高	ST战略 ①借怡宝公司总体形象，以提升目标消费群对"零帕"的认知 ②明确产品定位，以区隔竞争对手 ③优化销售网络 ④加强产品宣传力度	WT战略 ①明确定位 ②控制成本 ③改良产品口感 ④突出对产品品牌的宣传 ⑤加大对产品功能的宣传 ⑥采取多种促销方式
分析后的总体结论：产品主要问题是产品定位不够清晰和目标消费群过窄，建议对品牌进行重新定位，把产品的表述由原来的"舒缓型营养素果味饮料"简化为"舒缓型饮料"，把产品的目标市场由原来的"白领、学生等易感到压力、紧张的都市人群"扩充到"都市人群"		

二、营销环境分析及营销对策

1. 威胁与机会的分析及评价

企业面对威胁程度不同和市场机会吸引力不同的营销环境,可以通过环境分析来评估环境机会与环境威胁。企业最高管理层可采用"威胁—分析矩阵图"和"机会—分析矩阵图"来分析、评价营销环境。如图 2-4 和图 2-5 所示。

	出现威胁的可能性	
潜在的严重性	大	小
大	3 5	1 6
小	2 4 8	7

图 2-4　环境威胁的矩阵

	成功的可能性	
潜在的吸引力	大	小
大	3 7	4 2
小	6	1 5 8

图 2-5　营销机会矩阵

"环境威胁矩阵图"的横轴代表"出现威胁的可能性",即出现概率;纵轴代表"潜在的严重性",即表示企业面临威胁的大小程度。根据这个分析图可看出:处于 3、5 位置的威胁出现的概率和潜在严重性都大,必须特别重视,并制定相应对策;处于 7 位置的威胁出现的概率和潜在严重性均小,企业不必过于担心,但应注意其发展变化;处于 1、6 位置的威胁出现概率虽小,但潜在严重性较大,必须密切注意监视其出现与发展;处于 2、4、8 位置的威胁潜在的严重性较小,但出现的概率较大,也必须充分重视。

同样,我们可以对机会矩阵进行分析。"市场机会矩阵图"的横轴代表"成功的可能性"大小,即企业优势大小;纵轴代表"潜在的吸引力",即营利性的大小。图中,处于 3、7 位置的机会,潜在的吸引力和成功的可能性都大,有极大可能为企业带来巨额利润,企业应把握机会,全力发展;而处于 1、5、8 位置的机会,不仅潜在利益小,成功的概率也小,企业应改善自身条件,注意机会的发展变化,审慎而适时地开展营销活动;4、2 位置的潜在吸引力虽然大,但其成功的可能性小;相反,6 位置的成功可能性虽然大但潜在的吸引力小。

用上述矩阵法分析、评价营销环境,可能出现四种不同的结果。如图 2-6 所示。

(1) 理想业务。即机会大和威胁低的业务。
(2) 冒险业务。即机会大和威胁高的业务。
(3) 成熟业务。即机会小和威胁低的业务。
(4) 困难业务。即机会小和威胁高的业务。

	威胁水平	
	低	高
机会程度 大	理想型	冒险型
机会程度 小	成熟型	困难型

图2-6 四种处于不同状况的企业

2. 企业市场营销对策

对企业所面临的主要威胁和最好的机会，最高管理层会做出什么反应或采取何种对策呢？

（1）对机会的反应。最高管理层对企业所面临的市场机会，必须慎重地评价其质量。美国著名市场营销学者西奥多·莱维特曾警告企业家们，要小心地评价市场机会。他说："这里可能是一种需要，但是没市场；或者这里可能是一个市场，但是没有顾客；或者这里可能有顾客，但目前实在不是一个市场。例如，这里对新技术培训是一个市场，但是没有那么多的顾客购买这种产品。那些不懂得这种道理的市场预测者对于某些领域表面上的机会曾做出惊人的错误估计。"

（2）对威胁的对策。企业对所面临的主要威胁有三种可能选择的对策：

第一，反抗。是指努力试图限制或扭转不利因素的发展。例如，传统的造纸企业可以采用新型的生产技术或者改良排污设施，从而达到减少污染、继续发展的目的。

第二，减轻威胁。是指通过调整市场营销组合来改善企业环境，以减少威胁因素对企业的影响程度。如烟草公司大力宣传在公共场所设单独的吸烟区。

第三，转移。是指将资金转移到其他更为营利的行业领域或市场领域。例如，烟草公司可以适当减少香烟业务，增加食品和饮料等业务，实行多元化经营。再如，一些军工企业相继将业务方向转移到生产民用品上来，就是采取了这种逃避环境的威胁，以谋取更大利益。

本章小结

1. 市场营销环境，是指影响企业市场营销活动和营销目标实现的各种因素和条件。它具有客观性、多变性、差异性、相关性的特点。

2. 企业宏观环境又称间接环境，包括与企业营销活动密切相关的六大社会力量：人口、经济、自然、科学技术、政治法律以及社会文化等因素。

3. 企业微观环境主要包括企业内部环境、企业的市场营销渠道、竞争者、顾客和各种公众。

4. 企业营销环境分析通常采用SWOT法。利用"环境威胁矩阵图"和"市场机会矩阵图"对企业面临的主要威胁和市场机会进行分析、评价,并采取相应的行动和对策。针对威胁可采取的对策有三种:一是反抗,二是减轻威胁,三是转移。

关键概念

市场营销环境　宏观市场营销环境　微观市场营销环境　消费者个人收入　实际收入　个人可支配收入　个人可任意支配收入　恩格尔系数　愿望竞争者　一般竞争者　产品形式竞争者　品牌竞争者　公众　环境威胁　市场机会

练习与思考

一、判断正误

1. 市场营销环境,是指企业整个内外界事物的集合。(　　)
2. 宏观环境与微观环境是市场环境系统中的不同层次,所有微观环境因素都受宏观环境因素的制约,而微观环境因素对宏观环境也有影响。(　　)
3. 营销活动只能被动地受制于环境的影响,因而营销管理者在不利的营销环境面前可以说是无能为力。(　　)
4. 文化对市场营销的影响多半是通过直接的方式来进行的。(　　)
5. 大市场营销组合6P比4P多了2个P,指的是"经济"和"公共关系"。(　　)
6. 个人可任意支配收入,是指从个人可支配收入中减去支付税款和非税性负担以后所剩下的收入。(　　)
7. 消费者储蓄虽然减少了消费者当期现实的购买力,但是作为一种家庭的"流动资产",是可以较顺利、迅速地转换成将来现实的购买力,从而影响消费者的购买支出的。(　　)
8. 消费者要选择一种万元消费品,他所面临的选择就可能有电脑、电视机、摄像机、出国旅游等,这时电脑、电视机、摄像机以及出国旅游之间就存在着竞争关系,成为愿望竞争者。(　　)
9. 企业面临环境威胁的主要对策有反抗,即指将资金转移到其他更为赢利的行业领域或市场领域。(　　)

二、单项选择

1. "长虹"彩电的率先降价,虽然在整个行业掀起降价风暴,但对各彩电生产厂家的影响还是不尽相同的,这体现了市场营销环境的(　　)。
   A. 差异性　　　B. 多变性　　　C. 相关性　　　D. 目的性

2. 某跨国公司拟采用非价格竞争方式推销其产品，一般来说，在（　　）最容易生效。
   A. 中国　　　B. 印度　　　C. 日本　　　D. 韩国
3. 一个国家或地区的恩格尔系数越小，反映该国家或地区的生活水平（　　）。
   A. 越稳定　　B. 越低　　　C. 越高　　　D. 比较活跃
4. 影响消费者需求变化最活跃的因素，同时也是消费者市场要重点研究的收入是指（　　）。
   A. 消费者收入　　　　　　B. 实际收入
   C. 个人可支配收入　　　　D. 个人可任意支配收入
5. 在我国现阶段，对于昂贵的耐用消费品来说，其具有现实意义的购买力主要形成于（　　）。
   A. 当期的货币持有量　　　B. 储蓄
   C. 信贷　　　　　　　　　D. 消费者个人收入
6. 现在有越来越多的消费者通过互联网来购物，这要求企业在制定市场营销组合战略时还应当着重考虑（　　）。
   A. 人口环境　B. 技术环境　C. 经济环境　D. 社会文化环境
7. 铁路公司和航空公司在提供客运服务方面，两者的竞争关系属于（　　）。
   A. 愿望竞争者　　　　　　B. 一般竞争者
   C. 产品竞争者　　　　　　D. 品牌竞争者
8. 从事商品购销活动，并对所经营的商品拥有所有权的中间商品（　　）。
   A. 供应商　　B. 商人中间商　C. 代理中间商　D. 辅助商
9. 机会水平和威胁水平均很高的企业业务属于（　　）。
   A. 理想业务　B. 困难业务　C. 冒险业务　D. 成熟业务

三、问答题

1. 谈谈市场营销环境有哪些特点？
2. 宏观营销环境包括哪些因素？各有何特点？
3. 微观营销环境包括哪些内容？竞争者对企业营销活动产生什么影响？
4. 消费者支出结构变化对企业营销活动有何影响？
5. 请分析以下的市场环境变化可能对哪些行业带来正面影响，对哪些行业带来负面影响？市场环境变化：一是中国大陆人口老化，二是台海局势缓和（对大陆厂商的影响），三是中国加入世贸组织对大陆企业的影响，四是香港人喜欢在深圳及邻近地方消费，五是有线电视提供宽频网络服务。
6. 环保问题已逐渐成为举世瞩目的焦点问题，自然环境对企业营销的影响不容小视。请谈谈目前自然环境发展的趋势，在这些趋势下，企业所面临的市场机会有哪些？

7. 电子商务对企业营销活动有哪些影响？

8. 分析营销机会来源于什么，试举例说明营销机会分析的重要作用。

9. 什么是SWOT？如何运用SWOT矩型分析？

案例研讨　气候变化

一、含义

全球变暖，指的是在一段时期中，地球大气和海洋温度上升的现象，主要是指因人为因素，比如温室气体（如二氧化碳等）排放过多所导致的温度上升。

二、概要

近100多年来，全球平均气温经历了冷→暖→冷→暖四次波动，总的来看，气温呈上升趋势。进入20世纪80年代以后，全球气温明显上升。

全球大气层和地表这一系统就如同一个巨大的"玻璃温室"，使地表始终维持着一定的温度，产生了适于人类和其他生物生存的环境。在这一系统中，大气既能让太阳辐射透过而达到地面，又能阻止地面辐射的散失。我们把大气对地面的这种保护作用称为大气的温室效应，造成温室效应的气体称为温室气体，它们对太阳短波辐射可见光（3.8～7.6nm，波长较短）具有高度的穿透性，而对地球反射出来的长波辐射（如红外线）具有高度的吸收性。这些气体有二氧化碳、甲烷、氯氟化碳、臭氧、氮的氧化物和水蒸气等，其中与百姓关系最密切的是二氧化碳。近100年来，全球的气候正在逐渐变暖，与此同时，大气中温室气体的含量也在急剧增加。许多科学家都认为，温室气体的大量排放所造成的温室效应的加剧是全球变暖的基本原因。

人类燃烧煤、油、天然气和树木，产生了大量二氧化碳和甲烷，它们进入大气层后使地球升温，使碳循环失衡，改变了地球生物圈的能量转换形式。自工业革命以来，大气中二氧化碳含量增加了25%，远超过科学家可能勘测出来的过去16万年的全部历史纪录，而且尚无减缓的迹象。

大气中二氧化碳排放量的增加是造成地球气候变暖的根源。国际能源机构的调查结果表明，美国、中国、俄罗斯和日本的二氧化碳排放量几乎占全球总量的一半。调查表明，美国二氧化碳排放量居世界首位，年人均二氧化碳排放量约为20吨，占全球总量的23.7%。中国年人均二氧化碳排放量约为11.73吨，约占全球总量的13.9%。

三、危害

在20世纪，由于海平面上升了约17厘米，危及沿海居民。大规模的冰川融化将会造成山洪爆发，并且随着时间的推移，超过10亿人居住的地方每年主要山脉的融水将减少。预计到本世纪中叶，由于气候变化，干旱地区的水供应将减少10%～30%。雨水灌溉的农场为发展中国家提供高达80%的食品，气候变化引起的降雨模式，会威胁粮食安全。世界上汽车数量到2050年预期将增至目前的3倍，80%的增加是在发展中国家。

四、2014阿布扎比登峰会

2014年5月5日，由联合国以及阿联酋政府共同主办的"2014阿布扎比登峰会"在阿联酋首都阿布扎比圆满落幕。联合国秘书长潘基文发表致辞，呼吁各国构建新的全球联盟，加速推进减缓和适应气候变化的全球行动。

潘基文秘书长5日在"阿布扎比登峰会"闭幕式上发表讲话指出，过去两天的会议虽然日程非常紧张，但信息量大而且鼓舞人心。现在，真正艰巨的工作才刚刚开始。未来几个月里，所有行动方应该利用在此次会议上达成的共识以及政治智慧和主动性，为将于9月在纽约总部举行的"2014全球领导人气候峰会"作好准备。

潘基文表示，低碳经济的商机巨大，但其社会和环境效益目前尚未在全球各地的国家充分得以实现。具有远见卓识的人现在应挺身而出、采取行动，因为愿意做"领头羊"的人必将获得可观的回报。他就此呼吁相关各方提高应对气候变化的雄心壮志，构建新的全球联盟，说服决策者采取大胆的行动，开发适应各自国情的气候变化战略方案，不要坐等错失机会。

潘基文强调，按照计划，各方将在今年年底秘鲁利马气候变化大会上审议新协议谈判案文，以力争在2015年巴黎气候变化大会上最终达成一份具有法律约束力的全球气候新协定。他就此敦促各国加强团结合作，调集政治意愿，将气候变化列为首要优先工作，为所有人构建一个更加繁荣和安全的未来。

此次"阿布扎比登峰会"讨论了八个战略行动领域，其中包括能源效率和可再生能源、短期气候污染物、森林和农田的土地使用、增强气候变化适应能力、防灾减灾以及气候融资等，其目的是向各国展示，具有成本效益的气候解决方案是现实存在而且有效可行的。

潘基文早些时候表示，一些发达国家在应对气候变化方面拥有着先进的经验和技术，这些国家应该更好地承担起责任，帮助发展中国家一起面对日渐严峻的气候问题。

[资料来源：1. 全球气候变暖[OL]，百度百科；
2. 联合国与气候变化[OL]，联合国网站]

讨论题：

1. 气候变化影响哪些营销环境？
2. 气候变化带来了哪些市场机会和环境威胁？
3. 企业可以从气候变化中获得哪些商机？

第三章
消费者市场购买行为研究

本章要点
◎消费者行为模式的一般规律
◎影响消费者购买行为的主要因素
◎购买决策过程中的角色及各自的作用
◎消费者购买行为的四种类型
◎消费者购买决策过程中涉及的主要步骤

上一章我们分析了营销环境，本章和下一章将具体研究市场。市场营销的核心即是如何最好地满足购买者的需求。购买者行为理论认为，企业在其营销活动中必须认真研究目标市场中消费者的购买行为规律及其特征。因为消费者的购买行为不仅受经济因素的影响，还会受到其他多种因素的影响，从而会产生很大的差异性。即使具有同样类型需求的消费者，购买行为也会有所不同。所以，认真研究和分析消费者的购买行为特征，才能有效地开展企业的营销活动，实现企业的目标。

第一节　消费者市场与消费者行为模式

一、消费者市场的概念和特点

1. 消费者市场的概念

市场是指有购买力、购买欲望的顾客群体。按照顾客购买目的和动机来划分，可将市场分为两大基本类型：组织市场和消费者市场。组织市场指以某种组织为购买单位的购买者所构成的市场，购买目的是为了生产、销售、维持组织运作或履行组织职能。按照现代营销学的观点，消费者市场就是所有消费者、全部购买力及各种购买动机的结合；换言之，是所有潜在的消费资料购买者的有效需求的总和。消费者的数量、购买力和购买动机构成了消费者市场不可或缺的三大要素。生活消费是产品和服务流通的终点，因而消费者市场也被称为最终产品市场。

2. 消费者市场的特点

（1）广泛性。生活中的每一个人都会或多或少地发生一些消费行为或消费品购买行为，成为消费者市场的一员。因此，消费者市场人数众多，范围广泛。

（2）分散性。消费者的购买单位是个人或家庭。一般而言，家庭商品储藏地点小、设备少，买大量商品不易存放；家庭人口较少，商品消耗量不大；再者，现代市场商品供应丰富，购买方便，随时需要随时购买，不必大量储存，导致消费者每次购买数量零星，购买次数频繁，易耗的非耐用消费品更是如此。

（3）多样性。由于各个消费者的收入水平、文化程度、职业、性别、年龄、民族和生活所处环境的不同，自然会有各种各样的爱好和兴趣，对商品和服务的需要是千差万别、丰富多彩的。例如，对穿、用商品，每个人在品种、质量、花色、规格上的需要都不尽相同，对食物的需求也存在着习惯上的差异。这种不拘一格的要求，就是消费者需求的多样性。

（4）易变性。消费需求具有求新求异的特性，要求商品的品种、款式不断翻新，有新奇感，不喜欢一成不变的老面孔。许多消费者对某个新品种、新款式的共同偏好就形成了消费风潮，这反映了消费心理的变化。随着市场商品供应的丰富和企业竞争的加剧，消费风潮的变化速度加快，往往令人难以把握。

（5）发展性。随着科学技术的进步和消费者人均收入水平的提高，人们对商品和服务的需要也不断变化，呈现出由少到多、由粗到精、由低级到高级的发展趋势。未曾消费过的高档商品进入消费，过去消费少的高档耐用品现在大量消费，过去质量一般的商品，现在质量有所提高。一种需要满足了，又会产生新的需要。

（6）情感性。消费品有千千万万，消费者对所购买的商品大多缺乏专门的甚至是必要的知识，只能根据个人好恶和感觉做出购买决策，多属非专家购买，受情感因素影响大，因受企业广告宣传和推销活动的影响大。

（7）伸缩性。消费需求受消费者收入、生活方式、商品价格和储蓄利率影响较大，在购买数量和品种选择上表现出较大的需求弹性或伸缩性。收入多则增加购买，收入少则减少购买。商品价格高或储蓄利率高的时候减少消费，商品价格低或储蓄利率低的时候增加消费。

（8）替代性。消费品种类繁多，不同品牌甚至不同品种之间往往可以互相替代。消费者在有限购买力的约束下，对满足哪些需要以及选择哪些品牌来满足需要必然慎重地决策且经常变换，导致购买力在不同产品、品牌和企业之间流动。

（9）可诱导性。消费者需求是可以引导和调节的。通过企业的工作和影响，人们的消费需求可以变化和转移。潜在的欲望可以变为明显的购买行动，未来的消费需求可以成为现实的消费。例如，人们原来并没有准备很快购买某种商品，但由于产品的问世或广告宣传等影响，就会由不准备购买或不准备现在购买，而迅速演变为强烈的购买冲动。因此，工商企业不仅应当适应和满足人们的需求，而且还可以启发、诱导人们的消费需求。

（10）季节性。分为三种情况：一是季节性气候变化引起的季节性消费，如冬天穿羽绒衣、夏天穿单衣，夏天买冰箱、冬天买电炉等；二是季节性生产而引起的季节性消费，如春夏季是蔬菜集中生产、消费的季节；三是风俗习惯和传统节日引起的季节性消费，如端午节吃粽子、中秋节吃月饼等。

二、消费者购买行为模式

对消费者购买行为规律的研究涉及消费者购买行为的基本模式，它主要回答以下一些问题：

形成购买群体的是哪些人？　　　　　　购买者（Occupants）

他们要购买什么商品？	购买对象（Objects）
他们为什么要购买这些商品？	购买目的（Objectives）
哪些人参与了购买决策过程？	购买组织（Organizations）
他们以什么方式购买？	购买方式（Operations）
他们在什么时候购买？	购买时间（Occasions）
他们在哪里购买？	购买地点（Outlets）

由于7个英文单词的开头字母都是O，所以，市场营销学界将这些决策内容称为消费者市场的"7O's"架构。企业要有的放矢地开展营销活动，则必须先研究消费者的购买行为规律。例如，传真机这种产品，消费者购买什么类型的传真机作为家庭用？他们追求传真机的什么特点？他们买传真机追求什么利益？他们要传送何种类型的文件？为什么要传送这些文件？当具有新型特点的传真机上市时他们会不会更换旧型传真机？这些问题的答案可通过消费者研究获得，并可给传真机制造商制订产品计划、设计产品规格、决定促销策略提供重要的依据。

消费者购买行为理论中的刺激-反应模式是最有代表性的理论。见图3-1。

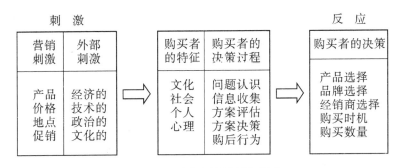

图3-1 消费者购买行为模式

市场营销刺激和其他外部刺激进入购买者的意识后，购买者根据自己的特征处理这些信息，经过一定的决策过程导致了购买决定。市场营销人员的任务就是要了解：在出现外部刺激后到做出购买决策前购买者意识中所发生的情况。所以，对消费者购买行为的研究主要包括两个部分：一是对影响购买者行为的各种因素的分析，二是对消费者购买决策过程的研究。

第二节
影响消费者购买的主要因素

消费者不可能在真空里做出自己的购买决策，其购买决策会受到诸多因素的影响。尽管其中有些因素是营销人员无法控制的，但是必须充分予以重视并须考察每一因素对购买者购买行为的影响。总体上来说，影响消费者行为的因素可分为三类：内在因素、外在因素和企业市场营销因素。

影响消费者行为的内在因素包括消费者的生理因素，如消费者的性别、年龄、健康状况和生理特质等；心理因素，如认知因素等；行为因素，即消费者已经发生或正在发生的外在行为（可直接观察到的活动）对其后续行为的影响。

影响消费者行为的外在因素也称为环境因素，指消费者外部世界的所有物质和社会要素的总和，包括有形的物体，如商品和商场；空间关系，如消费者与商场的空间距离，商场的位置及商品在商场中的位置；其他人的社会行为，如周围是什么样的人，他们在想什么、做什么等。许多营销人员比较重视可视环境（也称功能环境），因为它直接影响消费者的行为，但是对非可视环境的研究也不能忽视。

企业营销因素包括企业营销战略、产品策略、价格策略、渠道策略和促销策略等。这里仅研究前两种因素，市场营销因素将在营销策略中一并讨论。

一、影响消费者行为的外在因素

1. 文化因素

（1）文化。是指人类在社会发展过程中所创造的物质财富和精神财富的总和，是根植于一定的物质、社会、历史传统基础上形成的特定价值观念、道德、信仰、理想和其他有意义的象征的综合体。"文化"看不见，摸不着，但人们能感觉到它的存在，如东西方文化的巨大差异，同属东方文明的中、日文化之间的差异，等等。作为其有形的一面，文化又反映在一国的建筑、城市风貌、文学艺术、衣着，甚至饮食上。

文化是影响人们欲望和行为的基本因素。文化对消费者的购买行为具有强烈的和广泛的影响。例如，标有老年人专用字样的商品在美国等西方国家并不受老年人欢迎，因为这种宣传违背了这些国家中人们忌讳衰老的价值观。而在中国，专为老年人生产的食品、用品、服装等却大受欢迎。

（2）亚文化。在每一种文化中，往往还存在许多在一定范围内具有同一性的群体或所谓的亚文化，它们以特定的认同感和社会影响力将各成员联系在一起，使这一群体持有特定的价值观念、生活格调与行为方式。这种亚文化有许多不同的类型，其中影响购买行为最显著的有四种：

1）民族亚文化群。每个国家都存在不同的民族，每个民族都在漫长的历史发展过程中形成了各自的语言、风俗、习惯和爱好，他们在饮食、服饰、居住、婚丧、节日、礼仪等物质和文化生活方面各有特点，这都会影响他们的购买欲望和行为。

2）宗教亚文化群。世界上许多国家，在一国之内往往存在着许多不同的宗教。以我国来说，就同时存在伊斯兰教、佛教、天主教、基督教等。他们特有的信仰、偏好和禁忌也形成了一种次文化，在购买行为和购买种类上表现出许多不同特征。

3）种族亚文化群。一个国家可能有不同的种族，不同的种族有不同的生活习惯和文化传统。比如，美国的黑人与白人相比，购买的衣服、个人用品、家具和香水较多，食品、运输和娱乐较少。他们更重视价格，更重视商品的品牌，更具有品牌忠诚性。美国许多大公司非常重视通过多种途径开发黑人市场，还有的公司专门为其开发特殊的产品和包装。

4）地理亚文化群。世界上处于不同地理位置的各个国家，同一国家内处于不同地理位置的各个省份和市县都有着不同的文化和生活习惯。例如，我国华南地区与西北地区，沿海地区与内地偏远地区，都有不同的生活方式和时尚，从而对商品的购买也有很大不同。

总之，一个消费者对各种产品的兴趣，如对食物的偏好、衣着的选择、娱乐甚至事业的抱负，显然都受到他的民族、宗教、种族和地理背景的影响。

(3) 社会阶层。是指社会学家根据职业、收入来源、教育水平、价值观和居住区域对人们进行的一种社会分类，是按层次排列的、具有同质性和持久性的社会群体。

社会阶层具有以下特点：

1）同一阶层的成员具有类似的价值观、兴趣和行为，在消费行为上相互影响并趋于一致。

2）人们以自己所处的社会阶层来判断各自在社会中占有的高低地位。

3）一个人的社会阶层归属不仅仅由某一变量决定，而是受到职业、收入、教育、价值观和居住区域等多种因素的制约。

4）人们能够在一生中改变自己的社会阶层归属，既可以迈向高阶层，也可以跌至低阶层，这种升降变化的程度随着所处社会的层次森严程度的不同而不同。

不同社会阶层的人，无论在购买行为和购买种类上都具有明显的差异性。市场营销人员可以借助这一因素的研究成果，采取相应的市场营销策略，以获取更大的经济效益。

> **相关链接** 当代中国10个社会阶层的界定

改革开放以来,社会结构发生了显著的分化,一些新的社会阶层逐渐形成,各阶层之间的社会、经济、生活方式及利益认同的差异日益明晰化,以职业为基础的新的社会阶层分化机制逐渐取代过去的以政治身份、户口身份和行政身份为依据的分化机制。现阶段10个社会阶层的界定如下:

第一层,国家与社会管理者阶层。约占2.1%。
第二层,经理人员阶层。约占1.5%。
第三层,私营企业主阶层。约占0.6%。
第四层,专业技术人员阶层。约占5.1%。
第五层,办事人员阶层。约占4.8%。
第六层,个体工商户阶层。约占4.2%。
第七层,商业服务业员工阶层。约占12%。
第八层,产业工人阶层。约占22.6%。
第九层,农业劳动者阶层。约占44%。
第十层,城乡无业、失业、半失业者阶层。约占3.1%。

——摘自陆学艺主编的《当代中国社会阶层研究报告》,社会科学文献出版社2002年版。

2. 社会因素

(1) 相关群体。是指那些直接或间接影响人的看法和行为的群体。相关群体有两种基本类型:一种是个人具有成员资格并因而受到直接影响的群体,即直接相关群体或成员群体。直接相关群体又分为主要群体和次要群体。主要群体是指那些关系密切且经常接触的非正式群体,如家庭成员、亲戚朋友、同事、邻居等。次要群体指较为正式但日常接触较少的群体,如宗教组织、行业协会等。另一种是个人并不具有正式成员资格,而是期望成为其中一员的群体,即间接相关群体。这种相关群体又分为向往群体和厌恶群体。向往群体是指某人推崇的一些人或希望加入的集团,如体育明星、影视明星就是其崇拜者的向往群体。厌恶群体是指某人讨厌或反对的一群人。一个人总是不愿意与厌恶群体发生任何关系,在各方面都希望与其保持一定距离,甚至经常反其道而行之。

相关群体对消费者购买行为的影响,主要表现在三个方面:
1) 示范性。相关群体的消费行为和生活方式为消费者提供了可供选择的模式。
2) 仿效性。相关群体的消费行为引起人们仿效的欲望,影响人们的商品选择。

3）一致性。由于仿效而使消费行为趋于一致。

相关群体对消费者购买不同商品的影响程度视产品类别而定。它对购买使用时不易为他人所觉察的洗衣粉、食盐等商品影响较小，对购买使用时十分显眼的服饰、耐用消费品、香烟、药品等商品影响较大。相关群体还影响消费者对商品品牌的选择。

（2）家庭。家庭是社会组织的一个基本单位，也是消费者的首要相关群体之一，对消费者购买行为有着重要影响。同时，家庭又是一个消费单位和购买决策单位。人一生中一般要经历两个家庭。第一个是父母的家庭，在父母的养育下逐渐长大成人；然后又组成自己的家庭，即第二个家庭。当消费者做购买决策时，必然要受到这两个家庭的影响，其中，受原有家庭的影响比较间接，受现有家庭的影响比较直接。家庭购买决策大致可分为四种类型：各自做主型、丈夫支配型、妻子支配型、共同支配型。家庭中决策者的兴趣、偏好会影响其购买行为。此外，孩子在家庭购买决策中的影响力也不容忽视，尤其在我国，独生子女在家庭中受重视的程度越来越高，随着孩子的成长、知识的增加和经济上的独立，他们在家庭购买决策中的权力逐渐加大。

（3）身份和社会地位。每个人一生中都会参与许多群体，如家庭、社会、各种组织机构等。每个人在不同群体中的位置可用身份和地位来确定。例如，一位能诗会画的女经理，在她父母的眼里，她的身份是女儿；在她的家庭里，她的身份是妻子、是母亲；在她的公司里，她的身份是经理；在她兼任工作的社会里，她的身份是艺术家。一个人在各种群体中的各种身份，都会影响其购买行为；每一种身份又都附着一种地位，反映社会对他的一般尊重。例如，一个集团公司的董事长，其地位就远比一个基层企业的部门经理高。这样，这位身在高位的董事长，将会购买能够显示其身份与地位的更高级的日用品和奢侈品。针对此，每个市场营销人员都必须弄清哪些产品有变成地位标志的可能性，以便采取相应的市场营销策略打入新市场，或提高原有市场的占有率。但地位标志产品不仅因阶层而异，而且也因地区而异。一个敏锐的市场营销人员还必须善于识别这种差异，才能更好地利用影响消费者购买行为的身份和地位这一因素。

二、影响消费者行为的内在因素

影响消费者行为的内在因素主要有消费者的心理因素、生理因素和经济因素等。其中，心理因素包括较多内容，有消费者认知过程、消费者的个性、消费者的学习、消费者的态度等等。

1. 感觉

感觉是人脑对当前直接作用于感觉器官的客观事物个别属性的反映，是影响个人购买行为的一个重要心理因素。感觉包括视感觉、听感觉、味感觉、嗅感觉、皮肤感觉、机体感觉、平衡感觉、运动感觉、触感觉、痛感觉等类型，其中皮肤感觉是一种综合性的感觉，包括温度感觉、触感觉等。人类感觉的需求，以听视感觉为最高，约占80%，触感觉约占15%，味嗅感觉约占5%。

一个被动机驱使的人随时准备着行动，但具体如何行动则取决于他对情境的感觉如何。两个处于同样情境的人，由于对情境的感觉不同，其行为可能大不相同。企业营销人员应当通过调查确定一些重要的感觉评价标准，了解消费者对各种商品的感觉，在产品开发、产品定位、使用方法、促销方法和广告设计中考虑消费者的感觉与感受的变化，设计相应的市场营销组合策略。

2. 知觉

知觉是人脑对直接作用于感觉器官的客观事物各个部分和属性的整体反映。知觉与感觉的区别在于：第一，感觉是人脑对客观事物的某一部分或个别属性的反映，知觉是对客观事物各个部分、各种属性及其相互关系的综合的、整体的反映。第二，感觉是介于心理和生理之间的活动，产生于感觉器官的生理活动及客观刺激的物理特性，相同的客观刺激会引起相同的感觉；知觉却是以生理机制为基础而产生的纯粹的心理活动，处处渗透着人的主观因素作用。第三，感觉过程仅仅反映当前刺激所引起的兴奋，不需要以往知识经验的参与；而知觉过程包括了当前刺激所引起的兴奋和以往知识经验的暂时神经联系的恢复过程。第四，从生理机制看，感觉是单一分析器活动的结果；而知觉是多种分析器协同活动对复杂刺激物或刺激物之间关系进行综合分析的结果。

知觉的性质及其在市场营销中的应用表现在以下方面：

（1）知觉的整体性。也称为知觉的组织性，指知觉能够根据个体的知识经验将直接作用于感观的客观事物的多种属性整合为同一整体，以便全面地、整体地把握该事物。有时，刺激本身是零散的，但由此产生的知觉却是整体的。

（2）知觉的选择性。指知觉对外来刺激有选择地反映或组织加工的过程，包括选择性注意、选择性扭曲和选择性保留。

1）选择性注意。人们会更多地注意那些与当前需要有关的刺激物，人们会更多地注意他们期待的刺激物以及与刺激物的正常大小相比有较大差别的刺激物。

2）选择性扭曲。即使是消费者注意的刺激物，也并不一定会与原创者预期的方式相吻合。选择性扭曲就是人们将信息加以扭曲，使之合乎自己意思的倾向。

3）选择性保留。人们会忘记他们所知道的许多信息，但他们倾向于保留那些能够支持其态度和信念的信息。选择性保留解释了为什么营销人员在传递信息给目标市场的过程中需要选用大量戏剧性手段和重复手段。

相关链接 知觉的选择性：老妇还是少妇？

——摘自 B. A. 克鲁捷茨基著的《心理学》，人民教育出版社 1984 年版。

（3）知觉的解释性。是指知觉整体与过去经验、动机、情绪、态度等因素作比较而获得意义的特性。

上述感觉和知觉的相关知识告诉企业营销者们，必须精心设计他们的促销活动，才能突破消费者知觉选择性的壁垒。

3. 动机

心理学认为，人类行为是由动机支配的，而动机由需要引起。购买行为也不例外。需要，是人感到缺少些什么从而想获得它们的状态。一种尚未满足的需要，会产生内心的紧张或不适，当它达到迫切的程度，便成为一种驱使人行动的强烈的内在刺激，称为驱策力。这种驱策力被引向一种可以减弱或消除它的刺激物时，如某种商品时，便成为一种动机。因此，动机是一种推动人们为达到特定目的而采取行动的迫切需要，是行为的直接原因。在一定时期，人们有许多需要，只有其中一些比较迫切的需要发展成为动机；同样，在人们的动机中，往往也是那些最强烈的"优势动机"才能导致行为。

心理学家曾提出许多关于人类行为动机的理论，最著名的如弗洛伊德、马斯洛、赫茨伯格的理论等。

（1）马斯洛的需要层次理论。该理论认为，人类的需求从较低需求到较高需求的先后顺序分为五个层次。如图 3-2 所示。

1）生理需要。包括饥渴、御寒和睡眠等所需的衣食住等方面的需要，这是人类最基本的需要，也是最首要的需要。当这类需要没有得到一定满足时，人们一般不会产生更高的需求，或者不认为还有什么需要比这类需要更高、更重要。在那些消费者倾注全

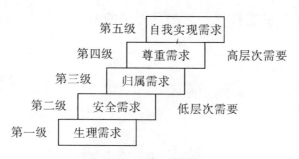

图 3-2 马斯洛需要层次

力以获得足够食物来度日的地区市场，那里的消费者很少会对其他产品感兴趣，或有钱购买其他产品。

2) 安全需要。即保护人身、财产安全和防备失业、患重病的需要。如为了人身安全和财产安全而对防盗设备、保安用品、人寿保险和财产保险产生需要，为了维护健康而对医药和保健用品产生需要等。

3) 社交需要。即参与社会交往，取得社会承认和归属感的需要。在这种需要的推动下，人们会设法增进与他人的感情交流和建立各种社会联系。消费行为必然会反映这种需要。

4) 尊重需要。指在社交活动中受人尊敬，取得一定社会地位、荣誉和权力的需要。这些具体不同的需要，同样也会从不同的侧面影响人们的行为。

5) 自我实现需要。即充分发挥个人能力，实现理想和抱负，取得成就的需要。这是人类最高层次的需要。

不过，马斯洛的这种需要层次结构不是不变的。在不同的人、不同社会、不同时代，也许需要层次的顺序不同，或没有某一层次的需要。例如，有的人甚至在其低级需要还未完全满足时，会受到为获得更高需要目标的动机影响，因为人们是可以容忍某种需要只得到部分满足的。马斯洛通过观察研究发现，可能一般人在生理需要获得80%满足时，其安全方面的需要也已得到70%的满足，归属感方面的需要得到50%的满足，自尊需要得到40%的满足，自我实现的需要得到10%的满足。

（2）弗洛伊德的动机理论。弗洛伊德假定，形成人们行为的真正心理因素大多是无意识的。根据弗洛伊德理论，一个人不可能真正懂得其受激励的主要动因。"动机定位"使每一个产品能唤起消费者的一个独特的动机因素，如奔驰——自我实现。

（3）赫茨伯格的动机理论。弗雷德里克·赫茨伯格提出了动机双因素理论。该理论区别了两种不同因素，即不满意因素和满意因素。该动机理论有两层含义：第一，企业应该尽最大努力防止影响购买者的各种不满意因素。第二，企业要仔细识别消费者购买产品的各种主要满意因素和激励因素，并对此深加研究。

4. 学习

人们要行动就要学习。学习是指由于经验而引起的个人知识结构和行为的改变。人类行为大都来源于学习。一个人的学习是通过驱使力、刺激物、诱因、反应和强化的相互影响而产生的。由于市场营销环境不断变化，新产品、新品牌不断涌现，消费者必须经过多方收集有关信息之后，才能做出购买决策，这本身就是一个学习过程。

就消费者购买行为而言，学习会对其产生以下四方面的影响：

（1）概括。消费者购买产品后，如果满意，就会对该品牌产生好感，由此及彼，对该品牌下的其他产品也会感到较满意。

（2）满意。消费者对购买产品的满意与否，都会念念不忘，保留在记忆中。

（3）加强。消费者购买产品后，感到非常满意，就会强化购买信念，以致重复购买。

（4）辨别。消费者会基于以前的购买体会，对新的购买行为加以指导，对满意的品牌与不满意的品牌区别对待。

5. 信念和态度

消费者在购买和使用商品的过程中形成了信念和态度。这些信念和态度又反过来影响人们的购买行为。所谓信念，是指一个人对某些事物所持有的描述性思想。生产者应关注人们头脑中对其产品或服务所持有的信念，即本企业产品和品牌的形象。人们根据自己的信念做出行动，如果一些信念是错误的，并妨碍了购买行为，生产者就要运用促销活动去纠正这些错误信念。所谓态度，是指一个人对某些事物或观念长期持有的好与坏的认识上的评价、情感上的感受和行动倾向。态度能使人们对相似的事物产生相当一致的行为。一个人的态度呈现为稳定一致的模式，改变一种态度就需要在其他态度方面作重大调整。

6. 生活方式

生活方式指一个人在生活中表现出来的活动、兴趣和看法的模式。不同的生活方式群体对产品和品牌有不同的需求。营销人员应设法从多种角度区分不同生活方式的群体，如节俭者、奢华者、守旧者、革新者、高成就者、自我主义者、有社会意识者等等，在设计产品和广告时应明确针对某一生活方式群体。比如，保龄球馆不会向节俭者群体推广保龄球运动，名贵手表制造商应研究高成就者群体的特点以及如何开展有效的营销活动，环保产品的目标市场是社会意识强的消费者。西方国家的妇女服装制造商为"俭朴的妇女"、"时髦的妇女"、"有男子气的妇女"分别设计不同的服装。

第三节 消费者购买决策过程

市场营销者在分析了影响购买者行为的主要因素之后，还须了解消费者如何真正做出购买决策，这涉及参与决策的角色、购买决策的类型及购买决策过程的主要步骤。

一、消费者购买决策过程的参与者

对大多数产品而言，确认购买者是很容易的。但在许多情况下，购买决策并不是由一个人单独做出的，而是有其他成员的参与，是一种群体决策的过程。这不仅表现在一些共同使用的产品（如电冰箱、电视机、住房等），也表现在一些个人单独使用的产品（如服装、手表、化妆品等）的购买决策过程中，因为这些个人在选择和决定购买某种个人消费品时，常常会同他人商量或者听取他人的意见。因此，了解哪些人参与了购买决策，他们各自在购买决策过程中扮演怎样的角色，对于企业的营销活动是很重要的。

一般来说，参与购买决策的成员大体可形成五种主要角色：

1. 发起者

发起者是指购买行为的建议人，首先提出要购买某种产品。

2. 影响者

影响者是指对发起者的建议表示支持或者反对的人，这些人不能对购买行为的本身进行最终决策，但是他们的意见会对购买决策者产生影响。

3. 决策者

决策者是指对是否购买、怎样购买有权进行最终决策的人。

4. 购买者

购买者是指执行具体购买任务的人，其会对产品的价格、质量、购买地点进行比较选择，并同卖主进行谈判和成交。

5. 使用者

使用者是指产品的实际使用人，其决定了对产品的满意程度，会影响购买后的行为和再次购买的决策。

这五种角色相辅相成，共同促成了购买行为，是企业营销的主要对象。必须指出的是，五种角色的存在并不意味着每一种购买决策都必须五人以上才能做出，在实际购买行为中，有些角色可在一个人身上兼而有之，如使用者可能也是发起者，决策者可能也是购买者。而且在非重要的购买决策活动中，决策参与的角色也会少一些。

认识购买决策的群体参与性，对于企业营销活动有十分重要的意义。一方面，企业可根据各种不同角色在购买决策过程中的作用，有的放矢地按一定的程序分别进行营销宣传活动。另一方面，企业也必须注意到某些商品在购买决策中的角色错位，如男士的内衣、剃须刀等生活用品有时会由妻子决策和采购，儿童玩具的选购过程中，家长的意愿占了主要的地位，等等，这样才能找到准确的营销对象，提高营销活动的效果。

二、消费者购买行为类型

不同类型的消费者对于不同类型的商品，购买决策行为也是有很大差异的。如购买一台电脑和购买一支牙刷，购买决策行为就会有很大不同。前者可能要广泛搜集信息，反复比较选择；后者则可能不加思考，随时就可以购买。根据购买者的参与程度和产品品牌差异程度区分出四种购买类型。见表3-1。

表3-1 购买行为的四种类型

品牌差异程度 \ 购买参与程度	高	低
大	复杂的购买行为	多样性的购买行为
小	寻求平衡的购买行为	习惯性的购买行为

1. 复杂的购买行为

当消费者参与购买的程度较高，并且了解品牌间的显著差异时，他们则会有复杂的购买行为。这时，购买者就要经历一个学习过程，即首先产生对产品的认识，然后逐步形成态度，接着对产品产生喜好，最后做出慎重的购买选择。对于需要购买者参与程度较高的产品，市场营销人员必须了解这些消费者进行信息收集并加以评价的行为。市场营销人员需要制定出各种策略，来帮助购买者了解这类产品的各种属性、这些属性的相对重要程度以及公司的品牌在比较重要的属性方面的名望。市场营销人员还必须突出品牌的这些特征，利用主要印刷媒体和详细的广告文稿来描述品牌的这些优点，并发动商店售货员和购买者的朋友，以便影响购买者对品牌的最终选择。

2. 寻求平衡的购买行为

当消费者面对重复购买率低且品牌差异较小的商品时，也会持谨慎态度。消费者会因商品昂贵、购买有风险等因素，保持较高的购买参与度。消费者会到处选购商品，收集信息。但由于品牌差异较小，消费者有可能对合适的价格、方便的购买时间与地点做出迅速的购买决策。如购买首饰、高档服装，就是参与程度较高的决策。消费者在品牌差异较小的情况下购买后通常会产生一种心理不平衡的感觉，这是由于他注意到产品的某些缺点，或了解到其他同类产品的优点。这时，消费者会试图收集更多的信息，努力证明自己的决策是正确的，这便是消费者购买后所经历的一种过程。针对这一过程，市场营销人员就应在运用各种营销手段影响消费者迅速做出购买决策的同时，通过各种媒介，加强与消费者的沟通，以期减轻消费者心中的不平衡感。例如，市场营销人员可以就产品的售后服务和使用过程中的问题与购买者进行交流，加强对产品市场占有率的提高和获得某类奖项等产品优势的宣传，这些都会加快消费者的心理调节。

3. 习惯性的购买行为

价格低廉又经常需要的产品，如果品牌差别小，消费者又比较熟悉，则一般不会花太多时间进行选择。比如在超市中购买牙膏，可能随便选择一支就是了，消费者并不一定关心品牌，即使每次都选择同一品牌，也多出于习惯，并不是由于品牌忠诚。在该类型的购买行为中，消费者并没有经过正常的信息—态度—学习—行为等一系列过程，以及对产品和品牌的认真研究和评价。消费者选择某一品牌，并不是对其有偏好，而仅仅是由于长期接触其广告，对其较熟悉。生活日用品的购买大多属于此类购买行为。

对习惯性购买行为可采取的营销策略有：

（1）利用价格与销售促进吸引消费者使用。一旦顾客了解和熟悉产品，就可能经常购买以致形成购买习惯。

（2）开展大量重复性广告加深消费者印象。在低度参与和品牌差异小的情况下，消费者的购买过程是：由被动的学习形成品牌信念，然后是购买行为，接着可能有也可能没有评估过程。因此，企业必须做大量广告，使顾客通过被动地接受广告信息而产生对品牌的熟悉。广告信息应简短有力且不断重复，只强调少数几个重要论点，突出视觉符号与视觉形象。

（3）增加购买参与程度和品牌差异。如果竞争者通过技术进步和产品更新将低度参与的产品转换为高度参与，并扩大与同类产品的差距，将促使消费者改变原先的习惯性购买行为，寻求新的品牌。提高参与程度的主要途径是在不重要的产品中增加较为重要的功能和用途，并在价格和档次上与同类产品拉开差距。

4. 多样性的购买行为

消费者也会因产品品牌差异大和参与购买程度低而经常改变对品牌的选择。例如，购买饼干时，消费者几乎不理会对某一品牌的评价，等吃饼干时才加以评价。再次购买时，消费者也许由于厌倦了原有口味或者想品尝新口味而转向另一种品牌。品牌的转化是因为寻求变化，而不是对产品不满意。

对于寻求多样性的购买行为，市场领导者和挑战者的营销策略是不同的。市场领导者力图通过占有货架、避免脱销和提醒购买的广告来鼓励消费者形成习惯性购买行为；而挑战者则以较低的价格、折扣、赠券、免费赠送样品和强调试用新品牌的广告来鼓励消费者改变原习惯性购买行为。

三、消费者决策过程的主要步骤

消费者的购买决策是一个动态发展的过程，一般可将其分为五个阶段：确认需要、收集信息、评价方案、做出决策、购后行为。如图3-3所示。

图3-3　购买过程五阶段模式

以下分别就这五个阶段进行分析。

1. *确认需要*

每一购买过程都是从消费者对其需要的确认开始的。所谓确认需要，就是消费者发现现实的状况与所要达到的理想状况之间的差异，并产生了相应的解决问题的需要。内在动因和外在刺激都能引起需要，诱发购买动机。内在的原因多是由人体内在机能的感受所引发，如寒冷、饥渴达到一定程度就会形成需要。而人们依据以前对付这些需要的经验，驱使自己去寻找能满足这些需要的产品。外来的刺激多是客观对主观的影响，如看见新出炉的面包产生食欲，动人的新车广告引发购买汽车的想法等。这种需要被唤起后可能逐步增强，最终驱使人们采取购买行动，也可能逐步减弱甚至消失。

营销人员在这个阶段的任务是：

（1）了解与本企业产品有关的、现实的和潜在的需要。在价格和质量等因素既定的条件下，一种产品如果能够满足消费者多种需要或多层次需要，就能吸引更多的购买。

（2）了解消费者需要随时间推移以及外界刺激强弱而波动的规律性。以设计诱因，增强刺激，唤起需要，最终唤起人们采取购买行动。

2. *收集信息*

需要受到激发的消费者会积极进行有关信息的收集，会注意相关产品的广告说明，并乐于就有关问题同朋友讨论或向专家咨询。消费者的信息来源主要有以下几方面：一是经验来源：亲身经历和感受，二是个人来源：家庭、朋友、邻居、熟人，三是公共来源：大众传播媒体、消费者评比机构、官方公布，四是商业来源：广告、推销员、经销商、包装、展览。从一到四，信息量越来越多，而可信度越来越低。

通过收集信息，消费者可以加深对相关产品的了解，如计算机购买者可能会参加计算机展览会，参阅各类计算机书籍、报刊，以增进对计算机的各项性能指标和各种品牌的了解，并听取朋友或亲人对各品牌产品质量和服务的评价等。

市场营销人员应当了解消费者的主要信息来源和各类信息对消费者购买决策的影响程度。企业要在对各种信息来源调查、分析的基础上，设计和安排恰当的信息渠道和传播方式，采用对目标市场影响最大、信息数量最多的促销组合。如有些企业向国家有关部门或国际标准认证机构，积极地进行产品奖项或认证申请，以期得到官方或国际上对产品的认可，通过此方式向目标市场传递产品信息，从而使消费者确信产品信息的可靠度。

3. 评价方案

消费者基于对产品信息的了解，会不断分析、处理所得信息，逐渐对市场上各种品牌的产品形成不同评价，最后才能选择购买哪一品牌的产品。大多数消费者对产品的评价都是建立在自觉和理性的基础之上。消费者对产品的评价一般会涉及以下几个要素：

（1）产品属性。是指产品能够满足消费者某种需要的特性。例如，学校的师资状况、教学质量、社会声望，照相机的体积大小、成像清晰等都是消费者感兴趣的产品属性。产品的各项不同属性可以满足消费者的多方位需求。然而，并不是产品属性越丰富，消费者越满意。目前，市场越来越强调产品在性价比方面反应不好，如各类手机，在一定的价格水平上，有相当比例的功能在整个产品生命期内几乎不发挥作用。因此，只有符合消费者实际需要的产品属性越丰富，消费者才越满意。

（2）属性权重。是指消费者因各项产品属性的重要程度不同而对其赋予的不同权重。属性权重具有很强的不确定性，消费者在不同时期对同一属性赋予的权重会发生变化，而且消费者对各项产品属性的关切程度也因人而异。显著的产品属性并非是重要的产品属性。有些产品属性较显著，仅仅是因为消费者经常接触相关信息，但他们不一定能满足消费者最迫切的需要。就计算机而言，造型、机壳颜色和价格可能都是显著属性，但对于某些购买者来说，也许他们更关心计算机的存储能力和图像的显示效果。

（3）效用函数。是指描述消费者所期望的满意度随产品属性的不同而发生变化的函数关系。产品属性是个合集，效用函数是关于各项产品属性所带来效用的组合关系。如购买者会运用效用函数，对各品牌产品就其各项属性带来的效用进行整体评价，从而选出能带给其最大效用的计算机。

（4）评价模型。是指消费者对不同产品和品牌进行评价和选择的程序和方法。

消费者会对以上要素进行综合考虑，对各种品牌进行评价、比较，才能做出购买选择。在这一阶段内市场营销人员应当注意什么呢？首先，应当通过调查研究消费者期望的产品属性有哪些，以及各项属性所占的权重；其次，在提供充分符合消费者需要的产品基础上，通过各种手段强化本企业品牌所具有的优势属性的权重，并弱化不大具有优势的属性权重；最后，针对不同评价模型，调整营销组合。

4．做出决策

消费者经过产品评估后会形成一种购买意向，但是不一定导致实际购买，从购买意向到实际购买还有一些因素介入其中：

（1）他人态度。他人态度的影响力取决于三个因素：他人否定态度的强度，他人与消费者关系的密切程度，他人的权威性或专业水准高低。

（2）意外因素。消费者购买意向是以一些预期条件为基础形成的，如预期收入、预期价格、预期质量、预期服务等，如果这些预期条件受到一些意外因素的影响而发生变化，购买意向就可能改变。

顾客一旦决定实现购买意向，必须做出以下决策：产品种类决策，即在资金有限的情况下优先购买哪一类产品；产品属性决策，即该产品应具有哪些属性；产品品牌决策，即在诸多同类产品中购买哪一品牌；时间决策，即在什么时间购买；经销商决策，即在哪一家商店购买；数量决策，即购买多少；付款方式决策，即一次付款还是分期付款，现金购买还是其他方式等。

因受到可觉察风险的影响，消费者可能修正、推迟或回避做出购买决策。可觉察风险的大小随着所支付费用的多少、产品属性不确定的程度及消费者的自信程度而发生变化。市场营销人员必须了解引发消费者这种风险感觉的因素，为他们提供相关信息，以减轻他们的风险感。

5．购后行为

消费者购买了商品并不意味着购买行为过程的结束，因为其对于购买的商品是否满意，以及会采取怎样的行为，对于企业目前和以后的经营活动都会带来很大的影响。所以，重视消费者购买后的感觉和行为并采取相应的营销策略同样是很重要的。

满意还是不满意是消费者购买商品之后最主要的感觉，其购买后的所有行为都基于这两种不同的感觉。满意还是不满意取决于其所购买的商品是否与其预期的欲望（理想产品）相一致，若符合或接近其预期欲望，消费者就会比较满意，否则就会感到不满意；另一方面则取决于他人对消费者购买商品的评价，若周围的人对其购买的商品持肯定意见的多，消费者就会感到比较满意，若持否定意见的多，即使他原来认为比较满意，也可能转为不满意。

如果对产品满意，则在下次购买中，消费者极有可能继续选择该品牌的产品，并且，具有较强满意感的消费者会倾向于向其他人推荐该品牌的产品，这是市场营销人员期望的最佳效果。而对产品不满意的消费者的反应截然不同，他们会产生不同程度的不协调感，通过放弃或退货来减轻这种不和谐，或去寻求能确定产品的高价值的信息。因此，对于市场营销人员来说，产品售卖出去，并不意味着工作结束，还应当密切注意购后产品的使用和消费者的评价。

研究消费者需求和购买决策过程，是市场营销成功的基础。通过对购买决策五个阶段的分析，可以获得许多有助于满足消费者需求的线索；通过制订市场营销计划并采用有效的营销组合，可以强化消费者对本企业产品的认识，影响或引导其购买行为。

相关链接　消费者权益保护

1962年3月15日，美国总统肯尼迪在支持消费者保护主义运动时提出消费者的四项基本权利：安全权、知情权、选择权和投诉权。这已为国际社会所公认。"3·15"消费者权益保护日由此而来。

1993年10月31日，我国公布了《中华人民共和国消费者权益保护法》，明确指出我国消费者享有的基本权利。

（1）安全权，即消费者在购买、使用商品或者接受服务时享有人身、财产安全不受损害的权利。

（2）知情权，即消费者享有知悉其购买、使用的商品或者接受的服务的真实情况的权利。

（3）选择权，即消费者享有自主选择商品或者服务的权利。

（4）公平交易权，即消费者在购买商品或接受服务时，有权获得质量保障、价格合理、计量正确等公平交易条件，并有权拒绝经营者的强制交易行为。

（5）赔偿权，即当经营者提供的商品或者服务使消费者的人身、财产受到伤害时，消费者有权依法要求并获得赔偿的权利。

（6）组团权，即消费者享有依法成立维护自身合法权益的社会团体的权利。

（7）获得知识权，即消费者有获得有关消费和消费者权益保护方面的知识的权利。

（8）尊重权，即消费者在购买、使用商品或接受服务时，享有其人格尊严、民族风俗习惯得到尊重的权利,享有个人信息依法得到保护的权利。

(9) 监督权,即消费者享有对商品和服务以及保护消费者权益工作进行监督的权利。

(10) 法律法规规定的其他权利。

2014年3月15日,由全国人民代表大会修订的新版《消费者权益保护法》正式实施,这是该法实施20年来的首次全面修改。新《消费者权益保护法》有六大亮点:一是赋予了网络消费者的退货权,赋予了网络消费者7天内无理由退货的"反悔权";二是规定了耐用商品瑕疵举证责任倒置;三是加大了对消费欺诈的赔偿,"假一赔三",而且赔偿的最低数额为500元;四是规定了在网络平台购买商品,该网络平台承担先行赔付的责任;五是规定了所有商品质量有问题7日内可退货,还明确"三包"期限的起始时间从交付之日起开始计算;六是规定了提起公益诉讼的主体,明确了消费者协会的诉讼主体地位。

[资料来源:1.《中华人民共和国消费者权益保护法》;
2. 刘林厚、李海燕:《新〈消费者权益保护法〉的亮点浅析》[OL],光明网,2014-03-18]

本章小结

1. 消费者的需求决定消费者的购买动机和购买行为。研究消费者需求,是企业制定营销策略的出发点和前提。

2. 分析消费者购买行为应认真把握刺激-反应模式,掌握消费者购买行为规律。

3. 消费者购买行为受到外在因素和内在因素的影响。外在因素包括:消费者所处的文化环境,消费者所在的社会阶层,消费者所接触的各种相关群体等;内在因素包括消费者的生理因素、心理因素及经济因素。

4. 消费者购买行为通常是一种群体决策行为,决策群体中一般包含发起者、影响者、决策者、购买者和使用者等不同角色。这五种角色相辅相成,共同促成了购买行为,是企业营销的主要对象。

5. 根据消费者对产品的熟悉程度和购买决策的风险大小,我们可以将购买行为分为复杂的购买行为、寻求平衡的购买行为、习惯性的购买行为和多样性的购买行为四种类型。消费者典型的购买决策过程一般可分为认识需要、信息收集、方案评价、购买决策、购后行为五个阶段。

关键概念

消费者市场　消费者市场的70's架构　相关群体　文化　社会阶层　学习　复杂的购买行为　多样性的购买行为　寻求平衡的购买行为　习惯性的购买行为

练习与思考

一、判断正误

1. 由于生活消费是产品和服务流通的终点，因而消费者市场也被称为最终产品市场。（　）
2. 生活中的每一个人都是消费者市场的一员。（　）
3. 消费者的购买行为完全由其经济因素所决定。（　）
4. 消费者在购买和使用商品的过程中形成了信念和态度，这些信念和态度又反过来影响人们的购买行为。（　）
5. 直接相关群体又称为成员群体，即某人所属的群体或与其有直接关系的群体。（　）
6. 由于消费者购买行为受到各类因素的交叉、混合影响，因此，消费者购买行为是个多层的系统问题。（　）
7. 寻求平衡的购买行为与多样性的购买行为的差别在于参与程度不同。（　）
8. 购买决策过程的首要步骤是收集信息。（　）
9. 购后行为是产品卖出后的事情，与营销人员关系不大。（　）

二、单项选择

1. 分析消费者购买行为，主要内容是了解"7W"，其中，"Why"表示企业需要分析消费者购买一种商品主要的购买（　）。
　　A. 时间　　　　B. 方式　　　　C. 目的　　　　D. 地点
2. 消费品有千千万万，消费者对所购买的商品大多缺乏专门的甚至是必要的知识，只能根据个人好恶和感觉做出购买决策，多属非专家购买，受（　）因素影响最大。
　　A. 情感　　　B. 商场地理位置　C. 购物环境　　D. 广告效应
3. 分析影响消费者行为的内在心理因素的目的是为了（　）。
　　A. 降低调研成本
　　B. 了解消费者的经济能力
　　C. 区分不同阶层消费者以满足他们不同的需要
　　D. 采取适当的营销策略技巧，以诱导消费者做对企业有利的购买决策

4. 根据马斯洛的需要层次理论，（　　）。
   A. 需要的层次越高越不可缺少　　　B. 需要的层次越低越重要
   C. 尊重的需要是最高层次的需要　　D. 层次最高的需要是最先需要

5. 如果一位消费者因购买到的产品质量不好对企业进行投诉，按照赫茨伯格的"双因素论"解释，是属于（　　）类因素没有得到满足的行为结果。
   A. 激励　　　B. 自我实现　　　C. 社会　　　D. 保健

6. 能对消费者购买行为和态度产生影响的人的群体，称为（　　）群体。
   A. 公众　　　B. 相关　　　C. 模仿　　　D. 次要

7. 消费者初次购买差异性很大的耐用消费品时发生的购买行为属于（　　）。
   A. 复杂的购买行为　　　　　　B. 寻求平衡的购买行为
   C. 习惯性的购买行为　　　　　D. 多样性的购买行为

8. （　　）的购买属于复杂的购买行为。
   A. 汽车　　　B. 化妆品　　　C. 衬衫　　　D. 牙刷

9. 消费者的购买决策过程由认识需要→信息收集→方案评价→购买决策→（　　）五个阶段组成。
   A. 付款方式　　　B. 决定购买数量　　　C. 购后行为　　　D. 选择品牌

三、问答题

1. 消费者市场有哪些特点？
2. 相关群体有哪些类型？
3. 知觉的选择性如何影响人们的购买决策？
4. 请列举一实例说明参与购买决策的成员的五种主要角色。
5. 对习惯性的购买行为，企业应采取什么营销策略？
6. 不法商家会较多在哪些商品的推销中利用消费者市场非专业购买的特点来蒙骗顾客？
7. 日常生活中有关计算机产品的信息来源有哪些？请评价各种信息来源对购买决策的影响程度。
8. 请问消费者的基本权利有哪些？
9. 如果你打算购买一部手机，可选择的范围局限于三星、HTC和海尔。假设对手机主要考察经济性、产品性能、售后服务等方面，且三方面的权重分别为0.5，0.3，0.2。基于以上三方面的需求，将满意度划分为10个等级（10为最满意），则三星为3，7，9；HTC为4，6，7；海尔为8，5，3。请问，你最有可能购买的手机为哪种类型？并指出你最不可能购买的手机的公司应如何改善产品销售？

案例研讨　2013年网购用户破三亿，交易额近两万亿元

一、网购交易金额达1.85万亿元，20～29岁成网购主力

2013年网络购物市场继续快速发展。据报告显示，2013年网购交易金额达到了1.85万亿元，相较于2012年增长了40.9%。此外，从社会消费品零售总额来看，2013年网络零售市场交易总额占社会消费品零售总额的7.9%。由于网络购物对于实体购物具有强大的替代作用与冲击力，因此传统零售企业电商化转型显得尤为迫切。

网购用户规模的迅速扩张为网购市场发展奠定了良好的用户基础。据报告显示，2013年中国网络购物用户人数达3.02亿，较上年增加了5987万，增长率为24.7%，使用率由42.9%提升至48.9%。在3亿网购用户中，20～29岁用户人群成为网购的主力军，所占比例高达56.4%；其次是30～39岁的用户人群，所占比例为22.5%。从整体上看，不同地区网购年龄所占比例也存在差别，东北地区30～39岁的网购用户偏多，西部地区20～29岁的网购用户偏多。

二、手机购物用户比例达46.1%，未来呈现PC购物的替代之势

手机正在成为PC端购物的渠道补充。根据调查显示，近半年来，使用手机购物的网络用户比例达46.1%，并呈现逐年上升的趋势。对用户使用手机的情景调查数据显示，86.7%的网购用户在家休闲时使用手机浏览购物网站。60%的网购用户在无法使用电脑联网时会使用手机浏览购物网站，这说明手机购物是PC购物的补充。

作为PC端网络购物的补充和替代者，手机购物在分流PC端网购时间的同时，也占用了用户碎片化时间达成网购交易，由此成为网购中不可忽视的力量。数据显示，2013年手机网购用户人均花费1271元，占普通网购花费的39.2%。

三、安全、隐私问题成网购中的主要威胁

随着网民网络购物意愿的增强以及网购行为的日趋频繁，在给整个市场带来活力的同时，也为不法分子带来可乘之机。一方面，网民在网络购物过程中因遭遇假冒伪劣商品，给卖家差评而遭到威胁；另一方面，由于网络购物产生的订单中包含用户的真实姓名、电话等个人信息，由此而造成信息泄露，甚至随之产生了倒卖个人信息的产业链。

此外，随着智能终端的普及以及手机网络购物用户的增多，不法"黑客"利用建立所谓免费WIFI，植入木马病毒等方式，窃取用户网银账户、密码等关键信息，造成网购用户的经济损失。

[资料来源：张司南：《2013年网购报告：用户破3亿交易额近2万亿元》[OL]，中国新闻网，2014-04-21]

讨论题：
1. 哪些因素会影响人们在网络上购物？
2. 哪些人喜欢网络购物？他们有哪些特征？
2. 结合你自己的经验，分析网络购买的主要动机。

第四章
组织市场购买行为研究

本章要点
◎组织市场的概念和类型
◎与消费者市场相比,组织市场具有的特点
◎生产者购买行为中不同的角色
◎中间商购买行为类型
◎中间商购买决策的过程
◎非营利组织市场的类型及购买特点
◎政府采购的原则

组织市场同前一章所述的消费者市场是整体商品市场的两大领域。虽然两者都受营销环境的制约，制订营销计划和策略的根据与指导思想有许多相似之处，但组织市场由于其主体的性质和购买的目的与消费者市场有很大的不同，所以对其购买行为有必要进行特定的分析和研究。

第一节 组织市场的类型和特点

一、组织市场的概念和类型

组织市场指那些购买商品和服务以用于生产性消费，以及转卖、出租，或用于其他非生活性消费的企业或社会团体构成的市场。组织市场是消费者市场的对称，和消费者市场的主要区别在于：购买者主要是企业或社会团体而不是个人或家庭消费者；目的是为了用于生产或转卖以获取利润，以及其他非生活性消费，而不是为了满足个人或家庭的生活需要。

组织市场包括生产者市场、中间商市场、非营利性组织市场和政府市场。如图4-1所示。

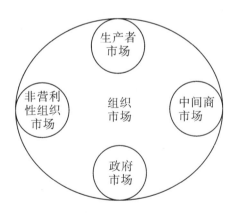

图4-1 组织市场的主要构成

1. 生产者市场

生产者市场又称作产业市场或工业市场，它是由购买产品和服务并用于生产其他产品或服务，以供销售、出租或供应给他人的个人和组织所构成。这部分市场是组织市场的重要组成部分。它通常由以下产业构成：农业、林业、牧业、渔业、采矿业、制造业、建筑业、运输业、通讯业、公用事业、银行、金融、保险业、服务业，等等。以生产者市场为服务目标的企业，必须深入研究这个市场的特点，并分析其购买行为，从而才能取得营销成功。

2. 中间商市场

中间商市场也称转卖者市场，是由通过购买商品和服务并将之转售或出租给他人以获取利润为目的的个人或组织所构成，包括批发商和零售商两大部分。在许多场合中，批发商和零售商往往作为营销渠道的组成部分被提出来，而不作为组织市场的一部分被讲述。其实，中间商市场和生产者市场有着许多相似之处，包括双方的购买行为也有许多相同的地方。但是，我们仍认为有必要把它作为组织市场的第二主要部分提出来，而在具体分析的时候，并不涉及其作为渠道组成部门的特点。

3. 非营利性组织市场

非营利组织泛指所有不以营利为目的、不从事营利性活动的组织。我国通常把非营利组织称为"机关团体、事业单位"。非营利性组织市场是由为了维持正常运作和履行职能而购买产品和服务的各类非营利组织所构成的市场。

4. 政府市场

政府市场是由为执行政府的主要职能而购买或租用商品的各级政府和下属各部门所构成的市场。由于各国政府通过税收、财政预算等掌握了相当大一部分国民收入，为了开展日常政务，政府机构要经常采购物资和服务，因而形成了一个很大的市场。确切地说，政府机构是市场活动的最大买主，占有20%~30%的份额。

二、组织市场的特点

1. 购买者少，购买规模大

组织市场上的购买者比消费者市场上的购买者要少得多。例如，美国固特异轮胎公司的订单主要来自通用、福特、克莱斯勒三大汽车制造商，但当固特异公司出售更新的轮胎给消费者时，它就要面对全美1.71亿汽车用户组成的巨大市场了。组织市场不仅买主人数少，而且其购买次数也少。一家生产企业的主要设备要若干年才购买一次，原材料与零配件也大都只签订长期合同，而文具纸张等日用品也常常是几个月集中购买一次。购买次数少就决定了每次采购量将十分巨大。特别是在生产比较集中的行业里更为明显，通常少数几家大企业的采购量就占该产品总销售量的大部分。

2. 购买者在地域上相对集中

组织市场的购买者往往集中在某些区域，以至于这些区域的业务用品购买量占据全国市场的很大比重。例如，我国的北京、上海、天津、广州、沈阳、哈尔滨、武汉等城市和苏南、浙江等地的业务用品购买量就比较集中。

3. 供需双方关系密切

组织市场的购买者需要有源源不断的货源，供应商需要有长期稳定的销路，每一方对另一方都具有重要的意义，因此供需双方互相保持着密切的关系。有些买主常常在产品的花色、品种、技术规格、质量、交货期、服务项目等方面提出特殊要求，供应商应经常与买方沟通，详细了解其需求并尽最大努力予以满足。

4. 着重人员销售

由于仅存在少数大批量购买的客户，企业营销部门往往倾向于通过人员销售而不是通过广告，宣传其优惠政策。一个好的销售代理可以演示并说明不同产品的特性、用途以吸引买方的注意力。根据及时得到的反馈，立即调整原有的政策。当然，这种快速反馈是不可能通过广告获得的。

5. 进行直接销售

消费品的销售通常都经过中间商，但组织市场的购买者大多直接向生产者购买。首先，这是因为购买者数量有限，而且大多属于大规模购买，直接购买的成本显然低得多。其次，组织市场的购买活动在售前售后都需要由生产者提供技术服务。因此，直接销售是组织市场常见的销售方式。

6. 实行专业购买

相应地，组织机构通常比个人消费者更加系统地购买所需要的商品，其采购过程往往是由具有专门知识的专业人员负责，如采购代理商。这些代理商将其一生的工作时间都花在学习如何更好地采购方面。他们的专业方法和对技术信息的评估能力导致了他们的购买建立在对商品价格质量比、售后服务及交货期的逻辑分析基础之上。这意味着组织营销者必须具有完备的技术知识，并能提供大量的有关自身及竞争者的数据。

7. 派生需求，需求波动大

对组织市场上的购买需求最终来源于对消费品的需求，企业需要购买生产资料，归根到底是为了用来作为劳动对象和劳动资料以生产出消费资料。例如，由于消费者购买皮包、皮鞋，才导致生产企业需要购买皮革、钉子、切割工具、缝纫机等生产资料。因此，消费者市场需求的变化将直接影响组织市场的需求。有时消费者需求仅上升10%，就可导致生产这些消费品的企业对有关生产资料的需求增长200%。而若需求下降10%，则可导致有关生产资料需求的全面暴跌。这种现象在经济学上被称为"加速原理"，这导致许多企业营销人员促使其产品线和市场多样化，以便在商业波动周期中实现某种平衡。

8. 需求缺乏弹性

组织市场的需求受价格变化的影响不大。皮鞋制造商在皮革价格下降时，不会打算采购大量皮革；同样，皮革价格上升时，他们也不会因此而大量减少对皮革的采购，除非他们发现了某些稳定的皮革替代品。需求在短期内特别无弹性，因为厂商不能对其生产方式作许多变动。对占项目总成本比例很小的业务用品来说，其需求也是无弹性的。例如，皮鞋上的金属鞋孔价格上涨，几乎不会影响其需求水平。

9. 互惠购买

组织市场的购买者往往这样选择供应商：你买我的产品，我就买你的产品。即买卖双方经常互换角色，互为买方和卖方。更通俗地说，叫互相帮忙。由于生产资料的购买者本身总是某种产品的出售者，因此，当企业在采购时就会考虑为其自身产品的销售创造条件。但这种互惠购买的适用范围是比较狭窄的，一旦出现甲企业需要乙企业的产品，而乙企业并不想购买甲企业的产品时，就无法实现互惠购买了，这样，互惠购买会演变为三角互惠或多角互惠。例如，甲企业向乙企业提出，如果乙企业购买丙企业的产品，则甲企业就购买乙企业的产品，因为丙企业以甲企业推销其产品作为购买甲企业产品的条件。这就是三角互惠。虽然这类现象极为常见，但大多数经营者和代理商却反对互惠购买，并视其为不良习俗。

10. 租赁现象

一些组织购买者乐于租借大型设备，并不愿意全盘购买。租借对于承租方和出租方有诸多好处。对于出租方，当客户不能支付购买其产品的费用时，他们的优惠出租制度为其产品找到了用武之地；对承租方，租借为他们省下了大量资金，又获得了最新型的设备。租期满后可以购买折价的设备。这种方式目前在工业发达的国家有日益扩大的趋势，特别适用于计算机、包装设备、重型工程机械、运货卡车、机械工具等价格昂贵、精神磨损迅速或并不经常使用的设备。在美国，租赁方式已扩大到小型次要设备，甚至连办公室家具、设备也都可以租赁。

第二节 生产者市场和购买行为分析

在组织市场中，生产者市场的购买行为有典型意义，它与消费者市场的购买行为有相似性，又有较大差异性，特别是在市场结构与需求、购买单位性质、购买行为类型与购买决策过程等方面。

一、生产者购买行为的类型

生产者购买行为的类型大体有三种。其中，一种极端情况是直接重购，基本上属惯例化决策；另一种极端情况是新购，需要做大量的调查研究。二者之间是修正重购，也需要做一定的调查研究。

1. 直接重购

直接重购是指企业的采购部门根据过去和许多供应商打交道的经验，从供应商名单中选择供货企业，并直接重新订购过去采购过的同类产业用品。在这种情况下，被选中的供应商将尽最大努力维护其商品和服务的质量，并采取其他有效措施来提高采购者的满意程度。未列入名单的供应商要试图提供新产品或开展某种满意的服务，以便使采购者考虑从他们那里购买一定数量的产品，然后再逐步争取更多的订货份额。

2. 修正重购

修正重购是指企业的采购经理为了更好地完成采购任务，适当改变要采购的某些产业用品的规格、价格等条件或供应商。在进行修正重购时，通常买卖双方都会有更多的人员参加。原来被认可的供应商会产生危机感并将全力保护自己的份额，原落选的供应商则认为这是跻身其中的最佳时机。因此，修正重购给"门外的供货企业"提供了市场机会，并给"已入门的供货企业"造成了威胁，这些供货企业要设法巩固其现有顾客，保护其既得市场。

3. 新购

新购是指购买者首次购买某种产品或劳务的情况。新购的成本费用越高、风险越大，那么决策参与者的数目就越多，需收集的信息也越多，完成决策所需的时间也就越长。这种行为最为复杂，对营销人员来说是最大的挑战，同时也是最好的机遇。营销者都力图尽量多地接触那些对采购决策起关键作用的人物，并为他们提供有用的信息和帮助。由于全新采购中涉及的推销问题都非常复杂，许多公司都派出由最好的推销员组成的推销使团来执行任务。

二、生产者购买决策的参与者

购买类型不同，购买决策的参与者也有所不同。比如，直接重购时，采购部门负责人起决定作用；新购时，企业高层领导起决定作用。在确定产品的性能、质量、规格、服务等标准时，技术人员起决定作用；而在供应商选择方面，采购人员起决定作用。这说明在新购的情况下，供应商应当把产品信息传递给买方的技术人员和高层领导，在买方选择供应商的阶段，应当把产品信息传递给采购部门负责人。多数情况下，买方的采购决策受到许多人直接或间接的影响，这些人分别扮演着以下六种角色中的一种或几种。

1. 使用者

使用者是指组织机构内将要使用所购产品或服务的人。在多数情况下，使用者会首先提出购买建议，并协助决定产品价格。

2. 影响者

影响者是指那些直接或间接地影响购买决策的人员。他们可协助决定产品品种、规格和购买条件等。技术人员是特别重要的影响者。

3. 决策者

决策者是指那些有权决定买与不买，决定产品规格、购买数量和供应商的人员。有些购买活动的决策者很明显，有些却不明显，供应商应当弄清谁是决策者，以便有效地促成交易。

4. 批准者

批准者是指那些有权批准决策者或购买者所提出行动方案的人员。

5. 购买者

购买者是指有正式的权力来选择供应商并商定购买条件的人。购买者对产品规格的决定有一定辅助作用，但他们最主要的职能是选择供应商和进行谈判。在许多复杂的购买活动中，甚至有高层次的经理充当购买者参与谈判的情况。

6. 信息控制者

信息控制者是指机构中那些可控制信息流传入决策单位的人员。例如，采购代理人或技术人员可以拒绝或终止某些供应商和产品的信息，接待员、电话接线员、秘书、门卫等可以阻止推销者与使用者或决策者接触。

相关链接　谁是决策者

一家电脑用纸生产企业，多年来一直通过推销员对各单位电脑部门的经理做工作，向他们宣传企业的产品质量及服务品质。但是，产品销售始终没有很大起色。后来，经过市场调查发现：在电脑用纸的购买过程中，真正做购买决策的不是电脑部门的经理，而是采购部门的经理。事实上，采购部经理在最后核准时通常会起很大作用。电脑部经理的决策，主要是纸张及服务质量，而采购部门的决策，多是基于价格的考虑。通常，电脑部经理依据工作的需要，提出所需纸张的规格要求，并将该项要求反馈至采购部门，而采购部门出于采购预算的考虑，总在满足规格要求的前提下，选择报价较低的纸张供应商。因此，该企业设计了一份详细的产品报价单，并附有同类产品的比较价格。将报价单呈送给采购部门经理后，反应十分好，结果，该企业的产品销售额在短期内获得大幅提升。

三、影响生产者购买决策的主要因素

生产市场购买者在做购买决策时受到很多因素的影响。有些营销人员认为经济因素是最重要的，而另一些人又认为采购者对偏好、注意力、避免风险等个人因素反应敏感。实际上，在生产者市场的购买决策中，经济因素和个人因素对采购人员的影响是同样重要的。一般来说，如果所采购的商品效用和价格差异较大，经济因素就会成为采购人员所考虑的主要因素；而如果效用和价格差异较小，个人因素的影响就可能增大。一些采购人员会根据个人所得利益大小以及个人的偏好来选择供应商。

我们可以把影响生产者购买决策的因素归为四类：环境因素、组织因素、人际因素和个人因素。如图4-2所示。

环境因素				
需求水平 经济前景 货币成本 供给状况 技术革新速度 市场竞争趋势	组织因素			
	营销目标 采购政策 工作程序 组织结构 管理体制	人际因素		
		职权 地位 感染力 说服力	个人因素	
			年龄、教育 职位、性格 风险态度等	购买者

图4-2 影响生产者购买决策的主要因素

1. 环境因素

环境因素是指一个企业外部周围环境的因素，诸如一个国家的经济前景、市场需求、技术发展变化、市场竞争、政治法律等情况。例如，经济前景不佳，市场需求不振，产业购买者就不会增加投资，甚至会减少投资，减少原材料采购量和库存量。在这

种环境下，产业营销者很难刺激总需求，他们只能争取增加或维持需求的份额。

当前，一个越来越重要的环境因素就是重要原料的短缺，因此现在许多公司都愿意购买和掌握大量稀缺原料的存货，以保证有充分的供应。文化和习俗也会极大影响产业购买者对营销者行为和策略的反应，特别是在国际营销环境中这种情况更为明显。总之，产业营销者必须注意上述这些因素，研究他们如何影响产业购买者，并努力把这些挑战转变为机遇。

2. 组织因素

组织因素是指企业本身有关的因素，诸如企业的目标、政策、程序、组织结构和制度等。企业营销人员应尽可能地多掌握这类情况。以采购目标来说，通常产业部门购买产品和服务都是为了通过降低成本和提高收入来增加利润。某些大的连锁公司购买自动存货系统，就是为了增加旗下各连锁店适销对路的产品和数量及其鲜活性。某个汽车公司更换其广告代理，就是希望新选的广告公司能为其策划更多有效的广告活动，以便能推销更多的汽车并增加收入。为了改善行政部门的决策，许多公司购买先进的计算机系统来处理数据。总之，在增加利润这个相同的目标下，各个产业部门的具体采购目标是互不相同的。了解产业部门的采购目标是开展对产业部门营销工作的最首要步骤。另外，其他几个组织因素所引起的问题，产业营销人员必须尽量了解和注意。诸如：多少人参与购买决策？他们是谁？其评价标准是什么？公司对采购人员实行哪些政策与限制？等等。

3. 人际因素

企业的采购中心通常包括使用者、影响者、采购者、批准者、购买者和信息控制者，这六种成员都参与购买决策过程。这些参与者在企业中的地位、职权、说服力以及他们之间的关系有所不同。这种人事关系也不能不影响产业购买者的购买决策和购买行为。

4. 个人因素

购买决策过程中每一个参与者都带有个人动机、直觉和偏好，这些因素受决策参与者的年龄、收入、教育、专业文化、个性以及对风险意识的态度的影响。这与影响消费者购买行为的个人因素相似。因此，供应商应了解客户采购决策人的个人特点，并处理好个人之间的关系，这将有利于营销业务的开展。

企业营销人员必须熟悉自己的顾客，根据已知的环境、组织、人际和个人等各方面的因素来调整自己的营销方案，以适应外在的环境。

四、生产者购买决策过程

供货企业的最高管理层和市场营销人员还要了解其顾客购买过程的各个阶段的情况，并采取适当措施，满足顾客在各个阶段的需要，才能成为现实的卖主。产业购买者购买过程的阶段多少，也取决于产业购买者行为类型的复杂程度。

在直接重购这种最简单的行为类型下，产业购买者购买过程的阶段最少；在修正重购情况下，购买过程的阶段多一些；而在新购这种最复杂的情况下，购买过程的阶段最多，要经过八个阶段。如表 4-1 所示。

表 4-1 生产者购买决策过程

购买阶段	购买类型		
	新购	修正重购	直接重购
1. 认识需要	是	可能	否
2. 确定需要	是	可能	否
3. 说明需要	是	是	是
4. 物色供应商	是	可能	否
5. 征求供应建议书	是	可能	否
6. 选择供应商	是	可能	否
7. 签订合同	是	可能	否
8. 绩效评价	是	是	是

1. 认识需要

当企业中有人认识到某个问题或某种需要可以通过得到某一产品或服务解决时，便开始了采购过程。认识需要由两种刺激引起：

（1）内部刺激。如企业决定推出一种新产品，于是需要购置新设备或原材料来生产这种新产品；企业原有的设备发生故障，需要更新或购买新的零部件；或者已采购的原材料不能令人满意，企业正在物色新的供应商关系。

（2）外部刺激。主要指采购人员在某个商品展销会引起新的采购主意，或者接受了广告宣传中的推荐，或者接受了某些推销员提出的可以供应质量更好、价格更低的产品的建议。可见，组织市场的供应商应主动推销，经常开展广告宣传，派人访问用户，以发掘潜在需求。

2. 确定需要

认识到一项需要之后，购买者要进一步明确所需产品的数量和各项性能。对于标准化的产品来说，这不是什么大问题，但如果产品复杂，采购者就必须与技术人员、使用者等来共同研究确定产品的一般特征。他们将对产品的可靠性、耐用性、价格及其他属性按重要程度的先后加以排列。在此阶段，产业营销者可通过向购买者描述产品特性的方式向他们提供某种帮助，协助他们确定其所属公司的需求。

3. 说明需要

说明需要是指所购产品的品种、性能、特征、数量和服务，写出详细的技术说明书，作为采购人员的采购依据。买方会委派一个专家小组从事这项工作，卖方也应通过价值分析向潜在顾客说明自己的产品和价格比其他品牌更理想。未被列入买方选择范围的供应商可通过展示新工艺、新产品把直接重购转变为新购，争取打入市场的机会。

4. 物色供应商

物色供应商是指采购者根据产品技术说明书的要求寻找最佳供应商。为此，他们会从多处着手，可以咨询商业指导机构，查询电脑信息，打电话给其他公司要求推荐好的供应商，或者观看商业广告，参加展览会。供应商此时应大做广告，并到各种商业指导指南或宣传机构中登记自己的公司名字，争取在市场上树立起良好的信誉。生产企业购买者通常会拒绝那些生产能力不足、声誉不好的供应商，而对合格的供应商，则会登门拜访，察看他们的生产设备，了解其人员配置。最后，采购者会归纳出一份合格供应商的名单。

5. 征求供应建议书

征求供应建议书是指企业的采购经理邀请合格的供应商提出建议。如果采购复杂的、价值高的品种，采购经理应要求每个潜在的供应商都提交详细的书面建议。采购经理还要从合格的供应商中挑选最合适的，要求他们提出正式的建议书。因此，卖方企业的市场营销人员必须善于提出与众不同的建议书，使本公司在竞争中脱颖而出，争取成交。

6. 选择供应商

选择供应商是指生产者用户对建议书要加以分析和评价，以确定供应商。评价内容包括供应商的产品质量、性能、产量、技术、价格、信誉、服务、交货能力等。表4-2的分析范例说明了选择供应商的评价方法。

生产者用户在做出决定前，还可能与较为满意的供应商谈判，以争取较低的价格和较好的供应条件，供应商的营销人员要制定应对策略以防止对方压价和提出过高要求。生产者用户会同时保持几条供应渠道，以免受制于人，并促使卖方展开竞争。供应商要及时了解竞争的动向，制定竞争策略。

表4-2 分析范例

属性	权数	得分排列			
		(1)	(2)	(3)	(4)
		差	一般	好	优秀
价格	0.30				×
供应商要求	0.20			×	
产品可靠性	0.30				×
服务可靠性	0.10		×		
供应商灵活性	0.10			×	
总分：0.30×4+0.20×3+0.30×4+0.10×2+0.10×3=3.5					

7. 签订合同

签订合同是指采购人员就产品技术说明书、需要量、交货时间、退货政策、担保事宜等与选定的供应商签订最后的订单。采购员越来越多地由签订定期购买订单转向长期有效采购合同。在一定时间内，供应商答应按协议价格持续供货，存货由卖方保持，需要时发一份订单给供货商取货。这使得供货双方联系密切，给其他供应商的进入造成困难。

8. 绩效评价

在此阶段，采购者对各供应商的绩效进行评估。他们可以通过三种途径：直接接触最终用户，征求他们的意见；应用不同的标准加权计算来评价供应商；或者把绩效不理想的开支加总，以修正包括价格在内的采购成本。通过绩效评价，采购者将决定延续、修正或停止向该供应商采购。供应商则应该密切关注采购者使用的相同变量，以便确信为买主提供了预期的满足。

第三节 中间商市场和购买行为分析

中间商市场是由那些购买商品为了转卖或出租给他人以获取利润的个人和机构组成的市场。生产者市场的大部分特征中间商市场也具备。中间商的购买行为与购买决策，同样受到环境因素、组织因素、人际因素和个人因素的影响。尽管如此，中间商购买行为与决策仍有一些独特之处。

一、中间商购买行为的类型

在采购业务中，中间商要根据不同的购买类型做相应的决策。中间商的购买类型可分为以下四种：

1. 新品种购买

新品种购买是中间商第一次购买某种从未采购过的新品种。在这种购买行为情况下，可根据其市场前景的好坏、买主需求的强度、产品获利的可能性等多方面因素，决定是否购买。购买决策过程类似于生产者市场上的新购买情况，即也由认识需要、确定需要、说明需要、物色供应商、征求供应建议书、选择供应商、签订合同、绩效评价等八个阶段构成。

2. 选择最佳供应商

选择最佳供应商是指中间商已经确定需要购进的产品，再寻找最合适的供应商。这种购买类型的发生往往与以下情况有关：第一，各种品牌货源充裕，但是中间商缺乏足够的经营场地，只能选择经营某些品牌。第二，中间商打算用自创的品牌销售产品，选择愿意为自己制造定牌产品的生产企业。国内外许多大型零售商场都有自己的品牌。

3. 改善交易条件的采购

改善交易条件的采购，是指中间商希望现有供应商在原交易条件上再做些让步，使自己得到更多的利益。如果同类产品的供应增多或其他供应商提出了更有诱惑力的价格和供货条件，中间商就会要求现有供应商加大折扣、增加服务、给予信贷优惠等。他们并不想更换供应商，但是会把这作为一种施加压力的手段。

4. 直接重购

直接重购是指中间商的采购部门按照过去的订货目录和交易条件继续向原先的供应商购买产品。中间商会对以往的供应商进行评估，选择感到满意的作为直接重购的供应商，在商品库存低于规定水平时就按照常规续购。

二、中间商购买过程的参与人员和组织形式

中间商购买过程参与者的多少与商店的规模和类型有关。在小型方便商店中，店主人亲自进行商品选择和采购工作。在大公司里，有专人或专门的组织从事采购工作，重要的项目有更高层次和更多的人员参与。这些人和组织分别扮演着六种角色中的一种或几种，像生产者用户那样形成了一个事实上的"采购中心"。虽然不同类型中间商如百

货公司、超级市场、杂货批发商等采购方式不同，同类中间商的采购方式也有差别，但是其中也有许多共性。以连锁超市为例，参与购买过程的人员和组织主要有：

1. 商品经理

他们是连锁超级市场公司总部的专职采购人员，分别负责各类商品的采购任务，收集同类商品不同品牌的信息，选择适当的品种和品牌。有些商品经理被赋予较大的权力，可以自行决定接受或拒绝某种新产品或新品牌。有些商品经理权力较小，只是负责审查和甄别，然后向公司的采购委员会提出接受或拒绝的建议。

2. 采购委员会

通常由公司总部的各部门经理和商品经理组成，负责审查商品经理提出的新产品采购建议，做出购买与否的决策。由于商品经理控制信息和提出建议，事实上具有决定性作用。采购委员会只是起着平衡各种意见的作用，在新产品评估和购买决策方面产生重要影响，并代替商品经理向供应商提出拒绝购买的理由，充当两者之间的调解人。

3. 分店经理

分店经理是连锁超市下属各分店的负责人，掌握着分店一级的采购权。美国连锁超级市场各个分店的货源有 2/3 是由分店自行决定采购的，即使某种产品被连锁公司总部的采购委员会接受，也不一定被各个分店接受，这加大了制造商的推销难度。

三、中间商购买决策过程

中间商与生产者用户的购买过程基本相同，如新品种的购买都必须完整地经历八个阶段，而其他类型的采购则可能跳过某一个或某几个阶段。

1. 认识需要

认识需要是指中间商认识自己的需要，明确所要解决的问题。它可以由内在刺激和外在刺激引起。内在刺激是中间商通过销售业绩分析，认为目前经营的品种陈旧落伍，不适应市场需求潮流，从而主动寻求购进新产品，改善产品结构。外在刺激是指中间商的采购人员通过广告、展销会、供应商的推销人员或消费者等途径了解到有更加适销对路的新产品，产生购买欲望。

2. 确定需要

中间商根据产品组合策略确定购进产品的品牌、规格和数量。可供选择的产品组合策略有四种：

（1）独家产品。即中间商只经营某一家制造商的产品。比如某电器商店专门经营 TCL 牌电视机。

(2) 专深产品。即中间商经营许多家制造商生产的同类产品的各种型号规格。比如，某电器商店经营多个品牌的电视机。

(3) 广度产品。即中间商经营种类繁多、范围广泛但属同一行业的多系列、多品种产品。如某电器商店经营空调、冰箱、电视机、洗衣机等。

(4) 混合产品。即中间商跨行业经营多种没有关联的产品。如某电器商店经营空调、冰箱、食品、服装、化妆品等。

3. 说明需要

即说明所购产品的品种、规格、质量、价格、数量和购进时间，写出详细的采购说明书，作为采购人员的采购依据。中间商为了减少"买进卖出"带来的风险，对产品购进时间的要求极其严格，或者要求立即购进以赶上消费潮流，或者把购进时间一拖再拖以看清消费倾向。中间商决定购买数量的主要依据是现有的存货水平、预期的需求水平和成本－效益的比较。供应商应了解中间商的购买意图，采取相应的营销策略。

4. 物色供应商

购买人员根据要求通过多种途径收集信息，以寻求最佳供货商。这时，一般有四种情况：一是继续购买老产品，且原来的供应商有充足货源，没有明确信息表明其他供应商会提出更优惠的条件，这时购买者会继续与原供应商交易。二是继续购买老产品，但原供应商的货源不足，或企业获知其他供应商愿意提供更优惠的条件，购买者就会寻找其他供应商。在销售旺季，我们经常看到商店采购员到外地去采购季节性的传统紧俏商品，多半就是这种情况。三是打算购买新产品，这时如果供应商"独此一家"，购买者就可能只好与其交易。四是继续购买老产品或打算购买新产品，且各供应商或各品牌的货源都很充足，但购买者自身的资金、仓容、货架有限，只好寻找和选择少数供应商或少数品牌。

5. 征求供应建议书

这一阶段的情况与生产者的情况基本相同。邀请合格的供应商提交供应建议书，筛选后留下少数选择对象。

6. 选择供应商

采购部门和决策部门在筛选后的供应商中确定所购产品的最终供应商。这也与生产者购买决策过程的基本情况相同。区别在于：中间商的购买多属于专家购买、理性购买，希望从供应商那里得到更多的优惠条件。如要求供应商给予广告补贴或直接帮助做广告，要求供应商提供产品维修补贴或直接帮助维修，等等。

7. 签订合同

这一阶段中间商主要是根据采购说明书和有关交易条件与供应商签订订单。与生产者、购买者一样，中间商也倾向于签订长期的有效合同，以保证货源稳定、供货及时，减少库存成本。

8．绩效评价

与生产者、购买者一样，订购之后要对各个供应商的绩效、信誉、合作诚意等进行评价。如果绩效评价是不满意的，原因也不在中间商自己的经营管理，那么，中间商就会考虑改变产品或购买数量，改变供应商，或在以后的交易中向供应商提出更高的要求。

四、影响中间商购买行为的主要因素

在中间商市场中，购买者进行购买决策的影响因素与生产者市场的情况类似，同样有环境、组织、人际和个人因素在起作用，只是供应商要更加重视采购者的购买风格对购买决策的影响。中间商市场的购买者的购买风格有以下七种：

1．忠诚型

忠诚型是指买主长期忠实地从某一供应商处采购，不轻易转移。这种采购者对供应商是最有利的，供应商应当分析能够使采购者保持"忠实"的原因，采取有效的措施使现有的忠实采购者保持忠实，将其他采购者转变为忠实的采购者。

2．随机型

这类采购者事先选择若干符合采购要求、满足自己长远利益的供应商，然后随机地确定交易对象并经常更换。他们喜欢变换和不断地尝试，对任何供应商都没有长期的合作关系和感情基础，也不认为某一供应商的产品的交易条件优于他人。对这类采购者，供应商应在保证产品质量的前提下提供理想的交易条件，同时增进交流，帮助解决业务上的困难以及个人的有关困难，加强感情投资，使之成为忠实的采购者。

3．最佳条件型

最佳条件型是指力图在一定时间和场合中实现最佳交易条件的采购者。这类采购者在与某一供应商保持业务关系的同时，还会不断地收集其他供应商的信息，一旦发现产品或交易条件更佳的供应商，就立刻转换购买。这类采购者的购买行为理智性强，不太受情感因素支配，关注的焦点是交易所带来的实际利益，供应商若单纯依靠感情投资来强化联系则难以奏效，最重要的是密切关注竞争者的动向和市场需求的变化，随时调整营销策略和交易条件，提供比竞争者更多的利益。

4．创造型

创造型是指经常对交易条件提出一些创造性的想法并要求供应商接受的采购者。对这类采购者，供应商要给予充分尊重，好的想法及时给予鼓励和配合，不成熟的想法也

不能讥笑，在不损害自己根本利益的前提下，尽可能地接受他们的意见和想法。

5. 广告型

这类采购者在采购中试图把获得广告补贴作为每笔交易的组成部分，甚至是首要的目标。这种要求如果符合买卖双方的利益，并在力所能及或合理的限度内，供应商可考虑给予满足。

6. 斤斤计较型

这类采购者力图在价格上获得最大折扣，交易中总是反复讨价还价。他们在交易中连一些蝇头小利也不放过，只选择价格最低或折扣最大的供应商。与这类采购者打交道时要有耐心和忍让的态度，尽量以事实和数据表明自己已经做了最大限度的让步，争取达成交易。

7. 琐碎型

这类采购者每次购买的总量不大，但品种繁多，重视不同品种的搭配，力图实现最佳产品组合。与这类购买者打交道会增加许多工作量，如算账、开单、包装和送货等，应当提供细致周到的服务，不能有丝毫厌烦之意。

第四节 非营利组织、政府市场和购买行为分析

一、非营利组织的类型

按照不同的职能，非营利组织可分为三大类：

1. 履行国家职能的非营利组织

履行国家职能的非营利组织，是指服务于国家和社会，以实现社会整体利益为目标的有关组织，包括各级政府和下属各部门、保卫国家安全的军队、保障社会公共安全的警察和消防队、管制和改造罪犯的监狱等。

2. 促进群体交流的非营利组织

促进群体交流的非营利组织，是指促进某群体内成员之间的交流，沟通思想和情感，宣传普及某种知识和观念，推动某项事业的发展，维护群体利益的各种组织，包括各种职业团体、业余团体、宗教组织、专业协会和行业协会等。

3. 提供社会服务的非营利组织

提供社会服务的非营利组织，是指为某些公众的特定需要提供服务的非营利组织，

包括学校、医院、红十字会、卫生保健组织、新闻机构、图书馆、博物馆、文艺团体、基金会、福利和慈善机构等。

二、非营利组织的购买特点和方式

1. 非营利组织的购买特点

总的来说，非营利组织购买的特点主要表现在五个方面：

（1）限定总额。非营利组织的采购经费总额是既定的，不能随意突破。比如，政府采购经费的来源主要是财政拨款，拨款不增加，采购经费就不可能增加。

（2）价格低廉。非营利组织大多数不具有宽裕的经费，在采购中要求商品价格低廉。政府采购用的是纳税人的钱，更会仔细计算，用较少的钱办较多的事。

（3）保证质量。非营利组织购买商品不是为了转售，也不是使成本最小化，而是维持组织运行和履行组织职能，所购商品的质量和性能必须保证实现这一目的。比如，医院以劣质食品供应病人就会损害声誉，采购人员必须购买价格低廉且质量符合要求的食品。

（4）受到控制。为了使有限的资金发挥更大的效用，非营利组织采购人员受到较多的控制，只能按照规定的条件购买，缺乏自主性。

（5）程序复杂。非营利组织购买过程的参与者多，程序也较为复杂。比如，政府采购要经过许多部门签字盖章，受许多规章制度约束，准备大量的文件，填写大量的表格，遇有官僚气息严重的人则更加难办。

2. 非营利组织的购买方式

（1）公开招标选购。是指非营利组织的采购部门通过传播媒体发布广告或发出信函，说明拟采购商品的名称、规格、数量和有关要求，邀请供应商在规定的期限内投标。有意争取这笔业务的企业要在规定时间内填写标书，密封后送交非营利组织的采购部门。招标单位在规定的日期开标，选择报价最低且其他方面符合要求的供应商作为中标单位。

（2）议价和选购。是指非营利组织的采购部门同时和若干供应商就某一采购项目的价格和有关交易条件展开谈判，最后与符合要求的供应商签订合同，达成交易。这种方式适用于复杂的工程项目，因为它们涉及重大的研究开发费用和风险。

（3）日常性采购。是指非营利组织为了维持日常办公和组织运行的需要而进行采购。这类采购金额较少，一般是即期付款，即期交货，如购买办公桌椅、纸张文具、小型办公设备等。

三、政府市场和购买行为分析

近年来，为了加强对政府采购的管理，提高财政性资金的使用效益，促进公开交易，我国一些地方政府的国家机关、事业单位和其他社会组织使用财政性资金采购物资或服务的行为开始受到法律的约束和规范，不少省市已陆续出台了政府采购条例。研究政府采购行为，对于满足政府市场需求，扩大企业销售收入具有重要意义。

1. 政府市场购买过程的参与者

政府采购主要涉及五个方面的机构和人员：

（1）采购人。即货物、工程或服务的需要机构，由他们使用财政性资金进行采购并使用。

（2）采购代理机构。即专门设立的政府采购机构，在集中采购的情况下，由他们负责代理采购人履行采购业务。

（3）供应商。即参与政府采购的投标、谈判并在中标后向采购方提供货物、工程或服务的企业。

（4）采购相关人员。即在政府采购过程中进行中介、参与评标或谈判的有关人员，也包括提供有关信息的机构和人员。

（5）政府采购监督管理部门。属于政府的职能部门，负责对政府采购活动依法实施监督和管理。

这五方面机构和人员的关系大体上如图4-3所示。即由采购人提出采购申请，由专门的政府采购代理机构向有关供应商进行采购，采购相关人员参与采购的有关活动，政府采购监督管理部门对采购全过程实施监督。

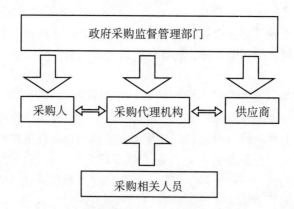

图4-3 政府采购的参与者及相互关系

2. 政府采购的基本原则

政府采购应遵循如下基本原则：

（1）公开、公平、公正和效益。政府采购应遵循公开、公平、公正和效益的原则，维护社会公共利益，促进和保障国家有关法律、法规和社会经济政策的贯彻执行。

（2）勤俭节约。政府采购应遵循勤俭节约的原则，制定采购物资和服务的标准，并严格执行标准，不得超标准采购。

（3）计划。政府采购应遵循计划原则，按计划进行。采购主管部门应当根据经批准的预算和其他财政性资金的使用计划编制和公布采购计划。

3. 影响政府购买行为的主要因素

政府采购和其他市场采购相类似，同样受到环境因素、组织因素、人际因素和个人因素的影响。不同之处在于：一是政府购买还要受到监督机构、社会团体及公民个人的监督，政府官员可能因采购过程中的腐败行为而被处分或起诉；二是政府购买受到国际国内政治经济形势的影响；三是政府购买受到自然灾害的影响；四是政府市场的购买决策受广告和促销活动影响较小。

相关链接　政府采购法简介

为了规范政府采购行为，提高政府采购资金的使用效益，维护国家利益和社会公共利益，保护政府采购当事人的合法权益，促进廉政建设，制定了《中华人民共和国政府采购法》，并对有关事项做了相应规定：

1. 严格执行批准的预算

政府采购应当严格按照批准的预算执行。

2. 供应商自由进入

任何单位和个人不得采用任何方式，阻挠和限制供应商自由进入本地区本行业的政府采购市场。

3. 政府采购实行集中采购和分散采购相结合

集中采购的范围由省级以上人民政府公布的集中采购目录确定。属于中央预算的政府采购项目，其集中采购目录由国务院确定并公布；属于地方预算的政府采购项目，其集中采购目录由省、自治区、直辖市人民政府或者其授权的机构确定并公布。

纳入集中采购目录的政府采购项目，应当实行集中采购。

4. 有助于实现国家的经济和社会发展政策目标

政府采购应当有助于实现国家的经济和社会发展政策目标，包括保护环境，扶持不发达地区和少数民族地区，促进中小企业发展等。

5. 政府采购方式

政府采购的方式主要有公开招标、邀请招标、竞争性谈判、单一来源采购、询价以及国务院政府采购监督管理部门认定的其他采购方式。其中，公开招标应作为政府采购的主要方式。

6. 政府采购程序

（1）预算。负有编制部门预算职责的部门在编制下一财政年度部门预算时，应当将该财政年度政府采购的项目及资金预算列出，报本级财政部门汇总。部门预算的审批，按预算管理权限和程序进行。

（2）选择供应商（招标）。货物或者服务项目采取邀请招标方式采购的，采购人应当从符合相应资格条件的供应商中，通过随机方式选择三家以上的供应商，并向其发出投标邀请书。

（3）确定截标时间。货物和服务项目实行招标方式采购的，自招标文件开始发出之日起至投标人提交投标文件截止之日止，不得少于20日。

（4）废标。在招标采购中，出现下列情形之一的，应予废标：

1）供应商数量不足。符合专业条件的供应商或者对招标文件作实质响应的供应商不足三家的。

2）违规违法。出现影响采购公正的违法、违规行为的。

3）超出预算。投标人的报价均超过了采购预算，采购人不能支付的。

4）重大变故。因重大变故，采购任务取消的。

废标后，采购人应当将废标理由通知所有投标人。

（5）重新选择供应商。招标废标后，除采购任务取消的情形外，应当重新组织招标；需要采取其他方式采购的，应当在采购活动开始前获得设区的市、自治州以上人民政府采购监督管理部门或者政府有关部门批准。

（6）签订与履行合同。采购人与中标、成交供应商应当在中标、成交通知书发出之日起30日内，按照采购文件确定的事项签订政府采购合同。政府采购合同履行中如出现损害国家利益和社会公共利益的行为，双方当事人应当变更、中止或者终止合同。有过错的一方应当承担赔偿责任，双方都有过错的，各自承担相应的责任。

本章小结

1. 作为消费者市场的对称，组织市场是指那些购买商品和服务以用于生产性消费，以及转卖、出租，或用于其他非生活性消费的企业或社会团体构成的市场。组织市场一般由生产者、中间商、非营利性组织和政府采购等市场构成。

2. 组织市场的特点是：购买者少与购买规模大，购买者在地域上相对集中，供需双方关系密切，着重人员销售，进行直接销售，实行专业购买，派生需求，需求波动大，需求缺乏弹性，互惠购买和租赁现象普遍。

3. 生产者市场的购买类型有直接重购、修正重购和新购。组织购买属于群体购买决策，采购受到使用者、影响者、决策者、批准者、购买者、信息控制者等直接或间接的影响。对生产者市场购买行为的影响因素主要有环境因素、组织因素、人际因素和个人因素。

4. 生产者市场的购买决策一般经过认识需要、确定需要、说明需要、物色供应商、征求供应建议书、选择供应商、签订合同、绩效评价。除了新购行为必须经过全过程八个阶段之外，直接重购和修正重购一般无需经过全部八个阶段。

5. 中间商市场购买包括新品种购买、选择最佳供应商、改善交易条件的采购和直接重购四种类型。其购买决策过程与生产者市场购买决策过程有类似的地方。

6. 非营利组织市场的购买具有限定总额、价格低廉、保证质量、受到控制、程序复杂的特点。政府市场是一种特殊的购买市场，其必须按照法定的原则和程序进行。

关键概念

组织市场　生产者市场　直接重购　修正重购　新购　中间商市场　非营利组织市场　政府市场

练习与思考

一、判断正误

1. 就卖主而言，消费者市场是法人市场，组织市场是公家市场。（　　）
2. 组织市场是指那些购买商品和服务的企业或社会团体构成的市场。（　　）
3. 消费者在市场上购买的消费品，其需求弹性较小。（　　）
4. 组织市场上的购买者在地域上表现为相对分散。（　　）
5. 组织市场的购买者往往经过中间商进行采购。（　　）
6. 生产者购买决策时涉及的参与者包括六种成员，即使用者、影响者、决策者、批准者、购买者、信息控制者。（　　）
7. 中间商购买办公用品等，以保证自身经营活动的正常运行，即是中间商市场购买。（　　）

8. 因为政府市场常常采取公开招标的方式，所以受广告和促销活动的影响较小。（ ）

9. 公开招标选购适用于复杂的工程项目，因为它们涉及重大的研究开发费用和风险。（ ）

二、单项选择

1. 产业购买者往往这样选择供应商：你买我的产品，我也买你的产品。这种习惯做法称为（ ）。
   A. 直接购买 B. 冲动购买 C. 往返购买 D. 互惠购买

2. 组织市场的需求是为了生产其他产品和劳务产生的需求，因此这种需求是（ ）需求。
   A. 派生 B. 虚假 C. 利润最高的 D. 风险最大的

3. 一些组织购买者乐于租借大型设备，并不愿意全盘购买。租借对于承租方和出租方有诸多好处。租赁不适用于（ ）。
   A. 计算机、包装设备 B. 重型工程机械
   C. 运货卡车、机械工具 D. 家用电器

4. 在新购购买阶段，企业营销工作的重点是（ ）。
   A. 广告媒体 B. 销售人员
   C. 产品的技术要求 D. 产品质量、性能

5. 在生产者的购买决策过程中，新购这种类型最为复杂，需经过八个阶段，其中最后一个阶段是（ ）。
   A. 选择供应商 B. 签订合同 C. 绩效评价 D. 物色供应商

6. 技术人员在生产者购买决策中大都充当（ ）角色。
   A. 使用者 B. 影响者 C. 决策者 D. 批准者

7. 在生产者市场，质量和数量符合要求的前提下，购买者更注意（ ）。
   A. 厂牌、商标 B. 价格 C. 包装 D. 服务

8. 下列哪项不是非营利组织购买的特点？（ ）
   A. 限定总额 B. 价格低廉 C. 保证质量 D. 程序简单

9. 政府采购的目的是（ ）。
   A. 营利 B. 满足生活需要
   C. 维护国家安全和公众的利益 D. 以上都是

三、问答题

1. 组织市场与消费者市场有何区别？

2. 生产者用户和政府机构在购买决策上有什么不同？

3. 影响生产者用户购买的主要因素有哪些？
4. 论述生产者用户完整的购买过程。
5. 中间商用户的购买类型有哪几种？
6. 可用哪些策略来应对不同中间商市场购买者的购买风格？
7. 非营利组织购买有哪几种不同的方式？
8. 影响政府购买行为有哪些相同的和不同的因素？

案例研讨　麦当劳与其供应商

一、握手是朋友

食品安全成了中国最严峻的课题，随着2009年6月1日中国的食品安全法正式实施，首先受到挑战的不是餐饮巨头的餐桌，而是他们的供应链体系。

"握手是朋友"这句话是麦当劳的创始人雷克·洛克的名言。这种理念似乎已经在经年的合作中贯彻到了供应商的基因中。

麦当劳最初遴选供应商的标准是，"有谁可以与我们同甘共苦，谁就是我们的供应商。"

不过，演化至今已有很详细的量化标准，这个标准也是双方遵守的契约。契约是无形的，标准却是有形的。

麦当劳中国供应链管理高级总监张雁儿说，我们在选择供应商时首先考虑的是对方企业的合作意识。会根据两大标准衡量。硬件条件是必须具备麦当劳的物流系统认证、生产能力认证、产品质量体系认证、原材料供应体系认证、食品安全体系认证，软件条件是诚实可信、理念正确、历史良好、管理出色、财政健康。

麦当劳与其食品供应链之间虽然没有合同，但麦当劳要求其供应商遵守的"契约"却具体和严格。在麦当劳与中国本土供应商的磨合中，有些不遵守品质控制条款的、可能隐含食品潜在危机的企业则被麦当劳解除了合作。

张雁儿表示，"握手合作"的前提是供货商提供的产品要符合麦当劳的要求：保证产品质量，保证食品安全。麦当劳对食品安全的严格要求与控管范围包含了整个供应链，从原料的源头管理到柜台呈现的成品，都经过整个品质供应链严格把关。

二、选择行业专家做供应商

麦当劳在选择供应商方面有一整套严格可行的标准，这个标准是全球统一的，麦当劳的供应商必须是行业专家，即在其精通的领域，无论是产品质量控制还是经营管理都必须是行业的佼佼者。

麦当劳在中国的主要食品原材料供应商包括：世界著名的冷冻薯条生产商——美国辛普劳公司是麦当劳在中国最大的薯条供应商；美国福喜食品有限公司是麦当劳在中国

的唯一蔬菜供应商，同时也是麦当劳中国主要的肉类供应商；美国怡斯宝特公司是麦当劳在中国最大的面包供应商。

怡斯宝特公司与麦当劳的合作时间超过50年。生产面包过程的细节包括：装面粉的桶必须有盖子，而且要有颜色，不能是白色的，以免因盖子意外破损时碎屑混入面粉而不易分辨；各工序间运输一律使用不锈钢筐，以防杂物碎片进入食品中。在进入面包生产车间前，还需要经历从头发到手再到衣服的一系列消毒除尘程序，还被要求戴两个头套，把头发全部包进去。生产车间内，一切显得井然有序，哪些区域可以驻足，哪些区域只能远观，都有着严格细致的规定。面包被送入麦当劳餐厅之前的最后一道工序，就是把包装好的面包经过金属探测器的检查，一旦面包含有小小的金属类物质，探测器就会发出警报并停止运作。

三、与供应商和谐共生

"利益均沾默契得就像是一家人。"供应链管理总监张雁儿如此形容麦当劳与供应商之间的关系，麦当劳在严格要求供应商的同时，会充分考虑供应商利益，给予供应商大力的扶持，与其共同成长。

在这几大合作供应商之下还有更多的供应商体系。麦当劳在中国国内有超过50家供应商，有95%以上的食品原材料在本地采购。麦当劳在品质监控方面对供应商提出严格的要求，此外再没有任何利益上的关系，两者的财会、人事和管理完全独立，各自向公司的董事会负责。

培养供应商对公司的忠诚度只有一个方法可以，那就是保证他们可以赚到钱。麦当劳会照顾到相互的效益，即便涉及产品调价，也会充分照顾到供应商的利益，追求双赢结果。

作为回报，麦当劳要求供应商提供详细财务数据，包括生产用料和人员工资等。据此，麦当劳制定给予合作者的优惠措施，尽可能保证其合理赢利。正是基于这些原因，供应商不会因一时经济压力而改变合作关系及一贯做法。在这种长期合作中，双方还能分享经营经验和管理经验，共同成长。

四、严密的标准和强大的执行力

质量不是查出来的，而是做出来的，查是查不出高质量的。

首先就是对整个产品生产、流通过程要有一个很好的设计，设计必须要考虑产品的安全系数，大到面包生产步骤，小到每个面团的大小、重量，每个细节都有严格的监控……这个设计要能达到：只要按照设计流程做，就能确保产品的质量安全以及一致性。

其次，麦当劳拥有严格的产品追溯体系。一旦发现产品出现质量问题，可以通过产品追溯体系查到问题的源头，迅速追查到产品的批次，并要求供应商核查，将该批次的产品回收并监督其销毁。麦当劳根据问题的严重程度，规定了涉及的各方面最长的完成时间，其中包括供应商、分发中心、采购部、餐厅等。目前的追溯时间可以在几小时内完成，有些供应商甚至能在数十分钟以内完成。

麦当劳强大的执行力确保设计好的标准、规则、流程能得以严格实施。麦当劳及其供应商在生产、存储、运输的各个环节，都有具体的标准操作手册；每个环节有专人负责，此外，麦当劳还经常对员工进行培训，使得维护产品质量、安全潜移默化成为员工的自觉行为。

五、上海福喜祸及麦当劳

2014年7月20日，上海东方卫视《晚间新闻》报道，记者卧底两个多月发现，麦当劳、肯德基、必胜客等国际知名快餐连锁店的肉类供应商——上海福喜食品有限公司存在大量采用过期变质肉类原料的行为。

报道称，这家公司被曝通过过期食品回锅重做、更改保质期标印等手段加工过期劣质肉类，再将用此原料生产的麦乐鸡块、牛排、汉堡肉等售给肯德基、麦当劳、必胜客等大部分快餐连锁店。除了将过期或变质原料用于生产，将"次品"作为原料"回炉加工"，以及违规篡改"保质期"外，上海福喜还处心积虑地做了对内、对外两本账，掩盖了真实的生产日期。

从记者暗访的资料来看，福喜使用过期肉等违规操作并不完全是暗地操作，如其过期肉的使用就在车间多处用标签来标识。若麦当劳自身的食品安全管控流程能执行到位，发现问题并不难。无论是突击检查，或是与生产车间的工人面谈，都能尽早地发现问题。

事件被曝光后，迫于压力，麦当劳也从与上海福喜断绝关系到逐渐与福喜中国所有工厂绝交，这也造成麦当劳餐厅断货，一度沦为"饮品店"。

[资料来源：1. 戴翎：《为您揭示麦当劳的秘密》[N]，《经理日报》，2008-12-28；
2. 徐昙：《麦当劳：如何维系超商业的"契约"》[N]，《中国经营报》，2009-06-22；
3. 宋文明：《"福喜临门"：洋快餐集体沦陷"黑后厨"》[N]，《中国经营报》，2014-07-26]

讨论题：

1. 结合本案例，分析影响组织购买的主要因素。
2. 麦当劳和供应商是什么关系？这种方式有何优缺点？
3. 从福喜事件中，麦当劳应吸取哪些教训？应如何改善购买决策过程？

第五章
市场营销调研与需求测量

本章要点
◎市场营销调研及市场需求预测的相关概念
◎市场营销调研的重要作用、调研对象
◎阐述调研过程应遵循的步骤
◎阐述调研常用的方法及技术
◎市场需求的估算
◎市场预测中常见的定性定量预测方法

第五章 市场营销调研与需求测量

前面两章分别介绍了消费者市场和组织市场,其中也简要地对顾客的需要进行过推测。但是,这种推测往往缺乏实证资料的支持,因而不宜作为市场营销决策的依据。市场营销者必须通过市场营销调研,准确掌握有关当时当地、此情此景中顾客需要的实证资料,才能为科学预测提供依据,以便企业更好地把握未来。要在激烈的市场竞争中获胜,企业必须首先做好市场调研和预测工作,这是本章的基本内容。

本章在简单介绍市场营销调研和预测相关概念之后,讨论了市场营销调研的内容、过程,市场营销调研及预测的方法。

第一节 市场营销调研

市场营销调研是企业营销的基础。科学的市场调研,将为企业的营销决策提供重要依据。

一、市场营销调研的概念和作用

市场营销调研(Marketing Research),是指运用科学的方法,有目的有计划地收集、整理、分析和研究有关市场营销方面的信息,发现机会和问题,得出合乎客观事实发展规律的结论,提出建议,为市场预测和营销决策提供依据。如图 5-1 所示。

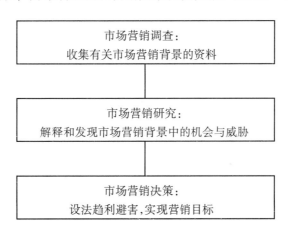

图 5-1 市场营销调研与决策过程

市场营销调研包括紧密联系的两个组成部分:市场营销调查和研究。一般来说,市场营销调查是指利用某种调查方式和方法，有系统地收集有关市场、商品、顾客行为、销售等方面的数据与资料并加以整理，以便通过这些数据和资料如实地反映市场营销背景的客观情况；而市场营销研究则是根据调查所得的数据与资料，经过"去粗取精，去伪存真，由此及彼，由表及里"的分析与研究，得到解释、发现和预测合乎市场营销背景客观事物发展规律的知识。市场营销调查和研究是两个互为包容、不可分割的过程。进行市场营销研究必须以市场调查为前提，市场营销调查又通常包括分析和研究。通过市场营销调查，市场营销者获得有关市场营销背景中机会与威胁的信息。两者的有机结合，使市场营销调研成为一个完整的概念；也由于两者的有机结合，才赋予市场营销调研以对市场营销决策的支持功能，市场营销决策才能够设法趋利避害，实现企业的营销目标。

市场营销调研的重要作用主要体现在三个方面：

1. 有利于制定科学的营销规划

通过营销调研，分析市场、了解市场，才能根据市场需求及其变化、市场规模和竞争格局、消费者意见与购买行为以及营销环境的基本特征，科学地制定和调整企业营销规划。

2. 有利于优化营销组合

企业根据营销调研的结果，分析研究产品的生命周期，开发新产品，制定产品生命周期各阶段的营销策略组合。如根据消费者对现有产品的接受程度及对产品和包装的偏好，改进现有产品价格变动的反应，开发新用途，研究新产品创意、开发和设计；测量消费者对产品价格变动的反应，分析竞争者的价格策略，确定合适的定价；综合运用各种营销手段，加强促销活动、广告宣传和售后服务，增进产品知名度和顾客满意度；尽量减少不必要的中间环节，节约储运费用，降低销售成本，提高竞争力。

3. 有利于开拓新的市场

通过市场调研，企业可发现消费者尚未满足的需求，测量市场上现有产品及营销策略满足消费需求的程度，从而不断开拓新的市场。营销环境的变化，往往会影响和改变消费者的购买动机和购买行为，给企业带来新的机会和挑战，企业可据此确定和调整发展方向。

二、市场营销调研的类型和内容

1. 市场营销调研的类型

市场营销调研可根据不同的标准划分为不同的类型。按调研目的不同，市场营销调研类型可分为以下四种：

（1）探测性调研。当管理者感觉到市场营销中存在问题，但对问题的性质或范围不甚明确时委托市场营销人员进行的调研，通常属于探测性调研。这类调研没有特定的调查内容，大多采用非正式调查方式，目标是明确问题的重点和症结所在，以便再作进一步的调研。例如，某企业某项产品近几个月来销售量一直下降，但营销经理对导致产品销售下降的原因不清楚，在这种情况下，就可以运用探测性调研，找出可能的原因，然后确定调研重点，再作进一步深入调查。探测性调研较多运用第二手资料或经验总结。一般来说，探测性调研是管理者经常进行的调研。

（2）描述性调研。这是一种对客观情况进行如实描述的调查研究，回答诸如消费者要买什么、什么时间买、在哪儿买、怎样买之类的问题。如消费者的收入层、年龄层、购买特性的调查。假设一家快餐店开设一家分店，公司想知道人们是如何惠顾这家分店的，因此就要描述下列问题：惠顾者是谁？他们的性别、年龄和居住地点及他们是如何来这里的？他们对快餐产品和服务的要求是什么？等等。当然，这些描述性问题必须根据调查的目的而定。描述性调查注重对实际资料的记录，因此多采用询问法和观察法。

（3）因果性调研。这是调查一个变量是否引起或决定另一个变量的研究过程，其目的是识别变量之间的因果关系，也就是回答一些有关"为什么"的问题。例如，快餐店的销售额受地点、价格、广告等因素的影响，我们就要明确因变量和自变量之间的关系，通过改变其中一个重要的自变量来观察因变量受到影响的程度。

（4）预测性调研。在收集了历史和现有数据的基础上，对未来可能出现的市场行情的变动趋势进行的调查，属于市场预测的范畴。它是在描述性调查和因果性调查的基础上，对市场的潜在需求进行的估算、预测和推断。因此，预测性调研实质上是市场调研结果在预测中的应用。在市场竞争日益激烈的情况下，为了避免企业决策错误，就必须进行调查和预测市场潜在需求，这样才能把握市场机会。如在快餐店的经营中，通过建立销售额与广告的因果关系，得知广告与销售额成正比例关系，据此就可以预测下一年由于提高广告费会增加多少销售额。

2. 市场营销调研的内容

市场营销调研的内容比较广泛，一般来说，调研内容主要涉及以下几个方面：

（1）市场营销环境因素。市场营销的环境因素主要有：

1）人口因素。如人口数量及其增长、人口构成及其变化等。

2）经济因素。如国民生产总值、国民收入、居民存款额、消费水平和消费结构、物价水平等。

3）政治法律因素。如国家的政策、国家的法律、相关国家的政策和法律、国际国内政治形势和政治氛围等。

4）社会文化因素。如消费者的教育程度、职业构成、民族构成、宗教信仰、风俗习惯、家庭大小等。

5）技术因素。如新技术、新工艺和新材料的发展趋势，新产品的技术现状及其发展趋势。

6）自然因素。如目标市场的地理条件、交通、资源和气候等。

7）竞争因素。如竞争企业的产品质量和品种，竞争企业的价格策略和促销策略，竞争的优势和劣势。

8）消费者购买行为。如消费者在购买活动中的作用，消费者家庭特点对购买行为的影响，消费者的使用频率，消费者的购买动机、购买态度及购买方式等。

（2）营销因素。营销因素主要有：

1）产品因素。如消费者对本企业产品的质量、性能、样式、包装、服务等因素的评价与要求，企业是否实现了最佳产品组合，产品处于生命周期的哪一阶段，怎样开发新产品与改造老产品。

2）价格因素。新产品的价格制定，老产品的价格调整，产品的现金价格、赊销价格和优惠价格如何确定，消费者对各种价格策略的反应。

3）渠道因素。如中间商的类型，中间商的销售额、利润、资金、经营能力，中间商的地理位置、商品储存量、仓储成本、运输成本等。

4）促销因素。如人员推销与非人员推销方式何者最佳，营业推广方式怎样运用，采用何种广告媒体，等等。

（3）市场容量。如全行业或同类产品在市场上的销售量，本企业和竞争企业同类产品销售量，现实和潜在购买人数和购买数量，等等。

三、市场营销调研过程

典型的市场营销调研大都可分为三个阶段：调查准备阶段、正式调查阶段和结果处理阶段。这三个阶段又可进一步分为五个步骤。如图 5-2 所示。

1. 明确问题

企业总会面临这样或那样的问题，但一项调研的目标不能漫无边际；相反，只有将每次调研所要解决的问题范围限定在一个确切的限度内，才便于有效地制订计划和实施调研。而且，问题提得越明确，越能防止调研过程中不必要的浪费，将信息采集量和处理量减至最低，调研工作量自然会进一步大大减少。明确问题阶段提出的假设或目标，即是正式调查阶段所要验证或解决的。

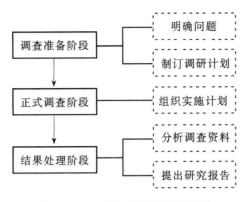

图 5-2 市场营销调研基本程序

2. 制订调研计划

营销调研计划是有关如何深入分析相关问题、达到调研目标的活动安排，是调研是否成功的关键。有效的调研计划包括五个方面，如表 5-1 所示。企业应该根据调研目标、实际情况确定具体的实施方案。

表 5-1 调研计划

拟订调研计划
资料来源：第二手资料、第一手资料
调研方法：观察法、访问法、调查法、实验法
调研工具：调查表、仪器
抽样计划：抽样单位、抽样范围、抽样程序
接触方法：电话、邮寄、面谈

企业通常从收集第二手资料着手，并据此判断所考虑问题是否已部分或全部得以解决，以免收集那种并不必需而又昂贵的原始资料。第二手资料为调研提供了起点。它的获取不但成本低廉，而且迅速方便，但当这种资料不能充分满足用于分析和解决问题的需要，或已经过时，可能不正确或不可靠时，调研人员就必须花费较多的时间和费用去收集更恰当的第一手资料。在收集第一手资料时经常借助于调查表和相关仪器，通过观察法、询问法、实验法和调查法进行信息的采集。进行抽样调查前先确定合适的抽样单位、抽样范围和抽样程序等。

3. 组织实施计划

这一步骤是按照预定计划和所设计的调查方案或方法，具体实施收集信息的各项工作和细节。这一阶段的实际工作量最大，支出费用最大，且最容易出错。包括根据调研任务和规模要求建立调查组织或外请专业调查公司，训练调查人员，准备调查工具，实地展开调查，等等。

4. 分析调查资料

营销调研的重要目的，是从所收集的信息或数据中提炼出有用的结果。这就要求把收集来的信息进行整理、分析。这一阶段的工作主要包括：检查资料是否齐全；对资料进行编辑加工，去粗取精，找出误差，剔除前后矛盾处；对资料进行分类、制图、列表，以便于归档、查找、使用；运用统计模型和其他数学模型对数据进行处理，以充分发掘从现有数据中可推出的结果，在看似无关的信息之间建立起内在联系。

5. 提出研究报告

调研目的显然不是让大量的统计数字、表格和数学公式搅乱决策者的头脑，而是要对决策者关心的问题提出结论性的建议。正规的市场营销调研必须就它所研究的结论提出正式报告。报告应力求简洁、准确、完整、客观。报告交出后，调研人员的工作并未结束，他们还须跟踪了解该报告的建议是否被决策者采纳，如果没有采纳，是什么原因，如果采纳了，采纳后的实际效果如何，是否需要提出进一步的补充和修正意见。营销调研的结果如果能使管理决策减少不确定因素，则此项营销调研就是富有成效的。

相关链接　不同的调查结论

一家美国鞋业公司要把自己的产品卖给太平洋上一个小岛的土著居民。该公司首先派去了自己的财务经理。几天以后，该经理电报回报："这里的人根本不穿鞋，此地不是我们的市场。"

该公司又把自己最好的推销员派到该岛上以证实这一点。一周之后，该推销员回报："这里的居民没有一个人有鞋，这里是巨大的潜在市场。"

该公司最后又把自己的市场营销副经理派去考察。两周以后，他回报说："这里的居民不穿鞋。但他们的脚有许多伤病，可以从穿鞋中得到益处。因为他们的脚普遍较小，我们必须重新设计我们的鞋。我们要教会他们穿鞋的方法并告诉他们穿鞋的好处。我们还必须取得部落酋长的支持与合作。他们没有钱，但岛上盛产菠萝。我测算了三年内的销售收入以及我们的成本，包括把菠萝卖给欧洲的超级市场连锁集团的费用。我得出的结论是我们的资金回报率可达30%，因而我建议公司应开辟这个市场。"

这个市场营销副经理通过调查分析，发现需求并找到满足需求的办法。他的工作方式是为公司开发可获利的市场的正确方式。

四、市场调研方法

1. 文案调查方法

文案调查，又称间接调查，是指通过查阅、阅读、收集历史和现实的各种资料，并经过甄别、统计分析得到的调查者想要得到的各种资料的一种调查方法。当人们对某个市场拟做出某种情况的分析时，若这个市场的资料有限但已有一些可靠的文字资料时，文案调查则是一种比较有效的调查方法。当需要更深入地了解和分析这一市场的情况时，就需要进行实地调查。应该说文案调查和实地调查是市场调查中相互依存、互为补充的两种调查方法。而网络调查不仅扩展了文案调查的资料来源渠道，同时也为实地调查提供了更节省、更有效的手段和工具。

文案调查主要是对企业的内部资料和外部资料进行筛选、分析和收集。内部资料主要是指企业内部的各种业务、统计、财务及其他有关资料；外部资料主要是指企业外部各类机构提供的已出版或未出版的资料，如国家统计机关公布的统计资料、行业协会发布的行业资料和各种专业信息咨询机构提供的市场信息、图书馆存档的商情资料及技术发展资料、银行的各类经济调查和商业评论期刊等。一般来说，文案调查在对所收集的资料进行整理、确认后，要把这些信息资料综合成一个有意义的文案调查报告，以便为企业有关部门决策提供依据。

2. 实地调查法

在企业营销调研过程中，为保证获得准确的第一手资料，故需设计一套可行的操作方法或方案。常用的操作方法有三种：

（1）访问法。是指将所拟调查的事项通过某种方式向被调查者提出询问，以获得所需调查资料的调查方法。这是一种最常用的市场调查方法，也可以说是一种特殊的人际关系或现代公共关系。正因如此，调查人员应清楚地认识到，通过调查不仅要收集到调查所期望的资料，而且还要在调查中给调查对象留下良好的印象，树立公司的形象，可能时应将被调查者作为潜在的用户加以说服。访问法通常采用个人面谈法、电话交谈法、邮寄法、CATI法和混合调查法五种。

1）个人面谈法。是一种与被调查对象面对面交谈，直接听取被调查对象的意见和反应的方法，具有直观性、灵活性、启发性和真实性的特点，但对调查者的业务能力和语言技巧有较高要求，所得到的资料受调查人主观偏见的影响较大。

2）电话交谈法。是指通过电话向被调查者询问有关调查内容和征询市场反应的一种调查方法。这是为解决带有普遍性的急需解决的问题而采用的一种调查方法。电话交谈法能节省人力和时间，但对于了解复杂问题效果较差。它一般是按规定的样本范围进行电话询问调查。

3）邮寄法。是指调查人员将印制好的调查问卷或调查表格，通过邮政系统寄给选定的被调查者，由被调查者按要求填写后再邮寄回来，调查者通过对调查问卷或调查表格的整理分析，得到市场信息。在这里邮递员取代了调查人员，并以邮资的形式取代了访问员的支出。邮寄调查简单易行，是一种常采用的方法。但因回收率低常使调查结果不可靠。一般在寄出调查表后有20%的回收率就很好了，而且那些邮回的人和其他不邮回的人有什么区别，我们无从知道。单凭邮回的调查表做结论，结论一般不可靠。

4）CATI法（即计算机辅助电话调查）。是指在一个中心地点安装CATI设备，其软件系统包括四个部分：自动随机拨号系统、问卷设计系统、自动访问管理系统、自动数据录入和简单统计系统。计算机辅助电话调查具有速度快、质量高、效率高和灵活性强等特点，因此日益受到关注。

5）混合调查法。是指把以上四种形式混合起来使用的调查方法。例如，你可以找邮回调查表的人面对面地交谈，等等。

（2）观察法。是调查人员凭借自己的眼睛或借助摄录像器材在调查现场直接记录正在发生的市场行为或状况的一种有效的收集资料的方法。其特点是被调查者是在不知晓的情况下接受调查的，因而准确性高，但调查面窄，耗费时间较长。常用的观察法有四种：

1）直接观察法。这种方法常在弄清诸如用于消费的商品的外观、商标等对顾客的吸引力方面使用。例如，在超级市场里，调查人员可以方便地观察到同时陈列的同种罐装奶粉当采用不同商标时，哪一种能更多地吸引家庭主妇的眼球。如果装上一台摄像机，这种观察则更方便。

2）请君入瓮法。例如，保险公司要了解下属某位员工怎样对待他的顾客，便可派一人到那里去购买某些种类的保险单或征询一些索赔事宜，看看办理业务过程中有些什么问题并记录下来。当然，这位员工并不知道该"顾客"是上级派来的，而"顾客"有可能诱使他犯一些平时常犯的错误。这叫请君入瓮，也称作微服私访法。

3）痕迹测量法。例如，企业要判断在本地有影响的几家报纸上做广告时，哪一家的效果最好，便可在广告下附一回条，请读者剪下寄给有关部门，根据剪下并寄来的回条的不同数量可得知在哪家报纸做广告最好。

4）行为记录法。例如要了解电视节目收视率，可按抽样方法在部分家庭的电视机内安装监听器，这样便可记录下这台电视机什么时候开，什么时候关，收看的是哪一个台，分别收看了多长时间，等等。

（3）实验法。访问法和观察法调查一般是在不改变环境下收集资料，而实验法则是指从影响调查问题的许多可变因素中选出一两个因素，将它们置于同一条件下进行小规模的试验，然后对试验结果进行分析，确定研究结果是否值得大规模推广。它是研究问题各因素之间因果关系的一种有效手段。实验方法应用范围非常广泛，如某种环境因素的改变，商品在诸多方面的改变，品种、包装、设计外观、价格、广告、陈列方法等，在判定其改变是否有效时，都可采用实验方法。实验法通常有实验室法和实地实验法两种。

五、市场调研技术

1．调查表的设计

调查表是调研的工具，是沟通调查人和调查对象之间信息交流的纽带。调查表的设计是否科学，直接关系到收集信息的质量。一份良好的问卷，应具备三项条件：第一，能达到市场调查目的。即将调查目的以询问的方式具体化、重点化地列举在调查表上。第二，促使被调查者愿意合作，提供正确情报，协助达成调查目的。第三，正确表达调查者与被调查者的相互关系。

（1）调查表的结构。调查表的结构按照顺序应包括四个部分：

1）开场白。问候调查对象，表述主持调查机构及调查员的身份，说明调查目的，并提示回答问题的方法，确定被调查者是否理解，必要时重复说明，并交代访问结果将如何处理。如果当时不方便进行调查，可预约适当的调查时间。

2）示范答复例子。由调查员示范一个与调查主题无关的中性例子，将非常有助于双方沟通。

3）调查主题内容。

4）被调查者个人资料。通常有电话号码、年龄、性别、教育程度，依调查目的而定。

（2）设计调查表的注意事项。

1）文字。调查表上的文字应简明、清晰、通顺、浅显易懂，要避免带倾向性的提问，同时也要避免采用命令式的语言，提问方式要委婉，使人感到亲切。

2）内容。至少有五方面内容：一是问题必须切题，所问问题都是必要的，最好不要有无关调查目的的问题在内。二是一个问题中不要包含两个以上问题，以免在未来统计分析时造成困扰。例如，问："××洗衣粉是否清洁又不伤衣服？"就可能会得到不同答案。三是调查表上的问题排列应先易后难，一般性问题在前，特殊性问题在后。四是问题不宜过多或过于分散，问题提得过多，会使填表人感到厌烦；过于分散，会使主要调查问题不突出而影响调查质量。一般来说，每份调查表仅围绕两三个主题，提出10个左右的问题比较恰当。五是要提出被调查者所知道的问题。但要注意，不要提出被调查者感到不好回答和不愿回答的问题，如涉及个人私生活或单位机密的问题。以个人为调查对象的调研表，最好不列填表人姓名的栏目。

（3）调查表的问题形式。决定问题形式，尤其是答案的设计方法，主要以问题需要、统计方便为准则。常用的有是非题、多项选择题、程度测量题、比较题、自由回答题等几种。

相关链接　可乐市场调查表

女士，先生：您好！

我是××公司的调查员×××，为了了解可乐市场情况，想打扰您几分钟，请教您几个简单的问题，一切资料对外绝对保密且不单独向外发表。这是我们送给您的一点礼品，谢谢您的帮忙。

请您回答下列问题（在回答问题栏中写明或在合适的答案上打√）

问题	回答
1. 请问您和您的家人有从事软饮料的生产和销售吗？	A. 是（终止调查）；B. 否
2. 请问您平常喝可乐吗？	A. 是；B. 否（跳过问第8题）
3. 请问您通常喝哪种牌子的可乐呢？	A. 可口可乐；B. 百事可乐；C. 非常可乐；D. 汾煌可乐；E. 其他_____
4. 请问您通常是在家喝可乐吗？	A. 是；B. 否
5. 请问您平常买可乐吗？	A. 是；B. 否（跳过问第8题）
6. 当选购可乐时，请问您主要考虑下列哪些方面？	A. 品牌；B. 价格；C. 口味；D. 包装样式；E. 重量；F. 生产日期；G. 产地；H. 可参加抽奖；I. 其他_____（请列明）

续上表

问题	回答
7. 请问您在购买可乐时,是否会指定品牌呢?	A. 一定指定品牌;B. 指定品牌,但不坚持非要这种品牌不可;C. 不指定品牌
8. 请问可乐对您而言,需要程度如何呢?	A. 绝对需要;B. 需要;C. 可有可无;D. 不很需要;E. 根本不需要
9. 请问您认为喝可乐对人体健康有帮助吗?	A. 有帮助;B. 毫无帮助;C. 反而有害
10. 请问您认为我们××可乐公司应该在哪些方面做出改进?	A. 香味;B. 颜色;C. 商标;D. 包装样式;E. 大小;F. 形状;G. 其他_____(请列明)
11. 希望您能为我们××可乐公司提一些改进的具体建议。	
12. 请问您的年龄?	A. 20岁以下;B. 20～29岁;C. 30～39岁;D. 40～49岁;E. 50～59岁;F. 60岁以上
13. 请问您的学历?	A. 中学以下;B. 中学;C. 大学;D. 大学以上
14. 请问您的职业?	
15. 请问您的家庭人口数?	A. 1人;B. 2人;C. 3人;D. 3人以上
16. 请问您家的月收入?	A. 1000元以下;B. 1000～3000元;C. 3000～5000元;D. 5000～7000元;E. 7000～9000元;F. 9000元以上
谢谢您的回答!调查员姓名_____ 时间_____年___月___日	

2. 调查对象的选择

调查的结果应该具有代表性,但是要想对大多数商品的消费者进行全面的调查是极其困难的,或者说几乎是做不到的,而且也不应该这样做。有经验的调查人员只要通过抽取比较少的样本,就能得到可靠的资料,这就是抽样调查。

抽样调查是一种非全面调查。它是根据概率分布的原则,从被调查总体中抽出一部分单位作为样本进行调查，以此推断总体的一种方法。这种方法可能产生一些误差，但它比普查花费的时间少，成本低，并且有些无法进行市场普查的内容也可以采用，无力进行普查的企业也能进行。同时，在经过普查的地方，还可以利用抽样调查对普查的资料进行核对和修正。所以，抽样调查是调查中常用的方法，已被广泛用于企业的市场调查中。抽样方法包括随机抽样和非随机抽样。

（1）随机抽样。是指按照一定概率从总体中抽取一定数量的被调查单位，收集数据信息，并据此估计总体情况。

1）简单随机抽样。是指直接从总体中按机会均等原则抽取一定数量的被调查单位作为样本。当总体内各调查单位标志值没有明显的差别时可采用这种简单随机抽样的方式。具体的方法有任意随机抽样、等距随机抽样和随机号码表抽样。

2）分层随机抽样。当总体内各调查单位标志值差异显著时，可以按差异大小将总体单位分为若干层，使同一层内差异变小，而不同层之间差异仍较大，然后在每层内进行简单随机抽样。如按消费者的年龄、性别、职业等分层，然后从各层中随机抽取一定数量的样本进行调查。具体的方法有分层同比随机抽样、分层异比随机抽样和多次分层随机抽样。在总抽样数量固定情况下，分层随机抽样的抽样误差要小于简单随机抽样。

3）分群随机抽样。是指对总体按访问的方便性进行分群，要求各群之间在差异程度上尽可能相似，且每一群都尽量与总体的差异程度相似，按简单随机抽样抽出若干群，再对被抽取的群进行普查。

应采用分群抽样还是分层抽样，主要是看总体调查对象的情况。如果总体调查对象中各个调查单位差别明显，宜采用分层抽样；如果总体调查对象中各个调查单位差别不明显，则只能按地域或其他标准来分群。如某学院需调查学生的收入和支出状况，可按简单随机抽样先抽出若干班级，再对被抽取的班级的学生逐一进行调查。

（2）非随机抽样。是指按照调查者主观确定的标准从总体中抽取若干被调查单位，收集数据和信息。

1）任意抽样。是指调查者根据方便与可能而主观随意地抽取被调查单位的抽样方法。其特点是简便快捷，但代表性较差。如在街头任意找几个行人询问他们对某种产品的看法和印象。

2）判断抽样。调查者根据主观判断选择适合调查目的的被调查单位。其特点是简便快捷，抽样误差与调查者的经验和判断力有很大的关系。

3）配额抽样。首先按调查者事先选定的分类特性对总体进行分类，这一点很像分层随机抽样，并规定各类中的抽样数量，但具体抽样操作是按判断抽样法进行的。

调查中抽样的多少，从数据的准确性来看，是越多越好，但数据越多，成本也越高。因此，抽样的数量应按照被调查事物的性质确定，如果被调查对象之间的差距不大，采用少量样本即可；如果差距大，则需多抽样。

第二节 市场需求测量

一、市场需求及其相关概念的含义

1. 市场需求

市场需求是指某一产品在一定的地理区域、一定的时间、一定的市场营销环境中实施一定的市场营销方案时，特定消费群体愿意购买的该产品的总量。市场需求不是固定的数字，而是在给定条件下的函数。因此，市场需求也被称为市场需求函数。市场需求对基本条件的依赖关系如图 5-3（a）所示。横轴表示特定时期内行业市场营销费用的可能水平，纵轴表示由此产生的需求水平，曲线则表示市场需求与行业市场营销费用的关系。

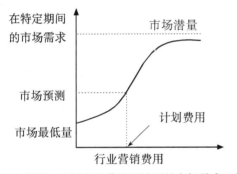
（a）假设一个特定的营销环境下的市场需求函数

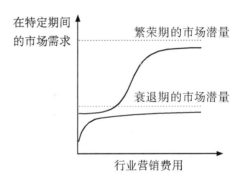
（b）假设两个不同的营销环境下的市场需求函数

图 5-3 市场需求与行业营销费用

2. 市场预测

市场预测表示在一定的环境条件下和市场营销费用下估计的市场需求。

3. 市场潜量

市场预测是指预期的市场需求，而不是最大的市场需求。要达到最大的市场需求，可以设想必须有很高的行业市场营销费用时才可能，而且再增加市场营销费用，对刺激需求的效果微乎其微。市场潜量是指在特定的营销环境下，随着行业市场营销费用的无限增长，市场需求所能达到的极限。

"特定的市场环境"在市场潜量的概念中是很重要的。比较衰退期与繁荣期的汽车市场潜量，可以看到繁荣期的市场潜量较高。也就是说，市场需求是具有收入弹性的。市场潜量对环境的依赖关系如图5-3（b）所示。因此，市场分析人员必须区分市场需求函数的位置同沿曲线的移动之间的差异。公司对市场需求函数的位置无能为力，它是由市场营销环境所决定的。但公司在决定了市场营销费用后，能影响自己在需求函数上的位置。

4. 公司需求

公司需求是指在市场需求总量中企业所占的份额。用公式表示就是：

$$Q_i = S_i Q$$

式中：Q_i——公司 i 的需求；

S_i——公司 i 的市场份额；

Q——市场总需求。

公司在市场需求上的份额依赖于它的产品、服务、价格、沟通等相对于竞争者而言的水平。在其他因素都相同的情况下，公司的市场份额则依赖于它的市场营销费用相对于竞争者而言的规模与效果。

5. 公司预测

公司预测是指与企业选定的营销计划和假定的营销环境相对应的销售额，即预期的企业销售水平。公司预测是一个假设的营销计划的结果，而不是决定营销费用和营销努力的依据。应当是先有营销计划，后有公司预测，而不是相反。公司预测常与两个概念相关：一是销售定额，指针对某一产品线、公司事业部或销售代表而设定的销售目标，是一个明确和激励销售努力的基本管理工具；二是销售预算，指对预期销售量的一种保守估计，为生产前的采购、生产和现金流量决策服务。

6. 公司潜量

公司潜量是指当企业的市场营销力量相对于竞争者不断增加时，企业需求所达到的极限。很明显，企业需求的绝对极限是市场潜量。如果企业的市场占有率为100%，即企业成为独占者时，企业潜量就等于市场潜量。但这只是一种极端状况。在大多数情况下，企业销售量小于市场潜量。这是因为每个企业都有自己的忠诚购买者，他们一般不会转而购买其他企业的产品。

二、估计当前市场需求

企业估计当前市场需求，就是要测量总的市场潜量、区域市场潜量、实际销售额和市场占有率。

1. 总市场潜量

总市场潜量是指在一定期间内，一定水平的行业市场营销力量下，在一定的环境条件下，一个行业中所有企业可能达到的最大销售量。用公式表示为：

$$Q = nqp$$

式中：Q——总市场潜量；

n——既定条件下，特定产品的购买者数量；

q——平均每个购买者的购买数量；

p——产品价格。

由此，我们可推导出另一种计算总市场潜量的方法，即连锁比率法。当估计一个量的各个组成部分比直接估计该量更容易时，可以考虑采用这种方法。假定某啤酒厂开发了一种新啤酒，在估计其市场潜量时，可以借助下式：

新啤酒需求量 = 人口 × 人均个人可随意支配收入 × 个人可随意支配收入中用于购买食物的百分比 × 食物花费中用于饮料的平均百分比 × 饮料花费中用于酒类的平均百分比 × 酒类花费中用于啤酒的平均百分比

企业在应用连锁比率法时，应从一般有关要素移向一般产品大类，再移向特定产品，如此层层往下推算。

2. 区域市场潜量

企业不仅要测量总的市场潜量，还要选择将要进入的最佳区域，并在这些区域合理分配营销资源，评估其在各个区域的市场营销效果。为此，企业有必要估计各个不同区域的市场潜量。较为常用的方法有两种：市场累加法，主要为产业用品生产企业采用；购买力指数法，主要为消费品生产企业采用。

（1）市场累加法。该方法是先确认某产品在每一个市场的可能购买者，之后将每一个市场的估计购买潜量加总合计。当企业掌握所有潜在买主的名单以及每个人可能购买产品的估计量时，可直接应用市场累加法。

（2）购买力指数法。也称为多因素指数法，是指借助于该地区相关的各种指数，（如：区域购买力占全国总购买力的百分比，该区域个人可支配收入占全国的百分比，该区域零售额占全国的百分比，居住在该区域的人口占全国的百分比，等等）来估计其市场潜量的方法。一个著名的区域需求多因素指数是美国的《销售与市场营销管理》杂志公布的"购买力年度调查"，并提出某个地区的相对购买力指数可由下式求得：

$$B_i = 0.5Y_i + 0.3R_i + 0.2P_i$$

式中：B_i——i 区域的购买力占全国总购买力的百分比；
　　　Y_i——i 区域个人可支配收入占全国的百分比；
　　　R_i——i 区域零售额占全国的百分比；
　　　P_i——居住在 i 区域的人口占全国的百分比。

上述公式用于反映许多消费品的市场潜量，但不包括高档奢侈品。0.5、0.3、0.2 是三个因素的权数，表明该因素对购买力的一般影响程度。但这种加权不是一成不变的，产品不同，权数应有所调整。企业可用回归分析法求出最适合其产品的权数，来估计其产品的区域市场潜量。

3. 实际销售额和市场占有率

企业不仅要估计总市场潜量和区域潜量，还要了解本行业的实际销售额。这意味着要确认它的竞争对手及其销售额。

企业一般可通过国家统计部门公布的统计数字，新闻媒介公布的数字，也可通过行业主管部门或行业协会所收集和公布的数字，了解全行业的销售额。通过对比分析，可计算本公司的市场占有率，还可将本公司市场占有率与主要竞争对手比较计算相对市场占有率。例如，如果企业的销售额年增长率为 6%，而整个行业的增长率为 10%，这就意味着企业的市场占有率在下降，企业在行业中的地位已被削弱，而竞争者却发展迅速。

企业还可通过向专业的营销调研公司购买相关调查报告和资料，以获悉总的产品品种销售额和品牌销售额。同时，把自身的绩效与行业绩效或其竞争者绩效相比较，可以估计和测算出企业的实际销售额和市场份额。

三、市场需求预测方法

1. 定性预测方法

定性预测方法又称为主观预测方法，是指依靠人的经验和主观判断并进行逻辑推理，对事物未来变化趋势进行估计和推测的方法。

（1）购买者意向调查法。是指通过直接询问购买者的购买意向来预测产品销售量。一般来说，在满足三个条件的情况下，购买者意向调查法比较有效：一是购买者的购买意向是明确清晰的，二是这种意向会转化为顾客购买行动，三是购买者愿意把其意向告诉调查者。

对于耐用消费品，如汽车、房屋、家具、家用电器等的购买者，调查者一般要定期进行抽样调查。另外，还要调查消费者目前和未来个人财力情况以及他对未来经济发展的看法。对于产业用品，企业可以自行从事顾客购买意向调查。通过统计抽样选取一定数量的潜在购买者,访问这些购买者的有关部门负责人。通过访问获得的资料以及其他补充资料,企业便可以对其产品的市场需求做出估计。

调查购买者意向的具体方法比较多,如直接访问、电话调查、邮寄调查、组织消费者座谈会等。例如,采用概率调查表向消费者调查耐用消费品购买意向,可能收到较好效果。调查表见表5-2。

表5-2 购买意向概率调查

在今后3个月内你打算购买笔记本电脑吗?					
0.00	0.20	0.40	0.60	0.80	1.00
不买	不太可能	有点可能	很有可能	非常可能	要买

(2)销售人员意见综合法。是指通过听取销售人员的意见预测市场需求。销售人员最接近顾客,对顾客意向有较全面深入的了解,熟悉所管辖区域的情况,能考虑各种非定量因素的作用,较快做出反应。但每个销售人员的预测受主观经验、环境观察能力和预测能力的影响,销售人员的预测与市场客观实际之间都会有一定误差。因此,仅凭个别销售人员的意见作为未来产品销售的预测值有很大风险。可选择较多的销售人员参与决策,采用一定的方法加以综合,使过高或过低的预测值互相抵消,提高预测结果的准确性和合理性。见表5-3。

表5-3 销售人员销售预测意见综合

销售人员	预测项目	销售额(万元)	概率	销售额×概率
张	最高销售	6 000	0.2	1 200
	可能销售	5 100	0.5	2 550
	最低销售	4 200	0.3	1 260
	期望值			5 010
王	最高销售	5 500	0.3	1 650
	可能销售	4 000	0.6	2 400
	最低销售	2 600	0.1	260
	期望值			4 310
李	最高销售	6 200	0.2	1 240
	可能销售	4 800	0.6	2 880
	最低销售	3 600	0.2	720
	期望值			4 840

如果三人素质接近,权重相同,则平均销售预测值为(5010+4310+4840)/3=4720(万元)。

(3) 专家意见法。是指专家们根据预测的目的和性质，通过对过去和现在的情况分析，凭借自己的知识、经验对未来可能出现的趋势做出合理的判断和预测的方法。专家预测法的形式有多种。例如，可以召集专家成立专家小组，事先给出一个预测意见，然后以会议的形式由专家商讨、评判，做出结论；或者参加会议的专家们各自拿出自己的意见，通过讨论、分析，最后由权威人士进行综合，作出结论。由于这两种形式均是"面对面的"，容易产生相互抵触感，有可能影响预测的准确性，因此在实际的预测实践中，常常使用的专家预测法是德尔菲法。

德尔菲法俗称"背靠背"法，即以匿名的方式通过多轮讨论征询专家意见，综合汇总，最后得出预测结果的一种方法。德尔菲法具体做法如下：首先，将预测主题提供给专家，并要求每位专家针对预测主题，提供预测项目，并说明理由。其次，将专家的意见汇总整理后，做适当的定量处理，把具有收敛特征的预测意见按照各位专家提供的依据和理由，再次寄给专家，要求专家进一步论证或补充意见。如此反复，直到达成统一认识，总结出预测结果为止。

德尔菲法既避免了因面对面方式的讨论形成的相互抵触，便于专家的独立思考，又发挥了集体讨论的特长，使专家在集体意见反馈中得到启发，克服自己意见的主观性和片面性，有助于提高预测结果的可靠性和全面性。但是，采用德尔菲法进行预测时，由于预测的时间较长，有可能会使预测结果滞后，影响实际的经济活动。因此，在进行预测时需要有充分的准备。

(4) 市场试验法。企业收集到的各种意见的价值，不管是购买者、销售人员的意见，还是专家的意见，都取决于获得各种意见的成本、意见可得性和可靠性。如果购买者对其购买并没有认真细致的计划，或其意向变化不定，或专家的意见也并不十分可靠，在这种情况下，就需要利用市场试验这种预测方法。其特点是在预测一种新产品的销售情况和现有产品在新的地区或通过新的分销渠道的销售情况时，利用这种方法效果最好。

2. 定量预测方法

定量预测方法，是根据历史数据，应用数理统计方法来推测事物的发展情况，或利用事物内部因果关系来预测事物发展的未来状况的方法。

(1) 时间序列分析法。很多企业以过去的资料为基础，利用统计分析和数学分析预测未来需求。先将以前的销售 Q 分解成四个组成部分：

1) 趋势（T）。它是人口、资本积累和技术等的发展趋势。利用过去有关的销售资料描绘出销售曲线就可以看出某种趋势。

2) 周期（C）。是指销售的波浪形变化。因为企业销售一般都受到宏观经济活动的影响，而宏观经济活动总呈现出某种周期性波动的特点。周期因素在中期预测中尤其重要。

3）季节（S）。是指一年内销售量变动的固定形式。"季节"一词在这里可以指任何按小时、月份或季度周期发生的销售量变动形式。这个组成部分一般与气候条件、假日、贸易习惯等有关。季节形式为预测短期销售提供了基础。

4）不确定事件（E）。包括自然灾害、战争恐慌、一时的社会流行时尚和其他一些干扰因素。这些因素属不正常因素，一般无法预测，应当从过去的数据中剔除这些因素的影响，以便能考察较为正常的销售变化。

时间序列分析就是把过去的销售序列 Y 分解为趋势项（T）、周期项（C）、季节项（S）和不确定项（E）等组成部分，通过对未来这几个因素的综合考虑，进行销售预测。这些因素可构成线性模型，即 $Y = T + C + S + E$，也可构成乘数模型，即 $Y = T \cdot C \cdot S \cdot E$，还可构成混合模型，如 $Y = T \cdot (C + S + E)$。

（2）直线趋势法。是指运用最小二乘法进行预测，用直线斜率来表示增长趋势的一种外推预测法。

设 y 为销售预测的趋势值，x 为预测时间，则预测模型为：

$$y = a + bx$$

式中：a——直线在 y 轴上的截距；

b——直线斜率，代表平均增长率。

根据最小平方法原理，先计算 $y = a + bx$ 的总和，即

$$\sum y = na + b \sum x$$

然后计算 $\sum xy$ 的总和，即

$$\sum xy = a \sum x + b \sum x^2$$

上述两式的共同因子是 $\sum x$。为简化计算，可将 $\sum x$ 取 0，其方法为：若 n 为奇数，则取 x 的间隔为 1，将 $x = 0$ 置于资料期的中间一期；若 n 为偶数，则取 x 的间隔为 2，将 $x = -1$ 与 $x = 1$ 置于资料期的中间上下期。

当 $\sum x = 0$ 时，上述两式分别变为

$$\sum y = na$$

$$\sum xy = b \sum x^2$$

式中：n 为年份的数目。

由此计算出 a，b 的值为

$$a = \frac{\sum y}{n}$$

$$b = \frac{\sum xy}{\sum x^2}$$

所以

$$y = \frac{\sum y}{n} + \frac{\sum xy}{\sum x^2} \cdot x$$

相关链接

假如某企业 2005—2009 年的销售额分别为 480 万元、530 万元、540 万元、570 万元、580 万元，现需运用直线趋势法预测 2010 年的销售额。由于 $n=5$ 为奇数，且 x 的间隔为 1，故可将 $x=0$ 置于资料期的中间一期（即 2007），x 的取值依次为 -2，-1，0，1，2，xy 依次为 -960，-530，0，570，1160，x^2 依次为 4，1，0，1，4，所以

$$\sum y = 2700 \text{ 万元}$$
$$\sum xy = 240 \text{ 万元}$$
$$\sum x^2 = 10$$

代入公式，则得

$$y = \frac{2700}{5} + \frac{240}{10} \cdot x = 540 + 24x$$

预测 2010 年的销售额，将 $x=3$ 代入上式，则得

$$y = 540 + 24 \times 3 = 612 \text{（万元）}$$

（3）统计需求分析法。时间序列分析法将过去和未来的销售都看做时间的函数，即假定销售仅随时间的推移而变化，而不受其他现实因素的影响。但是，任何产品的销售都要受到很多现实因素的影响。统计需求分析法就是运用一整套统计学方法发现企业销售的最重要的影响因素以及这些因素影响的相对大小。企业经常分析的因素主要有价格、收入、人口和促销等。

统计需求分析将销售量 Q 视为一系列独立需求变量 x_1，x_2，$\cdots$，x_n 的函数，即

$$Q = f(x_1, x_2, \cdots, x_n)$$

但是，这些变量与销售量之间的关系一般不能用严格的数学公式表示出来，只能用统计分析来揭示和说明。在运用多元回归技术寻找最佳因素和方程的过程中，可以找到

多个方程,这些方程均能在统计学意义上较好地拟合样本数据。

在运用统计需求分析法时,应注意影响其有效性的问题:一是观察值过少,二是各变量之间高度相关,三是变量和销售量之间的因果关系不清,四是未考虑到新变量的出现。

本章小结

1. 市场营销调研主要分为探测性调研、描述性调研、因果性调研和预测性调研四种。

2. 一般来说,市场营销调研主要涉及市场营销环境因素、营销组合因素以及市场容量大小等方面的内容。

3. 市场营销调研的工作程序遵循三阶段五步工作法,即调查准备阶段(明确问题、制订调研计划)、正式调查阶段(组织实施计划)、结果处理阶段(分析调查资料、提出研究报告)。

4. 可供市场调研选择的方法有文案调查和实地调查。

5. 市场调研的技术主要包括市场调研表的设计和调研对象的选择。

6. 市场预测是指在一定的环境条件下和市场营销费用下估计的市场需求。市场预测可通过购买者意向调查法、销售人员意见综合法、专家意见法、市场试验法、时间序列分析法、直线趋势法、统计需求分析法等取得所需信息。

关键概念

市场营销调研　探测性调研　描述性调研　因果性调研　预测性调研　文案调查　访问调查　观察调查　实验调查　抽样调查　随机抽样　非随机抽样　市场需求　市场潜量　德尔菲法　时间序列法　定性预测方法　定量预测方法

练习与思考

一、判断正误

1. 市场营销调研中,购买者数量调查指的是现实购买数量的调查。(　　)

2. 实地调查应该注意收集原始资料,而不是第二手资料。(　　)

3. 访问法是市场调查最常用的方法。(　　)

4. 市场预测是指预期的市场需求,是最大的市场需求。(　　)

5. 市场累加法,主要为产业用品生产企业采用;购买力指数法,主要为消费品生产企业采用。(　　)

6. 定性预测方法又称为主观预测方法，包括时间序列分析法、直线趋势法和统计需求分析法等方法。（ ）

7. 市场试验法属于定量预测的方法。（ ）

8. 专家意见法这种形式均是"面对面的"，较容易产生相互抵触感，有可能影响预测的准确性。（ ）

9. 将某种经济统计指标的数值，按时间先后顺序排列形成序列，再将此序列数值的变化加以延伸，进行推算，预测未来发展趋势，是直线趋势法。（ ）

二、单项选择

1. 以调查某一时期某种产品的销量为何大幅度滑坡为目的的市场调查研究是（ ）研究。
   A. 探测性　　　B. 描述性　　　C. 因果关系　　　D. 预测性

2. 市场需求潜量是指（ ），随行业营销环境变化和营销努力，该行业中特定产品可达到的最大市场需求量。
   A. 曾经达到目前没有达到　　　B. 在特定的营销环境
   C. 特定的时间　　　　　　　　D. 对市场最乐观的估计

3. 某DCD制造公司近年来销售额一直处于增长状态，但从市场反馈来的消息说，该公司的市场占有率在逐年下降。听到这一消息后，公司经理十分震惊。于是，他指示市场营销部部长对其原因进行认真的调研。为组织好这次调研，市场营销部部长首先进行了一次小范围的调研。该调研属于（ ）。
   A. 探测性调研　　　　　　　　B. 描述性调研
   C. 因果性调研　　　　　　　　D. 预测性调研

4. 下列调查活动不属于描述性调查的有（ ）。
   A. 市场占有率调查　　　　　　B. 新产品开发调查
   C. 消费者行为调查　　　　　　D. 销售量下降原因调查

5. 对经济因素的市场调研不包括（ ）。
   A. 宗教信仰　　　　　　　　　B. 国民收入
   C. 居民存款额　　　　　　　　D. 物价水平

6. 市场营销调研的第一步是（ ）。
   A. 分析调查资料　　　　　　　B. 组织实施计划
   C. 制订调研计划　　　　　　　D. 明确问题

7. 观察法主要适用于（ ）。
   A. 观察事物的内在联系　　　　B. 了解消费者需求偏好和行为动向
   C. 测量因变量的变化与影响　　D. 解释消费者行为的动机

8. 采取不署名和反复进行的专家预测方法称为（　　）。
   A. 专家小组讨论法　　　　　　B. 单独预测集中法
   C. 德尔菲法　　　　　　　　　D. 时间序列分析法
9. 在市场需求估计中，区域市场潜量估计反映的是（　　）。
   A. 企业估计的销售额　　　　　B. 企业需求的极限
   C. 相对的企业机会　　　　　　D. 相对的行业机会

三、问答题

1. 市场营销调研的内容有哪些？
2. 市场营销调研过程包括哪些步骤？
3. 观察法可分为哪些类型？
4. 开展市场调研应如何设计调查表？
5. 购买者意向调查法在哪些情况下比较有效？
6. 市场需求预测中应深入研究哪些因素？
7. 在运用统计需求分析法时，应注意影响其有效性的哪些问题？
8. 市场预测的方法主要有哪些？

案例研讨　李宁公司的困惑

一、李宁困局

李宁公司2014年上半年巨亏5.86亿元，在6家本土运动品牌（安踏、李宁、特步、361度、匹克、中国动向）中，是唯一一家。而从收入规模来看，其"老大"的位置已经被安踏牢牢占据，一时半会难以重返王座。而中国动向在收入这一个指标上，也是唯一一家出现两位数下滑的公司。中国动向辉煌的时候，排位一度在匹克、特步之前，现在却沦落到垫底的位置。

在外界看来，李宁推出的那场失败的"90后"战略是造成上述这一切的重要原因之一。

2010年，李宁公司开始品牌重塑，选择了全面拥抱"90后"这一年轻消费群体，但新用户不买账，老用户不埋单。

二、为何如此？

作者的观点：

（1）李宁进行品牌年轻化的决策是正确的，面向"90后"的方向也是正确的；

（2）李宁的问题在于不了解"90后"，没有用正确的方法与"90后"沟通，没有用"90后"喜欢的方法去打动他们，而仅仅是贴了张标签。

三、聊聊"90后"

1. 他们不是统一型号的社会产品，拒绝被标签化

在CMI校园营销研究院2011年度"'90后'的数字化生活"研究报告中，我们能看到，拒绝标签化是"90后"最大的共性。他们拒绝被代表，与其他几代人相比，"90后"的个性是突出的、鲜活的；而从每个个体去看，"90后"的个性是多元的、差异化的。

2. 指尖上的一代

"90后"是互联网一代，"90后"大学生群体普遍对互联网产生了心理依赖，正过着一种"链接"的生活，即随时随地地上网，生活高度依赖网络。他们之中有3/4的人的网龄超过3年，平均每天花费18%的时间上网，而一般的中国城市居民平均只花费13%的时间在网上。对于他们来说，互联网已经远远不仅仅是一个工具，而是一种生活方式。

"90后"大学生群体将会是移动互联发展的关键人群。据"'90后'的数字化生活"研究报告显示，受访的86%的"90后"大学生都是通过手机上网，其次才是笔记本电脑和台式机电脑，分别是79%和40%。在中国网民中，使用移动互联网的比例只有66%。"90后"大学生更容易接受移动互联这样的新事物。

3. "90后"的消费观是"只要我喜欢"

"90后"有鲜明的自我意识。他们坚持自我，在认定的事情上不会轻易妥协。在日常的消费生活中，"我"是最优先考虑的因素——我想要、我喜欢、适合我。但是，他们当中又很少有人会进行冲动消费，在大多数消费情境中，他们都表现得颇为理智。而且他们喜欢新鲜事物，会做一些低成本的尝鲜消费。

品质是"90后"大学生最为看重的商品价值。需要特别指出的是，这个群体对品质的认知是通过品牌和价格来完成的。品质可以从品牌中体现，包含两层意思。首先，有品牌比没品牌更有品质保证；其次，名牌比普通品牌更有品质保证。品质可以从价格中体现，一分钱一分货。这种传统的消费观仍得到不少"90后"大学生的认可。

4. 自我意识的觉醒

"90后"大学生的自我意识开始觉醒，由此带来的一个直接效应就是人的思想不再拘泥于传统的责任意识和国家前途，而是更多地从自我出发，以个人价值权衡。另外，"90后"一代表现自我的意愿更为强烈。一方面，他们借助互联网工具上传照片、视频、日志来展示自己的生活；另一方面，"90后"在日常的学习和生活中，也更具表现力。

虽然"90后"比较关注自我，但是他们更加尊重人的个性和自由，对不同的观念和行为表现出更多的包容。同时，"90后"大学生是富有创新精神的一批人，他们对新

鲜事物充满好奇心，他们也有能力去创新。而"90后"大学生对新事物、新思想的接受程度及开阔的视野，也使他们有能力提出正确的见解，参与家庭消费决策。

四、"90后"李宁的问题

1. 品牌缺乏清晰定位，与"90后"缺乏情感连接

李宁不被"90后"喜爱的一个重要问题是缺乏品牌内涵：李宁公司到底是什么？它传递的品牌理念是什么？它与耐克、阿迪达斯等国际品牌的区别在哪里？与以"晋江帮"为代表的国内二线品牌的区别在哪里？对这些问题一直没有给出清晰的答案，也就无法给"90后"一个很有效的情感连接。

2008年北京奥运会开幕式上，李宁点燃火炬，这是耐克、阿迪达斯以及"晋江帮"们永远无法企及的高度，也是无法赶超的独特价值。可惜的是李宁公司没有顺势打好这手好牌，因为他们已经把李宁本人的品牌价值视为现阶段最大的包袱，几年来一直在做品牌上的"去李宁化"，但他们没有想过李宁与李宁公司浑为一体，形成了李宁公司的"核心品牌价值"。

李宁公司最核心的资产是李宁，最重要的品牌重塑应该是对"李宁"品牌的维护和管理。李宁公司太不懂"90后"了，以至于他们根本不知道"90后"最崇拜的偶像是他们的父辈，而不是那些明星。其实让李宁为自己代言更能打动"90后"，与"90后"建立紧密的情感连接。

2. 陷入主观的"90后"

李宁推出的"90后"品牌和产品，以及相应的市场营销活动都是针对臆想中的"90后"，而不是客观的"90后"。想要打动"90后"，需要深刻地理解他们，洞察他们的潜在心理需求，从他们的价值观、情感需求、消费观念以及对品牌和产品的偏好入手，制定完善的沟通机制、定价策略、内容与渠道，而不是简单地推断他们是新潮、追求酷和时尚的，就贸然去迎合，这样一来，不成功是必然的。

五、如何营销"90后"

"90后"生长在互联网时代，对他们进行营销必须有所创新。在生活和消费层面，"90后"更在意"圈群"这类网络群体的意见。网络传播形成的超越时空的虚拟"小群体"，在某种意义上讲，比现实的消费者细分来得更为聚焦和纯粹，对品牌传播的直达非常有利。

解决问题的关键还在于，找到与"90后"的沟通方式，与他们建立紧密的情感连接。面对极度推崇个性与自我的"90后"群体，传统的宣传媒介已经逐渐丧失了话语权。

怎样的营销方式才能有效地打动他们呢？"90后"群体们喜欢标榜个性、重视原创，乐于跟随潮流，敢于接受新的事物，欣赏具有文化内涵的产品，热衷网络文化、运

动竞技，重视同学朋友情谊，体验参与的过程和乐趣。在面对"90后"群体时，过去那种只是投放几则幽默风趣的广告，或是狂轰滥炸的明星代言已经行不通了，要想打动"90后"，最好的办法就是与他们零距离接触，让他们体验产品、体验品牌、体验文化，他们需要获得亲身体验后的快感，才会考虑是否跟你成交。

[资料来源：纪中展：《李宁，你搞不定90后！》[OL]，虎嗅网，2012-08-07]

讨论题：
1. 市场调研有哪几种方法？作者采用了哪些方法？你认为哪种调查方法更有效？
2. 作为"90后"，你同意作者的观点吗？请阐述理由。
3. 请为李宁公司设计一份针对"90后"消费者的市场调查问卷。
4. 以小组为单位，为李宁公司做一次实地调查，并写出调查报告。

第六章
STP战略

本章要点
◎市场细分的概念
◎市场细分的变量
◎市场细分的原则
◎目标市场选择模式
◎目标市场战略
◎市场定位的概念
◎市场定位的步骤
◎市场定位的战略

从第二章到第四章我们详细介绍了市场环境和市场需求分析的途径及方法。本章主要阐述企业营销战略的制定。企业必须首先确立 STP 战略,即根据市场需求和自身的特点,扬长避短,选择所从事经营活动的目标市场,并在目标市场上树立自己的独特形象,进行有效的市场定位,才能进一步确定企业市场竞争战略,并制定相应的市场营销组合策略,最终赢得市场。

营销大师科特勒曾说:"现代战略营销的中心,可定义为 S.T.P 市场营销——就是市场细分(Segmentation)、目标市场(Targeting)和市场定位(Positioning)。"

顾客,是一个庞大而复杂的群体,其购买习惯、收入水平、消费心理和所处的文化环境等都存在着很大的差别。不同的消费者,对同一类产品消费需求和消费行为都具有很大的差异性。任何一个企业都无法满足整体市场的全部需求。因此,细分市场和目标市场营销战略就至关重要。如图 6-1 所示。

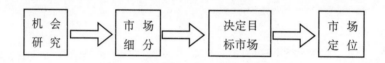

图 6-1 战略性市场营销的决策流程

企业需要将顾客对某一类产品的需求细分为若干个群体,然后结合特定的市场环境和资源条件选择特定群体作为企业的目标市场,并制定有针对性的市场营销战略和策略。本章要求读者掌握市场细分的方法、选择目标市场的方法和制定市场定位战略。

第一节 市场细分战略

市场细分是企业战略营销活动中一个最重要的环节,是以顾客需求的某些特征或变量为依据,区分具有不同需求的顾客群体。经过市场细分,在同类产品市场上,就某一细分市场而言,顾客需求具有较多共同性,不同细分市场之间的需求具有较多差异性。企业应明确有多少细分市场及各细分市场的主要特征。

市场细分既是企业了解市场及其竞争结构的基础,也是企业市场决策的基础。如果企业不能正确地细分其市场,它也无法制定有效的市场决策。

一、市场细分概述

1. 市场细分的产生与发展

市场细分是 20 世纪 50 年代中期美国市场营销学家温德尔·斯密（Wendell R. Smith）在总结西方企业市场营销实践经验的基础上提出来的。它不仅仅是一个抽象的理论，而是更具有很强的实践性。从总体上看，市场细分从根本上决定了企业的营销战略。市场细分理论和实践的发展主要经历了以下三个阶段。

（1）大量营销阶段。早在 19 世纪末 20 世纪初，即资本主义工业革命阶段，整个社会经济发展的重心和特点是强调速度和规模，以卖方市场为主导。在此情形下，企业市场营销的基本方式是大量营销，即大批量生产品种规格单一的产品，并且通过广泛、普遍的分销渠道销售产品。企业降低了产品的生产成本，获得了丰厚的利润。因此，企业没有必要研究市场需求，市场细分战略也就不会产生。

（2）产品差异化营销阶段。20 世纪 30 年代发生了资本主义经济危机，西方企业出现产品严重过剩的情况，市场迫使企业转变经营观念，导致营销方式开始从大量营销向产品差异化营销转变，即向市场推出许多与竞争者产品不同的，具有不同质量、外观、性能的品种各异的产品。产品差异化营销相对于大量营销来说是一种进步。但是，由于企业仅仅考虑自己现有的技术能力，而忽视对顾客需求的研究，缺乏明确的目标市场，产品试销的成功率依然很低。因此，在产品差异化营销阶段，企业仍然没有重视研究市场需求。

（3）目标营销阶段。20 世纪 50 年代以后，在科学技术革命的推动下，生产力水平大幅度提高，生产与消费的矛盾日益尖锐，以产品差异化为中心的营销方式不能解决企业所面临的市场问题。于是，市场迫使企业再次转变经营观念和经营方式，由产品差异化营销转向以市场需求为导向的目标营销，即企业在研究市场和细分市场的基础上，结合自身的资源与优势，选择其中最有吸引力和最能有效地为之提供产品和服务的细分市场作为目标市场，设计与目标市场需求特点相互匹配的营销组合。于是，市场细分战略应运而生。

市场细分理论的产生，使传统营销观念发生了根本性变革，在理论和实践中，都产生了极大影响，西方理论家称之为"市场营销革命"。

市场细分理论产生之后，经过了一个不断完善的过程。最初，人们认为把市场划分得越细，越能适应顾客需求，从而通过增强企业产品的竞争力来提高利润率。20 世纪 70 年代以来，由于整个经济不景气，使得消费者可支配收入出现不同程度的下降。人们在购买商品时，更多地注重对价值、价格和效用的比较。显然，过度细分市场必然导致企业营销成本上升而减少总收益。于是，西方企业界又出现了一种"市场合同化"的理论，主张从成本和收益的比较出发，对市场进行适度细分。这是对过度细分的反思和矫正，不仅使市场细分理论得到不断的发展和完善，对企业市场营销具有更强的可操作性。

2. 市场细分的原理与理论依据

消费需求存在绝对差异性形成了市场细分的必要性，而消费需求存在相对同质性则形成了市场细分的可能性。见图6-2。

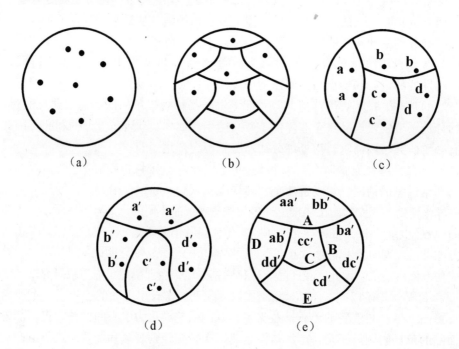

图6-2 细分市场的方法

市场细分实际上是一个将消费者需求差异集聚和分解共同作用的过程。一种产品或劳务的市场可以有多种划分方法。图6-2（a）表示在未进行市场细分之前的一个含有八个顾客的市场，假若这八个顾客对某种产品的需求与欲望是完全一致的，市场无需进行细分。相反，当这八个顾客的需求具有不同特点时，则每一种有特色的需求都可以视为一个细分市场。如图6-2（b）所示，企业的市场营销若能有针对性地满足这八个顾客具有不同特色的需求是最为理想的。但这种情况对企业而言，是极其困难的，因为这需要受到许多营销因素（特别是企业预期利润目标）的制约和影响。一般情况下，营销管理人员会按照"求大同、存小异"的原则，进一步归纳这些不同需求。而且在现实生活中，顾客的需求与欲望也会有相似之处。图6-2（c）中以购买者的收入作为划分的标准，则可分割为四个子市场，表示不同收入层的顾客对产品有不同的需求。若以年龄作为划分的标准，以上八个顾客又可以划分为另外四个子市场，图6-2（d）表示年轻顾客和老年顾客对同一产品具有不同偏好。假如我们以年龄和收入两个因素作为划分的标准，以上八个顾客又可以划分为图6-2（e）五个市场：A市场由一个a级收入和a'级年龄的顾客、一个b级收入及b'级年龄的顾客组成，B市场由一个b级收入和a'级年龄的顾客、一个d级收入及c'级年龄的顾客组成，其余依次类推。后面还将结合市场细分标准进一步给予说明。

二、市场细分变量

1. 消费者市场细分变量

市场细分理论在企业营销中得到普遍应用，消费者市场细分标准可归纳为四大类：地理环境因素、人口因素、消费心理因素和消费行为因素。这些因素多数处于动态变化中。见表6-1。

表6-1 消费者市场的主要细分变量

标准	因素
地理环境	国家、地区、城市、县、街区、气候及人口密度
人口	年龄、婚姻、职业、性别、收入、受教育程度、家庭生命周期、国籍、民族、宗教
消费心理	社会阶层、个性、购买动机、价值观念、生活方式、追求的利益、自我形象
消费行为	购买时机与场合、追求的利益、使用量、使用率、品牌忠诚度、购买的准备阶段、态度

相关链接　万豪酒店集团的市场细分

万豪酒店集团覆盖4000多个目的地，78个国家或地区，18个酒店品牌。

在早期，酒店针对不同的细分市场成功推出了4个品牌：公平（Fairfield）是服务于销售人员的，庭院（Courtyard）是服务于销售经理的，万豪（Marriott）是为业务经理准备的，万豪伯爵（Marriott Marquis）则是为公司高级经理人员提供的。

后来，万豪酒店对市场进行了进一步的细分，在原有的4个品牌都在各自的细分市场上成为主导品牌之后，万豪又开发了一些新的品牌。

在高端市场上，丽思卡尔顿（Ritz-Carlton）酒店为高档次的顾客提供服务方面赢得了很高的赞誉并备受赞赏。万丽（Renaissance）作为间接商务和休闲品牌，与万豪在价格上基本相同，但它面对的是不同消费心态的顾客群体——万豪吸引的是已经成家立业的人士，而万丽的目标顾客则是那些职业年轻人。

在低端酒店市场上，万豪酒店由公平客栈（Fairfield Inn）衍生出公平套房（Fairfield Suite），从而丰富了自己的产品线。

位于高端和低端之间的酒店品牌是城镇套房（Townplace Suites）、庭院（Courtyard）和居民客栈（Residence Inn）等，它们分别代表着不同的价格水准，并在各自的娱乐和风格上进行了有效的区分。

伴随着市场细分的持续进行，万豪又推出了弹性套房（Springfield Suites）——比公平客栈的档次稍高一点，主要面对一晚75～95美元的顾客市场。为了获取较高的价格和收益，酒店使公平套房品牌逐步向弹性套房品牌转化。

现在，万豪酒店集团拥有丽思卡尔顿酒店、BVLGARI酒店及度假酒店、JW万豪酒店（JW Marriott）、艾迪逊（EDITION）、傲途格精选酒店、万丽酒店（Renaissance Hotels）、万豪AC酒店（AC Hotels by Marriott）、万豪酒店（Marriott Hotels）、万怡酒店（Courtyard by Marriott）、Protea Hotels，SpringHill Suites by Marriott，Fairfield Inn & Suites by Marriott，Residence Inn by Marriott，TownePlace Suites by Marriott，万豪行政公寓（Marriott Executive Apartments）、盖洛德酒店（Gaylord Hotels）、万豪度假会（Marriott Vacation Club）等18个品牌。

[资料来源：万豪官网]

2. 产业市场细分的依据

细分消费者市场的标准，有些同样适用于产业市场，如地理因素、追求的利益、使用者状况等因素，但还需要使用一些其他的变量。美国的波罗玛和夏皮罗两位学者，提出了一个产业市场的主要细分变量（见表6-2），比较系统地列举了细分产业市场的主要变量，并提出了企业在选择目标顾客时应考虑的主要问题。对企业细分产业市场具有一定的参考价值。

表6-2 产业市场的主要细分变量

人口变量 行业：我们应把重点放在购买这种产品的哪些行业 公司规模：我们应把重点放在多大规模的公司 地理位置：我们应把重点放在哪些地区
经营变量 技术：我们应把重点放在顾客所重视的哪些技术上 使用者或非使用者地位：我们应把重点放在经常使用者、较少使用者、首次使用者或从未使用者身上 顾客能力：我们应把重点放在需要很多服务的顾客上，还是只需少量服务的顾客上
采购方法 采购职能组织：我们应将重点放在那些采购组织高度集中的公司上，还是那些采购组织相对分散的公司上 权力结构：我们应侧重那些工程技术人员占主导地位的公司，还是财务人员占主导地位的公司 与用户的关系：我们应选择那些现在与我们有牢固关系的公司，还是追求最理想的公司 总的采购政策：我们应把重点放在乐于采用租赁、服务合同、系统采购的公司，还是采用密封投标等贸易方式的公司上 购买标准：我们是选择追求质量的公司、重视服务的公司，还是注重价格的公司
形势因素 紧急：我们是否应把重点放在那些要求迅速和突击交货或提供服务的公司 特别用途：我们应将力量集中于本公司产品的某些用途上，还是将力量平均花在各种用途上 订货量：我们应侧重于大宗订货的用户，还是少量订货者
个性特征 购销双方的相似点：我们是否应把重点放在那些其人员及其价值观念与本公司相似的公司上 对待风险的态度：我们应把重点放在敢于冒风险的用户还是不愿冒风险的用户上 忠诚度：我们是否应该选择那些对本公司产品非常忠诚的用户

三、市场细分原则

从企业市场营销的角度看，无论消费者市场还是产业市场，并非所有的细分市场都有意义。所选择的细分市场必须具备一定的条件，遵循一定的市场细分原则。

1. 可衡量性

表明该细分市场特征的有关数据资料必须能够加以衡量和推算。比如在电冰箱市场上，在重视产品质量的情况下，有多少人更注重价格，有多少人更重视耗电量，有多少人更注重外观，或者兼顾几种特性。当然，将这些资料进行量化是比较复杂的过程，必须运用科学的市场调研方法。

2. 可实现性

即企业所选择的目标市场是否易于进入，根据企业目前的人、财、物和技术等资源条件能否通过适当的营销组合策略占领目标市场。

3. 可盈利性

即所选择的细分市场有足够的需求量且有一定的发展潜力，使企业赢得长期稳定的利润。应当注意的是，需求量是相对于本企业的产品而言，并不是泛指一般的人口和购买力。

4. 可区分性

指不同的细分市场的特征可清楚地加以区分。比如女性化妆品市场可依据年龄层次和肌肤类型等变量加以区分。

第二节 目标市场选择战略

一、选择目标市场

企业选择目标市场需要分析行业的竞争程度和行业利润潜力，预测目标市场的前景。波特的五种竞争力量模型提供了相关的分析方法和工具。如图6-3所示。

根据对以上五种竞争力量模型的分析，企业应结合自身的特点，扬长避短，选择所从事经营活动的目标市场。目标市场，即企业打算进入的细分市场，或打算满足的具有某一需求的顾客群体。

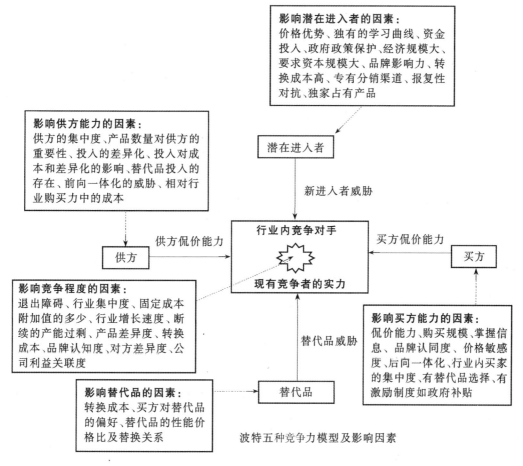

图 6-3 五种竞争力量

二、目标市场战略

企业在选择目标市场时有五种可供参考的市场覆盖模式。见图 6-4。

1. 市场集中化

市场集中化是一种最简单的目标市场模式,通过密集营销,更加了解该细分市场的需要,可建立巩固的市场地位。即企业只选取一个细分市场,只生产一类产品,供应某一单一的顾客群进行集中营销。选择市场集中化模式一般基于以下考虑:企业具备在该细分市场从事专业化经营或取胜的优势条件;限于资金能力,只能经营一个细分市场;

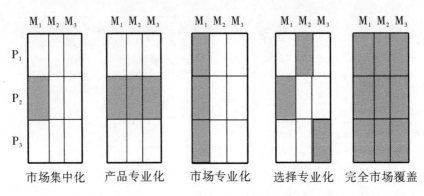

图6-4 目标市场选择的五种选择

该细分市场中没有竞争对手;准备以此为出发点,取得成功后向更多的细分市场扩展。公司通过生产、销售和促销的专业化分工,能提高经济效益,一旦公司在细分市场上处于领导地位,它将获得很高的投资收益。

2. 选择专业化

选择专业化是指企业选取若干个具有良好的盈利潜力和结构吸引力,且符合企业的目标和资源的细分市场作为目标市场,其中每个细分市场与其他细分市场之间较少联系。其优点是可以有效地分散经营风险,即使某个细分市场盈利情况不佳,仍可在其他细分市场取得盈利。采用选择专业化模式的企业应具有较强资源和营销实力。该策略能分散公司风险,如在一个细分市场上丧失了优势,还可在其他细分市场上继续盈利。

3. 产品专业化

产品专业化是指企业集中生产一种产品,并向各类顾客销售这种产品。产品专业化模式的优点是企业专注于某一种或一类产品的生产,有利于形成和发展生产和技术上的优势,在该领域树立形象。其局限性是当该领域被一种全新的技术与产品所代替时,产品销售量有大幅度下降的危险。公司可在特定的产品领域树立良好的信誉。可是,一旦这种产品被全新的技术所替代,公司将面临危机。

4. 市场专业化

市场专业化是指企业专门经营满足某一顾客群体需要的各种产品。市场专业化经营的产品类型众多,能有效地分散经营风险。但由于集中于某一类顾客,当这类顾客的需求下降时,企业也会遇到收益下降的风险。公司集中生产一种产品,在该产品方面树立较高声誉。可是一旦这种产品被全新的技术所替代,公司将面临危机。

5. 市场全面化

市场全面化是指企业生产多种产品去满足各种顾客群体的需要,为所有顾客群提供其所需的所有产品。一般来说,只有实力雄厚的大型企业选用这种模式,才能收到良好的效果。

目标市场是公司进行市场细分的结果,一旦进行了市场细分,公司的营销力量就可以集中在不同的目标市场上,使企业利润上升,市场占有率扩大。

三、市场竞争与营销战略

1. 无差异性营销战略

无差异市场营销是指企业在市场细分之后,不考虑各子市场的特性,而只注重子市场的共性,决定只推出单一产品,运用单一的市场营销组合,力求在一定程度上适合尽可能多的顾客的需求。实行无差异营销战略的企业把整体市场看做一个大的目标市场,不进行细分,用一种产品、统一的市场营销组合对待整体市场。

实行此战略的企业基于两种不同的指导思想:一是从传统的产品观念出发(见图6-5a),强调需求的共性,漠视需求的差异。因此,企业为整体市场生产标准化产品,

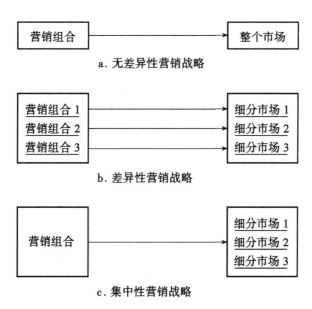

图6-5 三种可供选择的目标营销战略

并实行无差异的市场营销战略。在大量生产、大量销售的产品导向时代，企业多数采用无差异性营销战略经营。二是企业经过市场调查之后，认为某些特定产品的消费者需求大致相同或较少差异，比如食盐，因此可以采用大致相同的市场营销策略。从这个意义上说，它更加符合现代市场营销理念。

采用无差异性营销战略的最大优点是成本的经济性。大批量的生产销售，必然降低单位产品成本；无差异的广告宣传可以减少促销费用；不进行市场细分，也相应减少了市场调研、产品研制与开发，以及制订多种市场营销战略、战术方案等带来的成本开支。

但是，无差异性营销战略对市场上绝大多数产品都是不适宜的，因为消费者的需求偏好具有极其复杂的层次，某种产品或品牌能够受到市场普遍欢迎的情况是很少的。即便一时能赢得某一市场，如果竞争企业都如此仿照，就会造成市场上某个局部竞争非常激烈，而其他部分的需求却没有得到满足。

如果几家竞争者同时采用该策略，将会在最大的细分市场上出现激烈的竞争，而在较小的细分市场的需求却得不到满足。

2. 差异性营销战略

差异市场营销是指企业决定同时为几个子市场服务，设计不同的产品，并在渠道、促销和定价方面都加以相应的改变，以适应各个子市场的需要。差异性市场营销战略是把整体市场划分为若干需求与愿望大致相同的细分市场，然后根据企业的资源及营销实力选择部分细分市场作为目标市场，并为各目标市场制定不同的市场营销组合策略（见图6-5b）。

采用差异性市场营销战略的最大优点，是可以有针对性地满足具有不同特征的顾客群的需求，提高产品的竞争能力。但是，由于产品品种、销售渠道、广告宣传的扩大化与多样化，市场营销费用也会大幅度增加。所以，无差异性营销战略的优势基本上成为差异性市场战略的劣势。同时，该战略在推动成本和销售额上升时，市场效益并不具有保证。因此，企业在市场营销中有时需要进行"反细分"或"扩大顾客的基数"，作为对于差异性营销战略的完善和补充。

3. 集中性营销战略

集中市场营销是指企业集中所有力量，以一个或少数几个性质相似的子市场作为目标市场，试图在较少的子市场上占较大的市场占有率。集中性营销战略是在将整体市场分割为若干细分市场后，只选择其中某一细分市场作为目标市场（见图6-5c）。其指导思想是把企业的人、财、物集中用于某一个或几个小型市场，不求在较多的细分市场上都获得较小的市场份额，而要求在少数较小的市场上得到较大的市场份额。

这种战略也被称为"弥隙"战略，即弥补市场空隙的意思，适合资源稀少的小企业。小企业如果与大企业硬性抗衡，弊多于利，必须学会寻找对自己有利的微观生存环境。用生态学的理论说，必须找到一个其他生物不会占领、不会与之竞争，而自己却有适应本能的微观生存环境。由于目标集中，可以大大节省营销费用和增加盈利；又由于生产、销售渠道和促销的专业化，也能够更好地满足这部分特定消费者的需求，企业易于取得优越的市场地位。

这一战略的不足是经营者承担风险较大，如果目标市场的需求情况突然发生变化，目标消费者的兴趣突然转移（这种情况多发生于时髦商品）或是市场上出现了更强有力的竞争对手，企业就可能陷入困境。

4. 选择目标市场营销战略的条件

（1）企业能力。是指企业在生产、技术、销售、管理和资金等方面力量的总和。如果企业力量雄厚，且市场营销管理能力较强，即可选择差异性营销战略或无差异性营销战略；如果企业能力有限，则适合选择集中性营销战略。

（2）产品同质性。同质性产品主要表现在一些未经加工的初级产品上，如电力、石油等，虽然产品在品质上或多或少存在差异，但用户一般不加区分或难以区分。因此，同质性产品竞争主要表现在价格和提供的服务条件上。该类产品适合采用无差异战略。而对服装、家用电器、食品等异质性需求产品，可根据企业资源力量，采用无差异性营销战略或集中性营销战略。

（3）产品所处的生命周期阶段。新产品上市往往以较单一的产品探测市场需求，产品价格和销售渠道基本上单一化。因此，新产品在引入阶段可采用无差异性营销战略，而待产品进入成长或成熟阶段，同类产品增加，再用无差异经营就难以奏效，所以成长阶段改为差异性或集中性营销战略效果更好。

（4）市场的类同性。如果顾客的需求、偏好较为接近，对市场营销刺激的反应差异不大，可采用无差异性营销战略；否则，应采用差异性或集中性营销战略。

（5）视竞争者战略而定。如果竞争对手采用无差异性营销战略时，企业选择差异性或集中性营销战略有利于开拓市场，提高产品竞争能力；如果竞争者已采用差异性战略，则不应以无差异战略与其竞争，可以选择对等的或更深层次的细分或集中化营销战略。

第三节 市场定位战略

企业需要按照一定标准进行市场细分,并在此基础上选择对本企业最有吸引力的、可提供有效服务的部分作为自己的目标市场。这就需要企业进行市场定位,这是关系到企业生存发展的重大决策,是实施并很快被世界各地营销学者和管理者接受,成为企业营销战略中的一个重要环节。

一、市场定位的概念及方式

1. 市场定位的概念

市场定位是 20 世纪 70 年代由美国营销学家里斯和特劳特提出,它是根据竞争者现有产品在细分市场上所处的地位和顾客对产品某些属性的重视程度,塑造出本企业产品与众不同的鲜明个性或形象,并传递给目标顾客,使该产品在细分市场上占有强有力的竞争位置。产品的特色或个性可以从产品实体上表现出来,如构造、性能、形状、成分等;也可以从消费者心理上反映出来,如时髦、典雅、豪华、朴素等。

企业在市场定位过程中,一方面要了解竞争者产品的市场地位,另一方面要研究目标顾客对该产品的各种属性的重视程度,然后选定本企业产品的特色和独特形象,从而完成产品的市场定位。

定位,就是指公司设计出自己的产品和形象,从而在目标消费者心目中确定与众不同的、有价值的地位。

2. 市场定位的方式

作为一种竞争战略,市场定位显示了一种产品或一家企业与类似的产品或企业之间的竞争关系。定位方式不同,竞争态势也就不同。下面分析四种主要的定位方式。

(1) 避强定位——另辟蹊径式。这是一种避开强有力的竞争对手的市场定位。当企业意识到自己无力与强大的竞争者抗衡时,则远离竞争者,根据自己条件及相对优势,突出宣传自己与众不同的特色,满足市场上尚未被竞争对手发掘的潜在需求。

其优点是:能够迅速地在市场上站稳脚跟,并能在消费者或用户心目中迅速树立起一种形象。由于这种定位方式市场风险较小,成功率较高,常常为多数企业所采用。

例如,河北华龙集团,最初是由几位农民合办的股份制企业,在创业初期就在找准定位上下工夫。他们避开大企业竞争激烈的城市市场而定位于为农民服务,其产品定位是"物美价廉"———生产中低档方便面。由于定位准确及营销策略得当，目前该企业已成为我国第三大方便面生产企业。再如，日本轿车曾以其小型、节油的特色，与美国大型豪华、耗油大的汽车相抗衡，取得很大成功。

（2）对抗性定位——针锋相对式。这是一种以强对强的市场定位方法，与在市场上占据支配地位的、亦即最强的竞争对手"对着干"。显然，这种定位有时会产生危险，但不少企业认为能够激励自己奋发上进，一旦成功就会取得巨大的市场优势。例如，可口可乐与百事可乐之间持续不断的争斗，"汉堡包王"与"麦当劳"对着干，等等。实行对抗性定位，必须知己知彼，尤其应清醒地估计自己的实力，不一定试图压垮对方，只要能够平分秋色就已经是巨大的成功。

实行这种定位的企业应具备的条件是：能比竞争者生产出质量更好或成本更低的产品；市场容量大，能够容纳两个或两个以上竞争者产品；比竞争者有更多资源和实力。这种定位存在一定风险，但能够激励企业以较高目标要求自己奋发向上。

（3）创新定位——填空补缺式。是指寻找新的尚未被占领但有潜在市场需求的位置，填补市场空缺，生产市场上没有的、具备某种特色产品。例如，"金利来"进入中国市场时就填补了男士高档衣物的空缺。例如，高能集团也是采用这种定位方式并获得极大的成功。该企业创业时仅20万元资产，却能够在激烈的市场竞争中生存并迅速发展，12年间资产达4亿元，规模扩大了2000倍。其成功得益于正确的定位方式及准确的切入点。该企业属于通讯行业，但他们不去选择生产竞争者云集的传统的通讯产品，而选择了通讯与计算机的结合部———传输和管理。因为传统计算机及传统通讯有许多企业在做，竞争激烈，他们不具备优势，而在两者结合部却形成真空，有足够大的市场。由于其产品技术难度大，国内同行很难进入，而且这是个具有中国特色的市场，国外大公司也难以进入。因此，他们如鱼得水，迅速发展，目前已成为江苏省最大的民营企业。采用这种方式时，企业应明确创新定位所需的产品在技术上、经济上是否可行，有无足够的市场容量。

（4）重新定位——二次定位式。是对销路少、市场反应差的产品进行二次定位。这种重新定位旨在摆脱困境，重新获得增长与活力。这种困境可能是企业决策失误引起的，也可能是对手有力反击或出现新的强有力竞争对手而造成的。不过，也有重新定位并非因为已经陷入困境，而是因为产品意外地扩大了销售范围引起的。例如，美国强生公司的洗发液由于产品不伤皮肤和眼睛，最初定位于婴儿市场，当年曾畅销一时。后来由于人口出生率下降，婴儿减少，产品逐渐滞销。经过分析，该公司决定重新将产品定位于年轻女性市场，突出介绍该产品能使头发松软、富有光泽等特点，再次吸引了大批年轻女性。

实行市场定位应与产品差异化结合起来。正如上述，定位更多地表现在心理特征方面，它使潜在的消费者或用户对一种产品形成了特定的观念和态度。产品差异化是在类似产品之间造成区别的一种战略。因而，产品差异化是实现市场定位目标的一种手段。

综上所述，市场定位是设计企业产品和形象的行为，以便使目标市场知道企业相对于竞争对手的地位。市场定位正确，能给企业带来巨大的经济效益和广阔的发展前途；反之，市场定位不正确，则会使企业蒙受巨大的经济损失。因此，企业在进行市场定位时，应慎之又慎，通过反复比较和调查研究，找出最合理的突破口。一旦建立了理想的定位，企业必须通过一致的表现与沟通来维持此定位，并应经常加以监测，以随时适应目标顾客和竞争者策略的改变。

二、市场定位的步骤

市场定位是通过识别潜在竞争优势、企业核心竞争优势定位和制定发挥核心竞争优势的战略这三个主要步骤来实现的。

1. 识别潜在竞争优势

识别潜在竞争优势是市场定位的基础。企业的竞争优势通常表现在两方面：成本优势和产品差别化优势。成本优势是指企业能够以比竞争者低廉的价格销售相同质量的产品，或以相同的价格水平销售更高一级质量水平的产品。产品差别化优势是指产品独具特色的功能和利益与顾客需求相适应的优势，即企业能向市场提供的在质量、功能、品种、规格、外观等方面比竞争者更好的产品。

为实现此目标，企业首先必须进行规范的市场研究，切实了解目标市场需求特点以及这些需求被满足的程度。这是能否取得竞争优势、实现产品差别化的关键。其次，企业要研究主要竞争者的优势和劣势。可以从三个方面评估竞争者：一是竞争者的业务经营情况，如近三年的销售额、利润率、市场份额、投资收益率等；二是竞争者核心营销能力，主要包括产品质量和服务质量水平等；三是竞争者的财务能力，包括获利能力、资金周转能力及偿还债务能力等。

2. 企业核心竞争优势定位

核心竞争优势，是指与主要竞争对手相比，企业在产品开发、服务质量、销售渠道、品牌知名度等方面所具有的可获取明显差别利益的优势。应把企业的全部营销活动加以分类，并将主要环节与竞争者相应环节进行比较分析，以识别和形成核心竞争优势。

3. 制定发挥核心竞争优势的战略

企业在市场营销方面的核心能力与优势，不会自动地在市场上得到充分的表现，必须制定明确的市场战略来加以体现。比如，通过广告传导核心优势战略定位，逐渐形成一种鲜明的市场概念，这种市场概念能否成功，取决于它是否与顾客的需求和追求的利益相吻合。

三、市场定位战略

1. 产品差别化战略

产品差别化战略，是指从产品质量、款式等方面实现差别，寻求产品特征是产品差别化战略经常使用的手段。在全球通讯产品市场上，摩托罗拉、诺基亚、西门子、菲利浦等全球化竞争对手，通过实行强有力的技术领先战略，在手机、IP电话等领域不断地为自己的产品注入新的特性，走在市场的前列，吸引顾客，赢得竞争优势。实践证明，某些产业特别是高新技术产业，如果某一企业掌握了最尖端的技术，率先推出了具有较高价值的产品创新特征，就能够拥有十分有效的竞争优势。

产品质量是指产品的耐用性、有效性和可靠程度等。但是，这里又带来新的问题，是否质量、价格、利润三者完全呈正比例关系呢？一项研究表明，产品质量与投资报酬之间存在着高度相关的关系，即高质量产品的盈利率高于低质量和一般质量的产品，但质量超过一定的限度时，顾客需求开始递减。显然，顾客认为过高的质量，需要支付超出其质量需求的额外的价值。

产品款式是产品差别化的一个有效工具，对汽车、服装、房屋等产品尤为重要。例如，日本汽车行业中流传着这样一种说法："丰田的安装，本田的外形，日产的价格，三菱的发动机。"这体现了日本四家主要汽车公司的核心专长，说明"本田"外形设计优美入时，颇受年轻消费者的喜欢。

2. 服务差别化战略

服务差别化战略，是指向目标市场提供与竞争者不同的优异服务。企业的竞争力越能体现在顾客服务水平上，市场差别化就越容易实现。因为，服务差别化战略能够提高顾客总价值，保持牢固的顾客关系，从而击败竞争对手。

服务战略在很多市场状况下都有用武之地，尤其在饱和的市场上。对于技术精密的产品，如汽车、计算机、复印机等更为有效。强调服务战略并没有贬低技术质量战略的重要作用。如果产品或服务中的技术占据了价值的主要部分，则技术质量战略是行之有效的。一旦众多的厂商掌握了相似的技术，技术领先就难在市场上有所作为。

除了实际产品区别外，企业还可以使其与产品有关的服务不同于其他企业。一些企业靠速度、便利或及时、安全的运输来取得竞争优势。安装服务也能使企业区别于其他企业。例如，美国第一银行在超级市场开设了服务周全的分支机构，并且在假日和晚上为顾客提供便利的服务；IBM以高质量的安装服务闻名于世，它总是把顾客购买的所有零件及时送到，并且，当要求把 IBM 设备搬走和安装到别处时，它能经常把竞争者的设备也帮忙搬走。企业还可以根据维修服务进一步区分。许多汽车购买者宁愿多付一点钱，多跑一段路，到提供第一流服务的汽车经销商那儿买车。

3. 人员差别化战略

人员差别化战略，是指通过聘用和培训比竞争者更为优秀的人员以获取差别优势。市场竞争归根到底是人才的竞争。例如，日本航空公司多年来一直在"北京—东京—夏威夷"这条航线上与美国最大的航空公司"联航"和韩国的"韩航"展开激烈的竞争。"联航"的规模实力与硬件设备都是超一流的，而"韩航"的价格比"联航"低30%，二者都颇有竞争力。但是，"日航"依靠整合的优良服务，贯穿入关—空中—出关的全过程，赢得各国旅客的赞美，凡乘过此航线的旅客，很难再选择其他航空公司。"日航"优良服务的根基在于他们的高素质航空员工队伍，从机长到空姐都训练有素。

一个受过良好训练的员工应具有以下基本的素质和能力：一是能力。具有产品知识和技能。二是礼貌。友好对待顾客，尊重和善于体谅他人。三是诚实。使人感到坦诚和可以信赖。四是可靠。强烈的责任心，保证准确无误地完成工作。五是反应敏锐。对顾客的要求和困难能迅速反应。六是善于交流。尽力了解顾客，并将有关信息准确地传达给顾客。

4. 形象差异化战略

形象差异化战略，是指在产品的核心部分与竞争者类同的情况下塑造不同的产品形象以获取差别优势。企业或产品想要成功地塑造形象，必须具有创造性思维，需要持续不断地利用企业所能利用的所有传播工具。具有优秀创意的标志要能够融入某一文化的气氛，进而实现形象差别化的战略。例如，"麦当劳"的金色模型"M"标志，与其独特文化气氛相融合，使人无论在美国纽约、日本东京还是在中国北京，只要一见到这个标志，马上会联想到麦当劳舒适宽敞的店堂、优质的服务和新鲜可口的汉堡薯条。

相关链接 品牌定位的 15 种常用方法

1. 比附定位法

借助知名品牌的光辉来提升本品牌的形象。比附定位通常采用以下三种方式来实施：一是"第二主义"。最著名的例子就是美国阿维斯出租汽车公司"我们是第二，我们要进一步努力"的定位。二是攀龙附凤。以内蒙古宁城老窖的"宁城老窖——塞外茅台"定位为代表。三是俱乐部策略。以美国克莱斯勒汽车公司为代表，其定位为"美国三大汽车之一"。

2. 利益定位

以宝洁公司的飘柔定位于"柔顺",海飞丝定位于"去头屑",潘婷定位于"护发"为代表。

3. USP 定位

以美国 M&M 巧克力的"只溶在口,不溶于手"的定位和乐百氏纯净水的"27 层净化"是国内 USP 定位的经典之作。又如,巴黎欧莱雅:含法国孚日山 SPA 矿泉水,锁住水分。

4. 目标群体定位

金利来的"男人的世界"、万宝路香烟的"万宝路的男人"、哈斯维衬衫的"穿哈斯维的男人"、美国征兵署的"成为一个全材"的定位。

5. 市场空白点定位

西安杨森的"采乐去头屑特效药"的定位和可口可乐公司果汁品牌"酷儿"的定位。

6. 类别定位

以七喜的"七喜,非可乐"为代表。

7. 档次定位

劳力士的"劳力士从未改变世界,只是把那留给戴它的人"、江诗丹顿的"你可以轻易地拥有时间,但无法轻易地拥有江诗丹顿"和派克的"总统用的是派克"的定位。

8. 质量/价格定位

以戴尔电脑的"物超所值,实惠之选"和雕牌用"只选对的,不买贵的"为代表。

9. 文化定位

酒业运用此定位较多,如珠江云峰酒业推出的"小糊涂仙"的"难得糊涂"的"糊涂文化"和金六福的"金六福———中国人的福酒"的"福运文化"的定位。

10. 比较定位

以泰诺的"为了千千万万不宜使用阿司匹林的人们,请大家选用泰诺"为代表。

11. 情感定位

山叶钢琴的"学琴的孩子不会变坏"。这是台湾地区最有名的广告语,它抓住父母的心态,采用攻心策略,不讲钢琴的优点,而是从学钢琴有利于孩子身心成长的角度,吸引孩子父母。

12. 首席定位

以百威啤酒的"全世界最大、最有名的美国啤酒"的首席定位为代表。

13. 经营理念定位

以TCL的"为顾客创造价值,为员工创造机会,为社会创造效益"的经营理念定位为代表。

14. 概念定位

以恒基伟业商务通的"手机、呼机、商务通,一个都不能少"的概念定位和金远舰的"文曲星"电子词典的定位为代表。商务通成了PDA的代名词,而"文曲星"也成了电子词典的代名词。

15. 自我表现定位

百事的"年轻新一代的选择"。李维牛仔的"不同的酷,相同的裤"。

[资料来源:胡建:《品牌定位的15种方法》[OL],中国广告网,2013-11-20]

本章小结

1. 市场细分是指以顾客需求的某些特征或变量为依据,区分具有不同需求的顾客群体。

2. 消费者市场细分变量包括地理环境因素、人口因素、消费心理因素和消费行为因素四类变量。产业市场细分变量包括人口变量、经营变量、采购方法、形势因素和个性特征五类变量。

3. 市场细分的原则包括可衡量性、可实现性、可盈利性和可区分性。

4. 目标市场选择模式可分为市场集中化、选择专业化、产品专业化、市场专业化和市场全面化。

5. 目标市场战略可分为无差异性营销战略、差异性营销战略和集中性营销战略。

6. 市场定位是塑造一种产品在细分市场的位置。

7. 市场定位的步骤包括识别潜在竞争优势、企业核心竞争优势定位和制定发挥核心竞争优势的战略三个步骤。

8. 市场定位战略可分为产品差别化战略、服务差别化战略、人员差别化战略和形象差异化战略。

市场细分　目标市场　市场集中化　选择专业化　产品专业化　市场专业化　市场

全面化　差异性营销战略　集中性营销战略　市场定位　避强定位　对抗性定位　重新定位

一、判断正误

1. 市场细分理论产生于产品差异化市场营销阶段。（　　）
2. 企业的竞争对手，除了本行业的现有竞争者外，还包括代用品生产者、潜在加入者、原材料供应者和购买者。（　　）
3. 市场集中化是一种最简单的目标市场模式。（　　）
4. 无差异营销战略的最大优点是成本的经济性。（　　）
5. 如果竞争对手已采用无差异性营销战略，企业应以无差异营销战略与其竞争。（　　）
6. 集中性营销战略适合大企业采用，差异性营销战略则适合小企业采用。（　　）
7. 避强定位的成功率较低。（　　）
8. 识别潜在竞争优势是市场定位的起点。（　　）
9. 企业采用服务差别化的市场定位战略，就可以不再追求技术和质量的提高。（　　）

二、单项选择

1. 同一细分市场的顾客需求具有（　　）。
   A. 绝对的共同性　　　　　　B. 较多的共同性
   C. 较少的共同性　　　　　　D. 较多的差异性
2. （　　）差异的存在是市场细分的客观依据。
   A. 产品　　　B. 价格　　　C. 需求偏好　　　D. 细分
3. 收入、种族、性别和年龄是消费市场细分变数中的（　　）。
   A. 人口因素　　　　　　　　B. 购买行为因素
   C. 地理环境因素　　　　　　D. 商品用途因素
4. 属于产业市场细分标准的是（　　）。
   A. 职业　　　B. 生活格调　　　C. 收入　　　D. 顾客能力
5. 采用（　　）模式的企业应具有较强的资源和营销实力。
   A. 市场集中化　　　　　　　B. 市场专业化
   C. 产品专业化　　　　　　　D. 市场全面覆盖
6. 同质性较高的产品，宜采用（　　）。
   A. 产品专业化　　　　　　　B. 市场专业化

C. 无差异营销 D. 差异性营销

7. 分别为若干个不同的细分市场设计不同的产品或服务，并采用不同的营销组合，就是目标市场营销战略中的（　　）战略。
　　A. 无差异　　　B. 差异　　　C. 集中　　　D. 部分差异

8. 只选择一个或少数几个细分市场，争取在较小的市场上占有较大的市场份额，就是目标市场营销战略中的（　　）战略。
　　A. 无差异　　　B. 差异　　　C. 集中　　　D. 部分差异

9. "七喜"饮料一问世就向消费者宣称："我不是可乐，我可能比可乐更好。"突出宣传自己不含咖啡因的特点，其采取的市场定位策略是（　　）。
　　A. 阵地防御策略　　　　　B. 迎头定位策略
　　C. 非价格竞争策略　　　　D. 避强定位策略

10. 重新定位，是对销路少、市场反应差的产品进行（　　）定位。
　　A. 避强　　　B. 对抗性　　　C. 竞争性　　　D. 二次

三、问答题

1. 细分消费者市场有哪些依据？
2. 细分生产者市场有哪些依据？
3. 进行市场细分应掌握哪些基本原则？
4. 以你所熟悉的行业市场为例，举出适合的细分因素有哪些？
5. 什么是目标市场？怎样选择目标市场？
6. 目标市场的营销策略及特点是什么？
7. 什么是市场定位？进行市场定位有哪些方法？
8. 试用一个实例说明定位失败，并给出你认为的改进方案。

案例研讨　必胜客不断革新的市场定位

1958年，美国年轻的卡尼兄弟以一间只有25个座位，像"小屋"（Hut）一样的比萨餐厅开创了必胜客。50多年后的今天，必胜客已发展成为世界上最大、最好的比萨连锁餐饮体系，在全球100多个国家和地区拥有13500多家分店。

一、大事年表

1958年，刚刚毕业于美国堪萨斯州 Wichita State University 的 Frank 和 Dan Carney 兄弟俩，向母亲借600美元，在堪萨斯州的 Wichita 开设了第一间必胜客比萨餐厅。

1959年，必胜客在堪萨斯州正式成立公司，并在州内的 Topeka 开设第一家特许经营的必胜客餐厅。由 Dick Hassur 自主管理。作为特许经营者，迪克被获准使用必胜客注册商标和秘密的产品配方，并同时得到卡尼兄弟在管理上的协助。

1965年，必胜客第一支电视广告片"Putt–Putt to Pizza Hut"开始投放。

1967年，世界上最大的比萨（直径6英尺）在德克萨斯州的必胜客餐厅隆重开业之际烘烤出来。

1968年，必胜客在加拿大开设第一家国外分店，从此开始走向国际市场。

1969年，必胜客开始全面采用红色屋顶装饰；同年，墨西哥第一家必胜客分店在Guadalajara开业。

1970年，澳大利亚第一家必胜客餐厅开业。

1971年，必胜客无论在营业额还是餐厅数量方面，都成为全球第一的比萨连锁餐厅。

1972年，必胜客股票在纽约证券交易所上市。第1000家必胜客连锁餐厅在美国堪萨斯州的威之达市开业。

1973年，必胜客在日本及英国开办连锁餐厅。

1976年，必胜客第100家国外连锁餐厅在澳大利亚开张。必胜客第2000家连锁餐厅在美国密苏里州开业。

1977年，必胜客与百事可乐合并，在百事可乐的帮助下，必胜客开始向全球开拓的方向发展。必胜客在德克萨斯州开设第3000家连锁餐厅。

1979年，必胜客在科威特和阿拉伯联合酋长国开拓市场。

1988年，必胜客庆祝诞生30周年，在全世界的连锁店超过6000家。必胜客推出的奖励读书计划受到里根总统嘉奖。

1989年，必胜客在全美推出"加入必胜客工作"计划，招募了万余名残疾员工，该计划被认为是当时餐饮业首创的最大慈善倡议。必胜客在国外的第1000家分店在加拿大安大略州开业。至此，必胜客在全球54个国家拥有分店，必胜客历史上第一次为白宫递送比萨，为第一夫人芭芭拉·布什举办的"阅读是基础"的招待会提供服务。

1990年，必胜客餐饮体系的年营业额达到40亿美元。同年，必胜客进入中国市场，在北京开设第一家中国分店。

1991年，俄罗斯的叶利钦总统刚平息一场政变时，必胜客向他及其支持者提供了最具历史意义的外送服务。

1995年，必胜客被《饭店和社会机构》杂志评为1995年"连锁的选择"奖项，被视为在过去11年里最好的比萨连锁店。

1997年，必胜客所属百事餐饮集团从百事集团分离出来，于当年10月7日在美国成立全球最大的餐饮业集团——百胜全球餐饮集团，原百事集团成员，即全球著名的必胜客、肯德基、塔可钟三家餐饮公司，同时宣布成为百胜全球餐饮公司成员。

1998年，必胜客上海旗舰店/美罗店在上海开业。必胜客在中国首创并正式确立

"休闲餐饮"的经营模式。

1999年，必胜客全球统一启用新的品牌标示，新LOGO外形更具有动感，更符合"休闲餐饮"的品牌形象。

2001年，必胜客中文网站正式开通。

2003年，中国必胜客餐厅数达100家，同时宣布在"休闲餐饮"的基础上确立更加亲近的"欢乐餐厅"品牌名称。

2004年，回收华南地区的特许加盟权，至此，必胜客在中国所有的餐厅均为直营餐厅。西安首家必胜客"欢乐餐厅"开业，吹起了进军大西北的号角。

2005年，必胜客进军呼和浩特，首个蒙文店诞生；必胜客进军乌鲁木齐，首个维文店诞生。进军中国15年，消费者达1亿人次。推出下午茶。

2006年，第200家必胜客"欢乐餐厅"在广州开业。

2007年，必胜客生日派对中文网站正式开通，餐厅数达300家，确立新的"西式休闲餐饮专家"品牌定位。

2008年，正式推出一年两次更换大菜单、每次新品25%以上的产品开发策略，以及"丰俭由人，好吃不贵"的价格策略。拥有了自己的咖啡品牌"罗兰院长咖啡"。

2009年，必胜客推出商务午餐。

2010年，必胜客第500家餐厅落户甘肃兰州。进入中国20年，必胜客品牌口号从"开心时刻必胜客"更新为"Pizza and More"。

二、必胜客在中国

必胜客，正如它的名字，从1990年在北京开出中国第一家餐厅以来，就以"必胜"的信念赢得了中国消费者的喜爱。到目前为止，必胜客已在中国200多个城市拥有超过800多家连锁餐厅，共有近9万名员工，无疑已成为国内最大的比萨连锁品牌。同时，必胜客在中国率先倡导的"欢乐休闲"用餐理念也受到消费者的高度欢迎和国内同行的纷纷效仿，必胜客也由此成为中国西式休闲餐饮业的第一品牌。

20多年来，必胜客在中国一直不断地调整着自身的市场定位和经营模式，以期更好地发展壮大。1998年，必胜客在中国首推"休闲餐饮"经营模式，开创了一个全新的餐饮领域；2003年，必胜客正式确立更加亲近的"欢乐餐厅"品牌名称。

2007年，必胜客全新定位"西式休闲餐饮专家"，逐步调整了产品研发策略，进一步强调西餐特有的"全餐概念"。

2008年，必胜客开始了大规模更换菜单的全新策略，菜单每半年更换一次，每次推陈出新25%以上，产品种类日益丰富，从比萨、意面、焗饭、扒类等主菜，到餐前小吃、沙拉、甜品及饮料，应有尽有。"丰俭由人"的价格策略也吸引了更多消费群体。

2010年，必胜客品牌口号升级为"Pizza and More"。必胜客不仅是比萨的代名词，而且通过契合"欢乐"的营销方式，强化与顾客之间的"欢乐"式沟通，确保顾客对必胜客的"超乎预期的满意心理"，让他们通过在必胜客的"欢乐"享受，记住必胜客的美食及文化。

20多年前，必胜客带着一张著名的比萨来到中国，得到广大消费者的热爱。经过20多年的积淀，无论从产品、环境、服务到文化和精神，"欢乐"策略已经成为必胜客的信仰，深入品牌发展的脉络之中。现在，必胜客不仅是比萨领域的专家，还成为西式休闲餐饮专家。

[资料来源：必胜客官网]

讨论题：
1. 餐饮业市场细分的变量有哪些？必胜客是如何进行市场细分的？
2. 评价必胜客选择目标市场的特点。
3. 必胜客是如何改变市场定位的？请评价必胜客现阶段的市场定位。
4. 请为必胜客设计将来的市场定位并说明理由。

第七章
市场竞争战略

本章要点
◎市场竞争者分析和判断
◎市场领先者战略
◎市场挑战者战略
◎市场跟随者战略
◎市场补缺者战略

企业要在激烈的市场竞争中取得胜利，仅仅了解顾客，制定市场选择战略是不够的，还必须了解竞争者，制定市场竞争战略。

第一节 市场竞争者分析

为了确定有效的竞争性市场营销战略，企业需要尽可能了解其竞争对手。它必须经常将自己的产品、价格、分销渠道和促销与其主要竞争者进行比较。这样，企业才能找到自己潜在的竞争优势，向竞争者发出更有力的挑战，同时也对竞争者的攻势做出积极的反应。那么，企业应当从哪些方面了解其竞争对手呢？其主要步骤如图7－1所示。

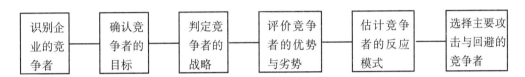

图7－1　分析竞争者的步骤

一、识别企业的竞争者

识别企业的竞争者常常被看做一项简单的任务。但是，在识别竞争者时，很多企业并不是十分准确、全面，它们往往只注意到最接近的、给消费者提供价格相当的相同产品或服务的竞争者，而忽略了潜在的竞争者。企业识别竞争者时体现出两种不同的竞争观点。

1．行业竞争观点

许多企业以行业竞争观点识别其竞争对手。一个行业是由一组生产相同产品或密切可替代同类产品的企业组成，任何企业若想在本行业卓有成效，就必须充分了解同行业的竞争伙伴。

（1）决定行业竞争程度的因素。

第一，卖者和买者的集中程度或数目。数目越多，集中程度越低，竞争程度就越高。

第二，不同卖者之间各自提供的产品的差别程度。各厂商提供的产品愈是相似，可以预料，竞争就愈激烈。

第三,单个厂商对市场价格控制的程度。单个厂商若无法控制价格,表明市场竞争愈激烈。

第四,厂商进入或退出一个行业的难易程度。如果存在进入市场的障碍,意味着原有厂商拥有了一些新加入者不具备的有利条件。

(2)四种行业竞争结构的类型。根据市场上竞争和垄断的程度不同,可以划分出四种行业结构类型。如表7-1所示。

表7-1 行业结构类型

行业结构	厂商数量	产品性质	典型部门
完全竞争	很多	产品无差别	农产品
垄断竞争	较多	产品有差别	轻工业
寡头垄断	几家	有或无差别	重工业
完全垄断	一家	产品有特点	公用事业

2. 市场竞争观点

另外一些企业不是以行业竞争者观点去识别竞争者,而是遵循市场竞争观点,即企业不仅仅在行业内识别竞争者,而是把竞争看做所有那些力求满足相同顾客需要,或服务于同一顾客群的企业,甚至还有那些满足消费者不同需求的企业。此外,企业还应注意那些力图以更有吸引力的产品满足消费者不同需要的企业,它们有可能使消费者的消费倾向发生变化。

二、确认竞争者的目标

在识别了主要竞争者之后,企业经营者接着要回答的问题是:每个竞争者在市场上寻求什么?什么是竞争者行动的动力?不同的企业对长期利益和短期利益各有侧重,有些竞争者更趋向于获得"满意"的利润而不是"最大利润"。尽管有时通过一些其他的战略可能使它们取得更多利润,但它们有自己的利润目标,只要达到既定目标就满足了。也就是说,竞争者往往并不把利润作为唯一的或首要的目标,在利润目标的背后,竞争者的目标是一系列目标的组合,它们对这些目标各有侧重。所以,应该了解竞争者对目前盈利的可能性、市场占有率的增长、资金流动、技术领先、服务领先和其他目标所给予的重要性权数分别是多少。了解了竞争者的这种加权目标组合,就可以了解竞争者对各种类型的竞争性攻击会做出什么样的反应,等等。

企业必须跟踪了解竞争者进入新的产品细分市场的目标。若发现竞争者开拓了一个新的细分市场，这对企业来说也可能是一个发展机遇；若企业发现竞争者开始进入本公司经营的细分市场，这意味着企业将面临新的竞争与挑战。对于这些市场竞争动态，企业若了如指掌，就可以争取主动，有备无患。

三、判定竞争者的战略

一家企业的战略与另一家的战略越相似，它们之间的竞争就越激烈。通常在大多数行业，竞争者可以分为实行不同战略的群组，每个群组由那些实行相同或相似战略的企业组成。区别这些战略群组有其特殊的价值，企业必须认真考虑这些群组成员的实力与战略特征，以求突破障碍而进入。

虽然在同一战略群组内竞争最激烈，但不同群组之间的抗衡也同样存在。首先，各群组之间的目标顾客群本身就有一些交叉；其次，顾客不会主动去分辨这些战略群组，在它们看来也许这些企业并无多大差别；最后，每个企业都想扩大自己的市场范围，所以，在不同群组中的企业实力相当、流动障碍较小的情况下，也会进行非常激烈的较量。因此，企业应当搜集各个竞争者更详尽的资料。

四、评价竞争者的优势与劣势

是否所有的竞争者都能实行其战略，并且达到其目的呢？这主要取决于竞争者的资源与能力，企业需要进一步确定竞争者的优势与劣势。

企业首先要收集有关竞争者过去几年经营活动的重要数据，包括竞争者的目标、战略与业绩。企业可以进行顾客价值认知分析，即要求顾客按不同的属性及其重要性程度来评价本企业与竞争者提供的产品或服务的价值，从中可以看到竞争者的弱点，同时也发现本企业的薄弱环节，这将有利于企业在竞争中取得主动地位。

在寻找竞争者的弱点时，企业应保持客观态度，不能盲目相信自己的假定。在瞬息万变的市场上，竞争形势不可能一成不变。只有根据市场变化不断对竞争形势进行新的分析，企业才能做出较为准确的判断，而不至于盲目乐观。

五、估计竞争者的反应模式

一个竞争者的目标、战略及其优势与劣势还不能完全决定它的行动方式和它对企业的降价、加强促销或推出新产品等营销活动的反应模式。除了这些因素外，还应该注意到另外一个重要因素，那就是每个竞争者都有它自己的经营哲学、企业文化和信条，这将对该竞争者的行动产生影响。因此，企业经营者要想估计竞争者的行动与反应，就需要深入了解竞争者的心理状态。由于面对其他企业的行动每个竞争者的心理状态可能不一样，企业反应模式也就各不相同。常见的反应模式有以下四种。

1. 从容不迫型

从容不迫型是指有些竞争者对其他企业的行动不做出迅速反应或反应不强烈。

2. 选择型

选择型是指有些竞争者只对某些类型的攻击做出反应，而不理睬其他类型的攻击。

3. 强烈型

强烈型是指也有些竞争者对所有的攻击都做出迅速反应。

4. 随机型

随机型是指还有些竞争者，并不表现出固定的反应模式，即它仍对于其他企业的攻击行动可能做出反应，也可能不做出反应。

六、选择要攻击和要回避的竞争者

各企业在事先确定了它的目标顾客群及营销组合以后，就大致上确定了它的竞争者。它进一步考虑的是在这些竞争者中，企业与哪个主要竞争者的竞争将最为激烈，这样，企业就能集中精力，有效作战。

1. 强竞争者与弱竞争者

大多数企业喜欢把目标瞄准实力较弱的竞争者，这种做法无需太多的时间和资源。但相应地，企业也不会有很大的成效。因此，企业也应当与一些实力强大的竞争者较量一番。一方面，企业若想与实力强大的竞争者相抗衡，就必须在很多方面努力提高，这将增强企业整体实力，使企业长期受益；另一方面，即使再强的竞争者也有其弱点，只要企业策略选择与实施得当就能获得成功。

2. 近的竞争者与远的竞争者

大多数企业都会与那些跟它们极相似的竞争者竞争，但与此同时，企业应注意避免企图"摧毁"这些最接近的竞争者，因为即使"摧毁"了最接近的竞争者，但却会引来更多更难对付的竞争者。

3. 好的竞争者与坏的竞争者

每个企业都需要竞争者并从竞争者那里获得利益。竞争者的存在带来了几方面的好处：可对增加总供给有所帮助；可以分担市场与产品开发的成本，并有助于推广新技术；可以为一些吸引力不大的细分市场服务或促使产品差异化等。

并非所有的竞争者都会给企业带来益处,每个行业都含有好的竞争者和坏的竞争者。好的竞争者遵守行业规则:他们希望有一个稳定、健康的行业,合理定价,推动他人降低成本,促进差异化,接受为他们的市场占有率和利润规定的合理界限。坏的竞争者破坏行业规则:他们试图花钱购买而不是靠自己的努力去赢得市场占有率,冒大风险、超额投资等,总的来说,他们打破了行业的平衡。所以,一个明智的企业经营者应当支持好的竞争者,攻击坏的竞争者,尽力使本行业成为由好的竞争者组成的健康行业,这将有利于行业所有企业的发展。

第二节 市场地位竞争战略

企业在进行市场分析之后,必须明确自己在同行竞争中所处的位置。现代市场营销理论根据企业在市场上的竞争地位,把企业分为四种类型:市场领先者、市场挑战者、市场跟随者和市场补缺者。

一、市场领先者战略

市场领先者是指在相关产品的市场上占有率最高的企业。一般来说,大多数行业都有一家企业被认为是市场领先者,它在价格变动、新产品开发、分销渠道的宽度和促销力量等方面处于主宰地位,为同业者所公认。它是市场竞争的先导者,也是其他企业挑战、效仿或回避的对象。例如美国汽车市场的通用公司、电脑软件市场的微软公司、照相机行业的尼康公司、推土机行业的卡特彼勒公司、软饮料市场的可口可乐公司、剃须刀行业的吉列公司以及快餐市场的麦当劳公司,等等,几乎各行各业都有,它们的地位是在竞争中自然形成的,但不是固定不变的。

市场领先者如果没有获得法定的垄断地位,必然会面临竞争者的无情挑战。市场领先者为了维护自己的优势,保住自己的领先地位,通常可采取以下三种战略。

1. 扩大市场需求总量

当一种产品的市场需求总量扩大时,受益最大的是处于领先地位的企业。例如,美国消费者如果增加拍照片的数量,受益最大的将是柯达公司,因为它占有美国胶卷市场的70%以上。一般来说,市场领先者可从三个方面扩大市场需求量:

(1) 发现新用户。每种产品都有吸引新用户、增加用户数量的潜力。因为可能有些消费者对某种产品还不甚了解,或产品定价不合理,或产品性能有缺陷等。一个制造商可从三个方面找到新的用户。如香水企业可设法说服不用香水的妇女使用香水（市场渗透战略），说服男士使用香水（市场开发战略），向其他国家推销香水（地理扩展战略）。如雀巢公司所采取的是地理扩展，它总是力图成为进入市场的第一家食品公司。为了进入中国市场，雀巢公司先后进行了长达10年的谈判。

（2）开辟新用途。为产品开辟新的用途，可扩大需求量并使产品销路久畅不衰。如碳酸氢钠的销售在100多年间没有起色，它虽有多种用途，但没有一种是大量的。后来，一家企业发现有些消费者将该产品用作电冰箱除臭剂，于是大力宣传这一新用途，使该产品销量大增。许多事例表明，新用途的发现往往归功于顾客。再如，凡士林最初问世时是用作机器润滑油，之后，一些使用者才发现凡士林可用作润肤脂、药膏和发胶等。

（3）增加使用量。促进用户增加使用量是扩大需求的一种重要手段。例如，宝洁公司劝告消费者在使用海飞丝香波洗发时，每次将使用量增加一倍效果更佳。又如，法国的一家轮胎公司宣传法国南部的旅馆服务如何优良，诱导巴黎人开车到南部去度周末，增加了轮胎的消耗量。提高购买频率也是扩大消费量的一种常用办法，如时装制造商每年每季都不断推出新的流行款式，消费者就不断购买新装，流行款式的变化愈快，购买新装的频率也愈高。

2. 保护市场占有率

菲利普·科特勒在其《市场营销管理——亚洲版》一书中，引用了《孙子兵法》的论述："故善战者，求之于势，不求于人。"即善战者不是依靠对手不进攻，而是靠自己具有不可被攻破的实力。因此，市场领先者任何时候也不能满足于现状，必须在产品的创新、服务水平的提高、分销渠道的畅通和降低成本等方面，真正处于该行业的领先地位。

市场领先者如果不发动进攻，就必须严守阵地。防御者的防御措施如何，反应速度快慢，后果大不一样。有六种防御战略可供市场领先者选择：

（1）阵地防御。就是在现有阵地周围建立防线。这是一种静态的防御，是防御的基本形式。但是，如果将所有力量都投入这种防御，最后很可能导致失败。单纯采用消极的静态防御，只保了自己目前的市场和产品，是一种"市场营销近视症"。例如，当年享利·福特对他的T型车的近视症就造成了严重的后果，使得年盈利10亿美元的福特公司从巅峰跌到了濒临破产的边缘。

（2）侧翼防御。是指市场领先者除保卫自己的阵地外，还应建立某些辅助性的基地作为防御阵地，或必要时作为反攻基地。特别是注意保卫自己较弱的侧翼，防止对手乘虚而入。例如，20世纪70年代美国几大汽车公司就因没有注意侧翼防御，遭到日本小型汽车的无情进攻，失去了大片阵地。大荣公司是日本最大的超市连锁公司，它运用在城镇外开设新店，销售更多的进口商品等策略狠狠报复了那些企图与之竞争的折扣商店。

（3）以攻为守。这是一种"先发制人"式的防御，即在竞争者尚未进攻之前，先主动攻击它。这种战略主张，预防胜于治疗，事半功倍。具体做法是，当竞争者的市场占有率达到某一危险的高度时，就对它发动攻击；或者是对市场上的所有竞争者进行全面攻击，使人人自危。如日本精工表把它的2000多个款式的手表分销到世界各地，造成全方位的威胁。

（4）反击防御。当市场领先者遭到对手发动降价或促销攻势，或改进产品、占领市场阵地等进攻时，不能只是被动应战，应主动反攻入侵者的主要市场阵地。可实行正面反攻、侧翼反攻，或发动钳形攻势，以切断进攻者的后路。当市场领先者在它的本土上遭到攻击时，一种很有效的方法是也进攻攻击者的主要领地，以迫使其撤回部分力量守卫本土，这叫作"围魏救赵"。例如，当富士在美国向柯达公司发动攻势时，柯达公司报复的手段是攻入日本市场。

（5）运动防御。是指不仅防御目前的阵地，而且还要扩展到新的市场阵地，作为未来防御和进攻的中心。市场扩展可通过两种方法实现：一是市场扩大化。就是企业将其注意力从目前的产品上转到有关该产品的基本需要上，并全面研究与开发有关该项需要的科学技术。例如，把"石油"公司变成"能源"公司，就意味着市场范围扩大了，不限于一种能源——石油，而是要覆盖整个能源市场。但是市场扩大化必须有一个适当的限度，否则将发生"市场营销远视症"。二是市场多元化。即向无关的其他市场扩展，实行多元化经营。例如，美国的烟草公司由于社会对吸烟的限制日益增多，纷纷转向酒类、软饮料和冷冻食品等产业。

（6）收缩防御。在所有市场阵地上全面防御有时会得不偿失，在这种情况下，最好是实行战略收缩，即放弃某些疲软的市场阵地，把力量集中用到主要的市场阵地上去。

> **相关链接** 日化巨头宝洁在华竞争失误
>
> 一直以来，宝洁用并购的手法不断壮大公司市值，而宝洁对品牌的管理和营销，更是长期以来被业内奉为圭臬。不过，这都已经是过去的辉煌。在日化行业整体放缓、竞争对手捧着"宝洁宝典"迎头赶上之时，宝洁却出现产品定价失误，不相关的业务迅速扩张，一再因业绩不达标而下调盈利预期，令投资人失望。
>
> 2013年，宝洁旗下潘婷被本土品牌清扬超越，退居为中国洗发水市场第

二大品牌；在洁面市场，宝洁旗下的玉兰油品牌连续3年被超越，滑落到第四名；在个人洗浴领域，玉兰油也连续两年让位六神，成为第四名；在妇女卫生用品市场，宝洁旗下的护舒宝下滑至第三名；在牙膏市场，宝洁旗下的佳洁士被"黑人"品牌超越，让出冠军地位。

2006年之后的宝洁也努重新聚集定位。这一时期，宝洁剥离掉很多莫名其妙的业务，比如纸制品、咖啡、制药、水净化、零食业务、博朗小家电产品的生产经营权等等，2014年，宝洁还剥离了宠物食品业务。

不过，资本市场已经对它缺乏耐心，投资人认为宝洁必须"改变管理层，分拆公司"，才能带来股价的恢复和业绩的增长。再度出山的 CEO Lafley 也认同"很多问题是管理层导致的"这一说法，在10多年前重整宝洁之时，他果断地换掉全球集团内一半以上的高管以及近万个工作岗位，并且认为"公司的中层不够坚实，不能感觉到客户的新需要"。2014年8月，面临宝洁这个不断壮大、越发显得臃肿的机构，Lafley 再度做出惊人的决定，宣布砍掉一半以上品牌，以实现增长。

Lafley 的目标很明确："少即是多"，"要变得更灵活更适应市场，要增长更可靠的现金来源和利润"。

[资料来源：万晓晓：《宝洁：致命的自负》[N]，《经济观察报》，2014-08-29]

3. 提高市场占有率

设法提高市场占有率，也是增加收益、保持领先地位的一个重要途径。美国的一项研究表明，市场占有率是与投资收益率有关的最重要变量之一。市场占有率越高，投资收益率也越大。因此，许多企业在某个市场上的市场占有率达不到第一或第二位，便撤出该市场。

但是，也有些研究者对上述观点提出不同意见。对某些行业的研究发现，除了市场领先者以外，有些市场占有率低的企业，依靠物美价廉和专业化经营，也能获得很高的收益，只有那些规模不大不小的企业收益最低，因为它们既不能获得规模经济效益，也不能获得专业化竞争的优势。按另一项研究，各企业的销售利润与销售额的关系呈 V 型曲线，即不是在任何情况下市场占有率的提高都意味着收益率的增长，这还要取决于为提高市场占有率所采取的市场营销战略是什么。为提高市场占有率所付出的代价，有时会高于它所获得的收益。因此，企业提高市场占有率时应考虑以下三个因素：

（1）引起反垄断活动的可能性。许多国家有反垄断法，当企业的市场占有率超过一定限度时，就有可能受到指控和制裁。

（2）为提高市场占有率所付出的成本。当市场占有率达到一定水平时，再要求进一步提高就要付出很大代价，结果可能得不偿失。美国的另一项研究表明，企业的最佳市场占有率是50%。

（3）有些市场营销手段对提高市场占有率很有效，却不一定能增加收益。只有在以下两种情况下市场占有率与收益率成正比：一是单位成本随市场占有率的提高而不变；二是在提供优质产品时，销售价格的提高大大超过为提高质量所投入的成本。

二、市场挑战者战略

市场挑战者是指不甘心自己的市场地位，能够有力地主动出击，改变市场格局的企业。市场挑战者如果要向市场领先者和其他竞争者挑战，首先必须确定自己的战略目标和挑战对象，然后选择适当的进攻战略。

1. 确定战略目标和挑战对象

战略目标与进攻对象密切相关，对不同的对象有不同的目标和战略。一般来说，挑战者可在下列三种情况中进行选择：

（1）攻击市场领先者。挑战者须仔细调查研究领先企业的弱点和失误：有哪些未满足的需要，有哪些使顾客不满意的地方。找到领先者的弱点和失误，确定自己进攻的目标。例如，为了向亚洲的主要金融市场东京发起挑战，香港和新加坡采取的策略是向顾客收取更低的费用，提供更自由的管理，努力克服官僚主义作风等。

（2）攻击与自己实力相当者。主要是设计夺取它们的市场阵地。

（3）攻击小企业。对一些地方性小企业中经营不善、财务困难者，可夺取它们的顾客，甚至这些企业本身。例如，美国几家主要的啤酒公司能成长到目前的规模，就是靠夺取一些小企业的顾客而实现的。

2. 选择进攻战略

在确定了战略目标和进攻对象之后，挑战者可选择进攻战略。进攻战略应遵循"密集原则"，即把优势兵力集中在关键的时刻和地点。

（1）正面进攻。集中全力向对手的主要市场阵地发动进攻，即进攻对手的强项而不是弱点。在这种情况下，进攻者必须在产品、广告、价格等主要方面大大超过对手，才有可能成功，否则不可采取这种进攻战略。正面进攻的胜负取决于双方力量的对比。正面进攻的另一种措施是投入大量研究与开发经费，使产品成本降低，从而以降低价格的手段向对手发动进攻。这是持续实行正面进攻战略最可靠的基础之一。

（2）侧翼进攻。集中优势力量攻击对手的弱点，有时可采取"声东击西"的战略，佯攻正面，实际攻击侧面或背面。这又可分为两种情况：一种是地理性侧翼进攻，即在全国或全世界寻找对手力量薄弱地区；另一种是细分性侧翼进攻，即寻找领先企业尚未为之服务的细分市场，在这些小市场上迅速填空补缺。

（3）包围进攻。这是一个全方位、大规模的进攻战略，挑战者拥有优于对手的资源，并确信围堵计划的完成足以打垮对手时，可采用这种战略。例如，近年来日本精工表公司已经在各个主要手表市场的销售中取得了成功，并且以其品种繁多、不断更新的款式使竞争者和消费者瞠目结舌。该公司在美国市场上提供了约400个流行款式，其营销目标是在全球制造并销售大约2300种手表。

（4）迂回进攻。这是一种最间接的进攻战略，完全避开对手的现有阵地而迂回进攻。具体办法有三种：一是发展无关的产品，实行产品多元化；二是以现有产品进入新地区的市场，实行市场多元化；三是发展新技术、新产品，取代现有产品。

（5）游击进攻。这种战略主要适用于规模较小、力量较弱的企业。游击进攻的目的在于以小型的、间断性的进攻干扰对手的士气，以占据长久性的立足点，因为小企业无力发动正面进攻或有效的侧翼进攻。但是，也不能认为游击战只适合于财力不足的小企业，持续不断的游击进攻，也是需要大量投资的。还应指出，如果要想打倒对手，光靠游击战不可能达到目的，还需要发动更强大的攻势。

上述市场挑战者的进攻战略是多样的，一个挑战者不可能同时运用所有这些战略，但也很难单靠某一种战略取得成功。通常是设计出一套战略组合即整体战略，借以改善自己的市场地位。但是，并非所有居于次要地位的企业都可充当挑战者，如果没有充分把握不应贸然进攻领先者，最好是跟随而不是挑战。

三、市场跟随者战略

市场跟随者与挑战者不同，它不是向市场领先者发动进攻并图谋取而代之，而是跟随在领先者之后自觉地维持共处局面。这种"自觉共处"状态在资本密集且产品同质的行业（钢铁、化工等）中是很普遍的现象。在这些行业中，产品差异性很小，而价格敏感度甚高，随时都有可能发生价格竞争，结果导致两败俱伤。因此，这些行业中的企业通常彼此自觉地不互相争夺客户，不以短期的市场占有率为目标，即效法领先者为市场提供类似的产品，因而市场占有率相当稳定。

市场跟随者也不是被动地单纯追随领先者，它必须找到一条不致引起竞争性报复的发展道路。以下是三种可供选择的跟随战略：

1．紧密跟随战略

紧密跟随战略是指在各个细分市场和市场营销组合方面，尽可能仿效领先者。这种跟随者有时好像是挑战者，但只要它不从根本上侵犯到领先者的地位，就不会发生直接冲突，有些甚至被看成是靠拾取领先者的残余谋生的寄生者。

2. 距离跟随战略

距离跟随战略是指跟随者是在主要方面，如目标市场、产品创新、价格水平和分销渠道等方面都追随领先者，但仍与领先者保持若干差异。这种跟随者可通过兼并小企业而使自己发展壮大。

3. 选择跟随战略

选择跟随是指跟随者在某些方面紧跟领先者，而在另一些方面又自行其是。也就是说，它不是盲目跟随，而是择优跟随，在跟随的同时还要发挥自己的独创性，但不进行直接的竞争。这类跟随者中有些可能发展成为挑战者。

四、市场补缺者战略

市场补缺者是指选择某一特定较小之区隔市场为目标，提供专业化的服务，并以此为经营战略的企业。

在现代市场经济条件下，每个行业几乎都有些小企业，它们专心关注市场上被大企业忽略的某些细小部分，在这些小市场上通过专业化经营来获取最大限度的收益，也就是在大企业的夹缝中求得生存和发展。这种有利的市场位置在西方被称为"Niche"，即补缺基点。

1. 补缺基点的特征

一个最好的补缺基点应具有以下特征：一是有足够的市场潜量和购买力，二是利润有增长的潜力，三是对主要竞争者不具有吸引力，四是企业具备占有此补缺基点所必要的能力，五是企业既有的信誉足以对抗竞争者。

2. 补缺基点的战略

一个企业如何取得补缺基点呢？进取补缺基点的主要战略是专业化市场营销。可供选择的方案有以下10种：

（1）最终用户专业化。即专门致力于为某类最终用户服务。例如，计算机行业有些小企业专门针对某一类用户（如诊疗所、银行等）进行市场营销。

（2）按垂直层面专业化。即专门致力于分销渠道中的某些层面。如制铝厂可专门生产铝锭、铝制品或铝质零部件。

（3）按顾客规模专业化。即专门为某一种规模（大、中、小）的客户服务。如有些小企业专门为那些被大企业忽略的小客户服务。

（4）按特定顾客专业化。即只对一个或几个主要客户服务。如美国有些企业专门为西尔斯成货公司或通用汽车公司供货。

(5）按地理区域专业化。即专为国内外某一地区或地点服务。

(6）按产品或产品线专业化。即只生产一大类产品。如美国的绿箭（Wrigley）公司专门生产口香糖一种产品，现已发展成为一家世界著名的跨国公司。

(7）按客户订单专业化。即专门按客户订单生产预订的产品。

(8）按质量和价格专业化。即专门生产经营某种质量和价格的产品。如专门生产高质高价产品或低质低价产品。

(9）按服务项目专业化。即专门提供某一种或几种其他企业没有的服务项目。如美国有一家银行专门承办电话贷款业务，并为客户送款上门。

(10）按分销渠道专业化。即专门服务于某一类分销渠道。如专门生产适于超级市场销售的产品，或专门为航空公司的旅客提供食品。

作为市场补缺者要完成三个任务：创造补缺市场、扩大补缺市场、保护补缺市场。例如，著名的运动鞋生产商耐克公司，不断开发适合不同运动项目的特殊运动鞋，如登山鞋、旅游鞋、自行车鞋、冲浪鞋等，这样就开辟了无数的补缺市场。每当开辟出这样的特殊市场后，耐克公司就继续为这种鞋开发出不同的款式和品牌，以扩大市场占有率，如耐克充气乔丹（Jordan）鞋、耐克哈罗克（Huaraches）鞋。最后，如果有新的竞争者闻声而来的话，耐克公司还要全力以赴保住其在该市场的领先地位。选择市场补缺基点时，多重补缺基点比单一补缺基点更能减少风险，增加保险系数。

相关链接　　我国反垄断法简介

反垄断法自2008年8月1日起施行，共分为8章57条，包括总则、垄断协议、滥用市场支配地位、经营者集中、滥用行政权力排除、限制竞争、对涉嫌垄断行为的调查、法律责任和附则。

一、宗旨

为了预防和制止垄断行为，保护市场公平竞争，提高经济运行效率，维护消费者利益和社会公共利益，促进社会主义市场经济健康发展。

二、要点

1. 三种行为属于垄断

反垄断法规定的垄断行为包括：经营者达成垄断协议，经营者滥用市场支配地位，具有或者可能具有排除、限制竞争效果的经营者集中。

根据法律规定，垄断协议是指排除、限制竞争的协议、决定或者其他协同行为。法律所称市场支配地位，是指经营者在相关市场内具有能够控制商品价格、数量或者其他交易条件，或者能够阻碍、影响其他经营者进入相关市场能力的市场地位。经营者集中是指以下三种情形：经营者合并，经营者通过取得股权或者资产的方式取得对其他经营者的控制权，经营者通过合同等方式取得对其他经营者的控制权或者能够对其他经营者施加决定性影响。

2. 禁借控制地位损害消费者利益

反垄断法规定，对于关系国民经济命脉的行业，国家对其经营者合法经营活动予以保护，同时，禁止经营者借控制地位损害消费者利益。

3. 七种行为属滥用市场支配地位

禁止具有市场支配地位的经营者从事下列滥用市场支配地位的行为：以不公平的高价销售商品或者以不公平的低价购买商品；没有正当理由，以低于成本的价格销售商品；没有正当理由，拒绝与交易相对人进行交易；没有正当理由，限定交易相对人只能与其进行交易或者只能与其指定的经营者进行交易；没有正当理由搭售商品，或者在交易时附加其他不合理的交易条件；没有正当理由，对条件相同的交易相对人在交易价格等交易条件上实行差别待遇；国务院反垄断执法机构认定的其他滥用市场支配地位的行为。

4. 七种情况可得到反垄断豁免

因技术进步而达成协议等七种情况可得到反垄断法相关条款的"豁免"：为改进技术、研究开发新产品的；为提高产品质量、降低成本、增进效率，统一产品规格、标准或者实行专业化分工的；为提高中小经营者经营效率，增强中小经营者竞争力的；为实现节约能源、保护环境、救灾救助等社会公共利益的；因经济不景气，为缓解销售量严重下降或者生产明显过剩的；为保障对外贸易和对外经济合作中的正当利益的；法律和国务院规定的其他情形。

5. 对外资并购进行两种审查

对外资并购境内企业或者以其他方式参与经营，涉及国家安全的，除依照本法规定进行经营者集中审查外，还应当按照国家有关规定进行国家安全审查。

6. 反垄断委员是议事协调机构

国务院设立反垄断委员会，负责组织、协调、指导反垄断工作，履行以下五大职能：研究拟订有关竞争政策；组织调查、评估市场总体竞争状况，并发布评估报告；制定、发布反垄断指南；协调反垄断行政执法工作；国务院规定的其他职责。

7. 禁止滥用行政权力限制竞争

反垄断法规定，行政机关和法律、法规授权的具有管理公共事务职能的组织不得滥用行政权力，限定或者变相限定单位或者个人经营、购买、使用其指定的经营者提供的商品；不得滥用行政权力，以设定歧视性资质要求、评审标准或者不依法发布信息等方式，排斥或者限制外地经营者参加本地的招标投标活动；不得滥用行政权力，采取与本地经营者不平等待遇等方式，排斥或者限制外地经营者在本地投资或者设立分支机构；不得滥用行政权力，强制经营者从事本法规定的垄断行为。

8. 调查涉嫌垄断行为可查账户

反垄断法规定，反垄断执法机构依法对涉嫌垄断行为进行调查。反垄断执法机构调查涉嫌垄断行为，可以采取查询经营者的银行账户，查封、扣押相关证据等措施。

反垄断法还规定，反垄断执法机构调查涉嫌垄断行为，可以进入被调查的经营者的营业场所或者其他有关场所进行检查；询问被调查的经营者、利害关系人或者其他有关单位或者个人，要求其说明有关情况；查阅、复制被调查的经营者、利害关系人或者其他有关单位或者个人的有关单证、协议、会计账簿、业务函电、电子数据等文件、资料。

9. 行业协会实行垄断可被撤销

反垄断法规定，行业协会违反本法规定，组织本行业的经营者达成垄断协议的，反垄断执法机构可以处50万元以下的罚款；情节严重的，社会团体登记管理机关可以依法撤销登记。

三、适用范围

《中华人民共和国反垄断法》适用于中华人民共和国境内经济活动中的垄断行为；中华人民共和国境外的垄断行为，对境内市场竞争产生排除、限制影响的。

本章小结

1. 市场竞争者分析过程包括识别企业的竞争者、确认竞争者的目标、判定竞争者的策略、评价竞争者的优势与劣势、估计竞争者的反应模式、选择要攻击和要回避的竞争者六个步骤。

2. 现代市场营销理论根据企业在市场上的竞争地位，把企业分为四种类型：市场领先者、市场挑战者、市场跟随者和市场补缺者。

3. 市场领先者战略主要有扩大市场需求总量、保护市场占有率和提高市场占有率等。

4. 市场挑战者战略主要有正面进攻、侧翼进攻、包围进攻、迂回进攻、游击进攻等。

5. 市场跟随者战略主要有紧密跟随、距离跟随、选择跟随。
6. 市场补缺者战略主要就是专业化。

市场竞争者　市场领先者　阵地防御　侧翼防御　以攻为守　反击防御　运动防御　收缩防御　市场挑战者　正面进攻　侧翼进攻　包围进攻　迂回进攻　游击进攻　市场追随者　紧密跟随　距离跟随　选择跟随　市场补缺者

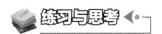

一、判断正误

1. 识别企业的竞争者是市场竞争者分析的起点。（　　）
2. 通过扩大总需求，市场领导者往往受益最多。（　　）
3. 侧翼防御是市场追随者的战略。（　　）
4. "摧毁"了最直接的竞争者有可能会引来更难对付的竞争者。（　　）
5. 市场追随者常用的追随策略有三种：紧随其后、有距离追随、有选择追随。（　　）
6. 由于拾遗补缺者精心服务于市场中某些细小市场，它们只有通过专业化才能找到适合自己的位置，公司必须在市场、产品、顾客系列方面实现专业化。（　　）
7. 市场追随者要与市场领导者和市场挑战者分担新产品开发等方面所需的经费。（　　）
8. 终端用户专业化是市场补缺者战略。（　　）
9. 反垄断法就是反不正当竞争法。（　　）

二、单项选择

1. 对竞争对手进行分析时，首先需要分析的是对手的（　　）。
    A. 实力　　　　　　　　　　B. 营销战略目标
    C. 经营规模　　　　　　　　D. 技术
2. 轻工业一般属于（　　）的行业结构类型。
    A. 完全竞争　　B. 垄断竞争　　C. 寡头垄断　　D. 完全垄断
3. 在那些产品差异性很小、而价格敏感度很高的资本密集且产品同质的行业中，竞争者之间通常是谋求（　　）局面。
    A. 攻击市场主导者　　　　　B. 阵地防御
    C. 和平共处　　　　　　　　D. 迂回进攻

4. 以防御为核心是（　　）的竞争策略。
   A. 市场领先者　　B. 市场挑战者　　C. 市场跟随者　　D. 市场补缺者
5. 不仅防御目前的阵地，而且还要扩展到新的市场阵地，作为未来防御和进攻的中心集中的市场领先者战略是（　　）。
   A. 阵地防御　　B. 侧翼防御　　C. 反击防御　　D. 运动防御
6. 集中全力向对手的主要市场阵地发动进攻，即进攻对手的强项而不是弱点的市场进攻者战略是（　　）。
   A. 正面进攻　　B. 包围进攻　　C. 侧翼进攻　　D. 迂回进攻
7. 在目标市场、产品创新、价格水平和分销渠道等方面都跟随领先者，但仍与领先者保持若干差异的市场跟随者战略是（　　）。
   A. 紧密跟随　　B. 距离跟随　　C. 选择跟随　　D. 全面跟随
8. 只生产一大类产品的市场补缺战略是（　　）。
   A. 最终用户专业化　　　　　　B. 垂直层面专业化
   C. 产品专业化　　　　　　　　D. 分销渠道专业化
9. 市场利基者发展的关键是实现（　　）。
   A. 多元化　　B. 避免竞争　　C. 紧密跟随　　D. 专业化

三、问答题

1. 有哪些因素决定行业竞争的程度？
2. 简述分析竞争对手的主要步骤。
3. 举例说明常见竞争者对竞争的反应模式。
4. 什么是市场领先者？其战略有哪些？
5. 什么是市场挑战者？其战略有哪些？
6. 什么是市场追随者？其战略有哪些？
7. 什么是市场补缺者？其战略有哪些？
8. 企业的哪些行为会构成垄断行为？

案例研讨　班尼路陷入竞争困局

一、门店大量关闭及业绩下滑

2012年3月31日，班尼路中国内地门店数达到4044家的最高峰，比2011年同期增加了150家，较2010年同期增加了405家。但两年后，情况却糟糕了许多。

班尼路的母公司德永佳集团有限公司宣布，班尼路以及其他子品牌中国内地关店数达到388家，关店数量占到了店面总数的10%。这个以"尽显时尚大方"为发展理念的品牌，也在关店方面"大方"了一把。门店大量关闭的背后，是班尼路业绩的连年下滑。截至2014年3月底，根据德永佳发布的一季度财报，集团总收入减少了12.4%，至98.6亿港元，较去年同期减少了12.37%，全年纯利6.68亿港元，较去年同期减少约9%。截至2014年3月底，德永佳存货金额为18.98亿港元，库存高企已经成为班尼路发展的一大桎梏。

德永佳主要涉及纺织及服装零售两块业务，旗下包括班尼路、生活几何（S&K）、互动地带（I. P. ZONE）及衣本色（ebase）四大品牌。根据财报数据，其内地的零售业务约占德永佳服装零售业务的85%，而这一业务于2013和2014财年分别实现销售收入49.2亿港元和41亿港元，同比分别下滑15%和17%。除了班尼路，另外三大子品牌的S&K、I. P. ZONE及ebase去年全年分别实现销售收入5.5亿港元、4.2亿港元和3亿港元，分别同比下滑25.6%，25%和21%。

曾经作为大陆脍炙人口的休闲品牌，班尼路已经走到了一个微妙的十字路口。电商和其他国际快时尚品牌的多面夹击，正把曾经备受年轻人追捧的班尼路逼向市场边缘。

二、休闲品牌遇拦路虎

随着年轻人品牌意识的增强与消费意识的改进，很多热门的休闲品牌都不再是购物的首选。

在20世纪90年代末到21世纪初的那几年，曾是班尼路最好的年代。班尼路本身是一个意大利品牌，20世纪80年代开始在香港经营，后来进入内地进行销售，1996年，德永佳出手收购，开始出现历史性逆转。

德永佳将班尼路重新包装，将品牌的主要消费群体锁定为年龄在18～30岁的人士，主打年轻路线，以男、女、中性的休闲服为主，班尼路成为四大子品牌之首。在并入德永佳后的几年，班尼路迅速壮大，在当时国内品牌竞争还不完全的状况之下，不仅以迅雷不及掩耳的态势占领了我国市场，经营范围甚至延伸至中国的港澳台地区、东南亚和中东发达地区，还通过"特许经营"的模式快速提高了市场占有率。

事实证明，班尼路抢占了最好的一段时间。当时国内品牌竞争尚不完全，国外品牌暂未大举入侵，国人品牌意识恰好处于萌芽的阶段，班尼路迅速在一线大城市站住了脚。在21世纪初的那几年，班尼路的门店分布在全国各大城市中心和繁华地段，班尼路四大品牌占据了每个城市最好的位置，甚至连机场和酒店里都能看到班尼路"形式大于意义"的展示门店。

但是现在，班尼路却逐渐退出了一线市场。其实不仅班尼路生意惨淡，去年一年，美特斯邦威关闭门店200多家，森马则关闭了700多家门店。在香港上市的佐丹奴已关闭75家门店，其中内地门店54家。2013年5月底，有着20年历史的休闲服装品牌柏仙多格宣布停产，北京、天津、南京、武汉等城市在内的约400家柏仙多格专卖店先后歇业。在财报中，这些公司都提到了"行业竞争、回收库存较多、渠道成本上升、关闭非盈利门店"等因素。这些类似的休闲品牌都面临着被市场消费主力——"80、90后"们抛弃的命运。

三、优衣库"脱颖而出"

长江后浪推前浪。相比班尼路等时尚休闲品牌的节节败退，反观优衣库、ZARA、H&M等国际快时尚品牌却在内地大肆扩张，在巩固一线城市市场的同时，不断在二三线城市布局。

面对同样的生存环境和同样的电商挑战，在产品更新换代、库存消化率上，快时尚品牌充分体现了"快"字。款式数量庞大且更新速度快，迎合了消费者对新、潮、酷的需求；平均出货时间短达两周、一年可以生产出多达20个系列的高效率，吸引了消费者多次、高频率到店试穿；产量小、售完即止，即使网上下单也无法追到同款，促使消费者选中衣物后快速下手。每个环节都与消费者密不可分，环环相扣培养出不断增长的消费群体。

实际上，优衣库在2002年进入中国之初，因为依据其在日本的成功经验定位成大众休闲品牌，对中国市场的不了解让优衣库甚至推出了针对中老年人的休闲装，结果自然是被当时如日中天的班尼路、佐丹奴打得落花流水，2005年甚至在北京市场出现持续亏损，关门大吉。但是，经过两年多的策略调整和市场调研，重新定位消费人群为大学生、白领和时尚人群的优衣库杀了个漂亮的回马枪，并于2008年和2009年在中国市场上大肆扩张。因为搭上快时尚品牌ZARA和H&M进入中国的顺风车，优衣库终于摆脱了班尼路等中低端品牌的纠缠。截至2013年年底，优衣库已在全国48个城市开设了254家店，并在上海建立了全球最大的旗舰店。

市场虽然在增长，但一定是有限的。优衣库的高速狂飙时期，也正是班尼路们愈发难过的日子。有钱的买高档品牌，缺少足够经济条件的选择优衣库和ZARA，班尼路们在不知不觉中被不断边缘化，最后只能是黯然谢幕。

四、休闲品牌时代更迭

班尼路败于优衣库，更像是一个时代的更迭。纵观如今日渐式微的老牌休闲品牌，无论从品牌定位还是发展轨迹都显示出惊人的相似性。其母体公司大多都是经营面料、纺织、服装的制造和贸易公司，而这些品牌的诞生都集中在20世纪90年代，经历了黄金10年的大规模扩张时期，并在21世纪初达到商业顶峰。

随着经济发展水平的提高，消费者开始注重新颖的款式，服装逐渐演变成一种快消品。而目前班尼路的运作模式跟不上市场的变化，衣服款式更新速度慢。按照它的操作模式，一款衣服从设计到生产出来一般要3～6个月的时间，然后再大批量生产上市。像ZARA，一般上货速度就是14天，这样对比优势就出来了。班尼路败于优衣库的原因，除了设计样式上的差距，单纯重质量而轻营销模式和营销手段，是班尼路等传统时尚休闲品牌被市场抛弃的主要原因，正因为忽略了快速营销时代给行业带来的新变革，被靠营销模式取胜的企业后来居上就不奇怪了。能否明确定位、刷新策略，将时尚性与实用性同时体现在产品中，或许是传统时尚休闲品牌摆脱困境、谋求未来发展的关键。

现在，班尼路夹在时尚和快消之间，定位模糊。以前它掌握了青少年的心态，定价高，消费者穿上有满足感。但现在，在一、二线城市，班尼路基本上沦为了大路货，消费者无法产生满足感；而在三、四线城市，服装市场又被低端品牌垄断，它同样难以生存。

关店潮只是这些标榜为"大众休闲服装品牌"被新一代消费者抛弃的一个缩影。

五、艰难的自救

为了摆脱困境，班尼路们亦多番尝试。互联网时代，这些传统休闲品牌纷纷试水O2O，并与电商巨头展开合作，但与优衣库等快时尚品牌相比，总是显得有些成效甚微。

美特斯邦威曾经提出以"生活体验店+美邦APP"的O2O模式，并在全国推出6家体验店，为陪伴女性购物的男性顾客提供高速WIFI和美味的咖啡，但是这种占用大量店面空间的体验店，似乎偏离了服装零售的核心，始终不如优衣库通过推广自己的APP成功为线下门店导流，提高线下门店销量有效而实惠。

而2013年刚开始，以纯就宣布暂停在线商城及停止运营天猫旗舰店电商业务，声称准备转变电商策略，这其实揭示了老牌休闲品牌触电后难以适应的一面。

班尼路在去年企图以明星代言战术和与动漫合作设计来重新夺回青少年市场，但却收效甚微。在2013年7月，班尼路更换了品牌标示，将曾经标志性的蓝底白字改为红底白字，并将大写的"BALENO"变成小写，去掉了经典的内嵌"O"字母的正方形，重新设计了字体，"改头换面"企图东山再起。但半年多过去了，效果并不明显。

[资料来源：薛羽：《班尼路：四面楚歌》[J]，《国际品牌观察》，2014-08-11]

讨论题：
1. 你认为服装行业属于哪种竞争类型？为什么？
2. 班尼路和优衣库是否属于同一战略群体？其战略、目标、优势和劣势有何不同？
3. 班尼路和优衣库分别处在何种竞争地位？可采用的竞争战略有哪些？
4. 你认为班尼路要扭转市场劣势可采用哪些具体策略？

第八章
产品策略

本章要点
◎产品概念、层次及分类
◎产品的生命周期原理及各阶段营销策略
◎新产品的概念及新产品开发程序
◎产品组合的系列概念及策略
◎品牌的内涵、特点与相关决策
◎包装概念及策略

第五章和第六章介绍了如何制定企业的市场营销战略。本章至第十一章重点讨论企业市场营销策略的制定。

产品是市场营销策略组合中最重要的因素。企业的市场营销活动首先要明确向目标市场提供什么产品,然后才能制定价格、渠道和促销策略。因此,产品策略是市场营销组合的基础。

第一节 产品概念、层次及分类

一、产品概念

所谓产品,是指能够提供给市场,使消费者注意、购买、使用和消费的任何东西。它包括物品(如电视机、化妆品)、服务(如电视节目、美容服务)、个人(如电视节目主持人、美容师)、组织(如电视台、美容院)和观念(如电视节目方案、美容秘方)。

二、产品层次

市场学中的整体产品概念包括核心产品、形式产品和延伸产品三个层次。

1. 核心产品

核心产品是指消费者购买某种产品时所追求的利益,是消费者需求的核心部分,是整体产品概念中最基本、最主要的内容。消费者购买产品,并不是为了获得产品本身,而是为了获得满足自身某种需要的效用和利益。核心产品通常是指一种抽象的意念。例如,观众收看电视节目主要目的是为了娱乐消遣,妇女购买化妆品主要目的是为了美丽动人。

2. 形式产品

形式产品是指提供给目标市场的产品实体和服务形象。它通常由产品的质量、特色、品牌、式样、包装等有形因素构成。如具体的电视节目(新闻联播、天气预报),具体形式的化妆品(眼影、口红、腮红等)。

3. 延伸产品

延伸产品是指消费者购买产品时随同产品所获得的全部附加服务与利益,它包括提供信贷、免费送货、安装调试、保养、"三包"、售后服务等。

图 8-1 显示了整体产品概念三个层次的关系：

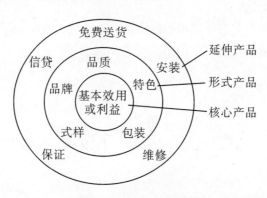

图 8-1 整体产品概念

核心产品、形式产品和延伸产品作为产品的三个层次，构成产品的整体概念，是不可分割的一个整体。其中，核心产品是本质，是根本，企业的产品生产或营销经营活动，首先考虑能为消费者提供哪些效用和功能，并且着眼于产品的这些基本效用和性能上。其次，核心产品必须转化为形式产品才能得以实现。因此，企业在产品设计时，不仅要着眼于消费者所追求的基本利益，同时也要重视如何以独特的形式将这种利益呈现给消费者。虽然形式产品的各种有形因素不全部都直接进入产品的使用过程，但也间接影响消费者对产品的满足程度和评价。最后，企业在提供产品的同时，还要提供广泛的服务和附加利益，形成延伸产品，提高企业的竞争力。在现代市场经济中，特别在同类或同质产品中，延伸产品有利于引导、启发、刺激消费者购买、重复购买和增加购买量。

三、产品分类

在市场营销中要根据不同的产品制定不同的营销策略。要制定科学有效的营销策略，就必须对产品进行分类。

1. 按产品的有形性分类

（1）物品。物品属于有形产品，看得见，摸得着。如文具、化妆品、汽车、电冰箱等。

（2）服务。服务属于无形产品，是为出售而提供的活动、利益和满足。服务具有无形的、不可分离的、可变的和易消失等特点。如教育和医疗等。

2. 按产品的用途分类

产品按用途可分为消费品和工业品。消费品是直接用于满足最终消费者生活需要的产品，工业品则由企业或组织购买后用于生产其他产品。

（1）消费品的分类。

1）便利品。包括日用品、急用品和临用品等，是消费者常用、急用和临时冲动性购买的产品。如香烟、报纸等。

2）选购品。是指消费者购买前感到有必要花费一些时间和精力，从几个不同的商店进行比较和挑选的产品。如服装、家用电器等。

3）特殊品。具有独有特征或品牌标记的产品，对这些独特性的产品，有相当多的购买者一般都愿意为此付出特别的购买努力。如家庭影院、私人轿车等。

4）非渴求品。消费者未曾听说过或即便是听说过一般也不想购买的利他性产品。如人寿保险、墓地等。

（2）工业品的分类。

1）主要设备。是指已经制造完成的工业品，供用户企业长期使用的资产项目之一，往往要经过多年折旧才"报废"。如厂房、机车、机床等。

2）附属设备。是指企业完成生产任务所需要的使用期限较短的资产项目。如生产工具、办公设备等。

3）原材料。是指未加工过的产品。如木材、矿石等。

4）零部件与半成品。是已经经过部分加工（零部件通常不需要再加工，半成品还需要再加工）供生产使用的产品。如车胎、铸件棉纱和金属线等。

5）供应品和服务。是指用户企业日常购买的用品和商业服务，其本身完全不进入生产过程的产品。如打印纸、油漆、钉子、灯泡和修理打字机、管理咨询等。

3. 按产品之间的销售关系分类

（1）独立产品。即产品的销售不受其他产品销售的影响。如钢笔与手表、电视机与电冰箱等都互为独立产品。

（2）互补产品。即产品与相关产品的销售相互依存、相互补充。一种产品销售的增加（或减少）就会引起相关产品销售的增加（或减少）。如汽车与汽油、墨盒与打印机等是互补产品。

（3）替代产品。即两种产品之间的销售存在着竞争关系；也就是说，一种产品销售的增加（或减少）就会引起相关产品销售的减少（或增加）。如猪肉与牛肉、钢笔与签字笔等是替代产品。

第二节 产品生命周期

产品生命周期是指产品从投入市场开始到被市场淘汰为止所经历的全部时间过程。典型的产品生命周期包括介绍期、成长期、成熟期、衰退期四个阶段。产品生命周期长短受消费者需求变化、产品更新换代的速度等多种因素的影响。如手机替代寻呼机，DVD 替代 VCD，电脑替代打字机，等等。产品的市场寿命与产品的使用寿命概念不同，市场营销学所研究的是产品的市场生命周期。

产品生命周期各阶段由于受到市场诸多因素的影响，生命周期内其销售量和利润额在不同时期或阶段有着不同的销量和利润。因此，产品生命周期各个时期或阶段一般是以销售量和利润额的变化来衡量和区分的。如图 8-2 所示。

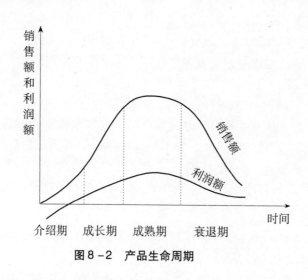

图 8-2 产品生命周期

由上图可见，典型的产品生命周期表现为一条"S"型的曲线，各阶段特点不同。

一、产品生命周期各阶段的特点和营销策略

1. 介绍期

介绍期，又称引入期，试销期，一般指产品刚投入市场销售的阶段。
（1）介绍期的主要特点。第一，制造成本高，生产批量小，试制费用大。第二，

由于消费者对产品不熟悉，广告促销费较高。第三，产品售价偏高。这是由于生产量小、成本高、广告促销费较高所致。第四，几乎没有利润。销售量增长缓慢，利润少，甚至发生亏损。第五，完全创新的产品和含有高新技术的换代新产品在引入期的竞争者较少，甚至没有竞争者。

上市的新产品不一定都能走完所有的生命周期阶段，它还存在夭折的风险。由于市场预测的失误、新产品本身的缺陷、上市时机选择不当、宣传推广不力、成本核算偏差，以及中间商不给予配合等，都可能使新产品上市后即被市场淘汰。

(2) 介绍期的营销策略。对进入介绍期的产品，企业总的策略思想应该是迅速扩大销售量，提高盈利，缩短介绍期，尽量更快地进入成长期。主要策略有：第一，明确促销活动的重点。促销活动的重点是向消费者宣传介绍产品的性能、用途、质量，使消费者尝试使用新产品。第二，正确选择价格策略。价格上可采取低价渗透策略，迅速扩大销售量，占有一定的市场，或采取高价掠取策略，提高盈利。第三，把促销与价格组合运用。见表8-1。

表8-1 促销水平与价格组合

	高促销水平	低促销水平
高价格	快速掠取策略	缓慢掠取策略
低价格	快速渗透策略	缓慢渗透策略

2. 成长期

成长期，又称畅销期，是指产品通过试销阶段以后，转入大量销售的阶段。

(1) 成长期的主要特点。第一，销售额迅速增长。适销对路的产品经过介绍期促销，消费者接受了产品，销售额将迅速提高。第二，生产成本大幅度下降。产品设计和工艺定型，可以大批量生产。第三，利润迅速增长。销售额提高的同时，生产成本又大幅度下降，利润必然增长迅速。第四，同类产品、仿制品和代用品开始出现，使市场竞争日趋激烈。

一项新产品顺利进入成长期，它已摆脱了夭折的风险。但必须看到，这并不等于创新产品的企业能成功地利用这一产品长期获利。这是因为，众多竞争者完全可以采用"迟走半步"的竞争策略，既不必研制新产品投入，又可针对新产品的缺陷、不足，加以大幅度的改进，最终把创新产品的企业挤出市场。

(2) 成长期的营销策略。产品进入该时期，其销售额和利润都呈现出迅速增长的势头，故企业的策略思想尽可能延长成长期时间，并保持旺销的活力。其主要策略有：

第一，提高质量。为适应市场需求，集中企业必要的人财物资源，改进和完善生产工艺，改进产品质量，增加花色品种，扩大产品批量。第二，进一步细分市场，扩大目标市场。第三，改变广告宣传目标。由介绍期提高知名度为中心转为树立企业和产品形象为中心，为产品争创名牌，提高品牌的知名度与偏爱度，促使潜在顾客认品牌购买。第四，降低价格。原来采用高价进入市场的产品，在这一阶段要根据竞争形势的要求降低价格，争夺低收入、对价格敏感的潜在顾客。第五，按照高绩效的分销渠道体系要求，真正建立起满足企业需要的分销渠道体系。

3. 成熟期

成熟期，又称饱和期，是指产品在市场上销售已经达到饱和状态的阶段。

（1）成熟期的主要特点。第一，销售额增长速度趋于缓慢甚至减少。第二，市场需求趋向饱和。销售量和利润达到最高点，后期两者增长缓慢，只有少量滞后的顾客在这时进入市场，一部分消费者开始转向购买替代新产品。第三，竞争最为激烈。行业内由于生产过剩的威胁，迫使各个企业都采用最有效的竞争手段来维持市场占有率，导致最激烈的市场竞争。

（2）成熟期的营销策略。产品进入该时期，销售额和利润出现最高点。由于生产能力过剩，市场竞争加剧，销售增长速度缓慢甚至出现下降趋势，而此时期企业营销思想应尽量延长生命周期，使已处于停滞状态的销售增长率和利润率重新得以回升。其主要策略有以下几种：第一，市场改良策略。即开发新的目标市场，寻求新顾客。其主要方式有：一是发展产品的新用途，二是寻求新市场。第二，产品改良策略。即通过对产品自身作某种改进，来满足消费者不同需要，从而为消费者寻求新用途，使销量获得回升。可以从产品的特性、质量、式样和附加产品等方面进行改革。第三，市场营销组合改良策略。即对产品、定价、分销渠道和促销这四个因素加以改革，以刺激销售额的回升，通常做法如降价、增加广告、改善销售渠道，以及提供更多的售后服务等。

4. 衰退期

衰退期，又称滞销期，是指产品不能适应市场需求，逐步被市场淘汰或更新换代的阶段。

（1）衰退期的主要特点。第一，产品需求量、销售量和利润迅速下降。第二，新产品进入市场，突出表现为价格竞争，且价格压到极低的水平。

（2）衰退期的营销策略。第一，立刻替代策略。如果企业已准备好替代的新产品，或者该产品的资金能够迅速转移，或者该产品的存在危害了其他有发展前途的产品，应当机立断，放弃经营。第二，逐步放弃策略。如果企业立刻放弃该产品将会造成更大损失，则应采取逐步放弃的策略。第三，自然淘汰策略。是指企业不主动放弃该产品，继续沿用以往营销策略,保持原有的目标市场销售渠道,直到产品完全退出市场为止。其中可以采用把企业人财物集中到最有利的细分市场以获取利润的集中策略,以及对目标市场做出调整的转移策略。

总之,如何放弃衰退期产品,是企业最难做出的决策,首先必须能正确判断产品是否已进入衰退期;其次,选择淘汰产品的最佳方式。解决好这些问题的基础,就要有健全的商情分析制度和确切的市场信息资料。

二、判断企业产品市场生命周期的方法

对产品生命周期各阶段的划分是一种理论上的定性划分,其方法主要有以下两种:

1. 类比法

类比法,即参照相类似产品的生命周期曲线或资料来划分某一新产品生命周期阶段。如参照黑白电视机的资料来判断彩色电视机的生命周期阶段及其市场发展趋势。

2. 销售增长率比值法

销售增长率比值法,即以年销售增长率来划分产品生命周期的各个阶段,若以 ΔQ 表示产品销售量的增量,以 ΔT 表示时间的增量,Q' 表示年销售增长率。$Q' = \Delta Q / \Delta T$。

下述 Q' 值数据可供确定产品生命周期阶段参考。第一,当 $0 < Q' \leq 10\%$ 时,属于介绍期;第二,当 $Q' > 10\%$ 时,处于成长期;第三,当 $-10\% < Q' < 10\%$ 时,处于成熟期;第四,当 $Q' \leq -10\%$ 时,处于衰退期。

三、产品市场生命周期的特殊表现形式

事实上,各种产品生命周期的曲线形状是有差异的。有的产品一进入市场就快速成长,迅速跳过介绍期;有的产品则可能越过成长期而直接进入成熟期;还有的产品可能经历了成熟期以后,进入第二个快速成长期。例如第一种形式,再循环形态,是指产品销售进入衰退期后,由于市场需求变化或加强促销而进入第二个成长阶段。如自行车由代步工具重新定位为休闲运动工具,瑞士手表由报时工具重新定位为身份象征物。第二种形式,多循环形态,也称扇形运动曲线,或波浪形循环形态,是在产品进入成熟期后,产品销售量不断达到新的高潮,如喜之郎"水晶之恋"果冻、雀巢情侣咖啡等。第三种形式,非连续循环形态。如时尚产品有特殊生命周期形态。这些产品一上市就热销,然后快速在市场上销声匿迹,企业既无必要也不愿意延长成熟期,而是等待下一周期来临,如时装、电子宠物等。

产品生命周期与产品定义的范围有直接关系。产品定义范围不同,所表现出来的生命周期曲线形状就不同。根据定义范围的大小,可分为种类、形式和品牌三种。

第三节 新产品开发

根据产品生命周期理论，任何产品都会经历从开始投入市场到最后被淘汰退出市场的生命周期。因此，对于企业来说，必须不断地开发新产品和淘汰疲软产品，提高企业的竞争能力和保持持续稳定的发展。企业若不开发新产品，则无法在激烈的市场竞争中生存，不断创新才是企业生存与发展的唯一途径。

一、新产品的概念及种类

从营销的角度来考察，新产品是一个广义的概念，既指绝对新产品，又指相对新产品；生产者变动整体产品任何一个部分所推出的产品，都可理解为新产品。现代市场营销观念下的新产品概念，是指凡是在产品整体概念中的任何一个部分有所创新、改革和改变，能够给消费者带来新的利益和满足的产品，都是新产品。

新产品可分为四种类型：

（1）完全创新产品。是指采用新原理、新技术和新材料研制出来的市场上从未有过的产品。如电视机的首次面世。

（2）换代新产品。是指采用新材料、新元件、新技术，使原有产品的性能有飞跃性提高的产品。如从模拟电视机到数字电视机。

（3）改革新产品。是指从不同侧面对原有产品进行改革创新而创造的产品。如采用新设计、新材料改变原有产品的品质，降低成本，但产品用途不变；采用新式样、新包装、新商标改变原有产品的外观而不改变其用途；把原有产品与其他产品或原材料加以组合，使其增加新功能；采用新设计、新结构、新零件增加其新用途。如从黑白电视机到彩色电视机。

（4）仿制新产品。是指企业未有但市场已有而模仿制造的产品。

二、新产品的开发方式

新产品的开发方式主要包括：第一，独立研制。是指企业利用自己的技术力量和技术优势，独立进行新产品的全部开发工作。第二，联合开发。是指由企业与高等院校或科研机构利用各自在经济、技术、设备、人力等方面的优势，互相协作开发新产品。第三，技术引进。是指企业通过引进国内外先进技术，如技术转让、购买专利等方式开发新产品。

三、新产品的独立开发程序

一个新产品从独立构思到开发研制成功，其过程主要经历八个阶段：创意产生、创意筛选、勾画详细的产品概念与试制、新产品鉴定、市场分析、产品开发、市场测试和商业化。

1. 创意产生

创意产生即提出新产品的设想方案。一个好的构思或创意是新产品成功的关键。寻找创意需要系统而非仅靠灵感。新产品的创意来源有很多，如内部员工、顾客、竞争者、渠道成员、供应商、发明家、顾问或实验室等。

寻求创意的方法主要有以下几种：第一，顾客困难分析法。是指接见或访问顾客，要求他们列出使用产品时的困难。第二，产品修改法。是指将现有产品的属性一一列出，并尝试找出改良、扩大、替代、重新排列、合并和减少其功能的可能性。第三，强行关系法。是指列出多个不同的产品或物品，然后考虑它们彼此之间的关系，从中启发更多的创意。第四，头脑风暴法。是指选择专长各异的人员进行座谈，集思广益，以发现新的创意。

2. 创意筛选

创意筛选是指采用适当的评价系统及科学的评价方法对各种创意进行分析比较，选出最佳创意的过程。在这过程中，力求做到除去亏损最大和必定亏损的新产品构思，选出潜在盈利大的新产品创意。

3. 勾画详细的产品概念与试制

勾画详细的产品概念与试制，是指新产品概念是企业从消费者的角度对产品创意进行的详尽描述，即创意具体化，描述出产品的性能、具体用途、形状、优点、价格、提供给消费者的利益等，同时将筛选出的创意发展成更具体、更明确的产品概念，试制转变成真正的产品。试制一般包括样品试制和小批量试制。

4. 新产品鉴定

新产品鉴定，是指新产品试制后，对其从技术和经济上做出评价，进行全面鉴定。鉴定的内容主要包括：设计文件的完整性和样品是否符合已批准的技术文件；样品精度与外观质量是否符合设计要求，并进行有关试验；对新产品进行质量、工艺、经济性评价，改进意见、编写鉴定书等。新产品只有通过鉴定合格，才可进行定型并正式生产。

5. 商业分析

商业分析是指对新产品估计的销售量、成本和利润等财务情况，以及消费者满足程度、市场占有率等情况进行综合分析，判断该产品是否满足企业开发的目标。

6. 产品开发

产品开发是指主要解决产品构思能否转化为在技术上和商业上可行的产品。它通过对新产品的设计、试制、测试和鉴定来完成。

7. 市场测试

市场测试，是指将正式产品投放到有代表性的小范围市场上进行试销，旨在检查该产品的市场效应，然后决定是否大批量生产。通过试销可为新产品能否全面上市提供全面、系统的决策依据，也为新产品的改进和市场营销策略的完善提供启示。有许多产品是通过试销改进后才取得成功的。但并非所有的新产品都要经过试销，是否进行市场测试，须考虑四个主要因素：第一，将新产品上市的成本、失败的风险、成功的可能性及相关利润进行比较。如果估计成本很高，而且又不能完全确定成功的可能性，那么就应该考虑进行市场测试；相反，如果预期成本低，而且产品失败的风险也小，那么就没有必要进行市场测试。第二，必须考虑竞争者仿制产品推向全国市场的可能性和速度。如果产品能轻而易举被复制，那最好不要进行市场测试。第三，比较为市场测试生产产品所需的投资与面向全国市场生产必需数量的产品所需的投资。如果两者之间的差异很小，那么不进行市场测试将具有更好的意义；相反，如果两者之间的差异很大，那么在决定向全国推广产品之前进行市场测试是非常有必要的。第四，要考虑新产品上市的失败可能会严重损害一个公司的声誉。失败可能会损害公司分销渠道的其他成员（零售商）的声誉，并破坏公司为今后推出产品而获取合作的能力。在这种情况下，就需要进行市场测试。

如果试销市场呈现高试用率和高再购率，表明该产品可以继续发展下去；如果市场呈现高试用率和低再购率，表明消费者不满意，必须重新设计或放弃该产品；如果市场呈现低试用率和高再购率，表明该产品很有前途；如果试用率和再购率都很低，表明该产品应当放弃。

8. 商业化

新产品试销成功后，就可以正式批量生产，全面推向市场，即产品进入商业化阶段。企业在此阶段应从以下几方面做好决策：第一，时机决策。即在什么时候将产品推入市场最适宜。针对竞争者而言，可以做三种选择，即首先进入、平行进入和后期进入。第二，区域决策。即在什么地区推出新产品，在一个地区、多个地区或国际市场推出新产品。第三，目标市场决策。即向谁推出新产品。企业把分销和促销目标面向最理想的消费者，利用他们带动其他消费者。第四，推进产品决策。即如何推出新产品。企业必须制订详细的市场计划，如营销组合策略、营销预算、营销活动的组织和控制等较为完善的营销综合方案，有计划地进行营销活动。

为了更早地推出新产品，许多企业开始采用一种更快的、团队导向的并行（或团队）产品开发方法。高层管理者给予团队总体的策略导向，而不是具体的产品概念或工作计划。

第四节 产品组合策略

根据产品生命周期理论，产品都有从诞生、成长至衰退的过程。因此，企业不应该只经营单一产品，需要同时经营多种产品。企业不管是开发新产品还是淘汰疲软产品，都是为了形成企业最佳的产品组合。最佳的产品组合是企业提高竞争能力和保持持续稳定发展的必要条件。

一、产品组合及其相关概念

1. 产品项目

产品项目是指按产品目录中列出的每一个明确的产品单位，一种型号、品种、尺寸、价格、外观等就是一个产品项目。

2. 产品线

产品线是指一组密切相关的产品项目。可从多方面加以理解：满足同类需求的产品项目，如不同型号的电视机；互补产品项目，如电脑的硬件、软件等；卖给相同顾客群体的产品项目，如学生的文具等。可从经营管理、市场竞争、服务顾客等具体要求来划分产品线。

3. 产品组合

产品组合是指企业经营的全部产品线、产品项目结构或结合方式。产品组合包括四个变量：宽度、长度、深度和关联度。第一，产品组合的宽度。是指企业的产品组合中所包含的产品线的多少。第二，产品组合的长度。是指产品组合中产品项目的总数。第三，产品组合的深度。是指产品线中每一产品有多少花色、式样、规格等品种。第四，产品组合的关联度。是指各条产品线在最终用途、生产条件、分销渠道或其他方面相互关联的程度。产品组合见表8-2。

表 8-2　宝洁公司的产品组合

产品组合宽度	洗发护发	护肤美颜	身体清洁	口腔清洁	织物清洁	妇儿健康	家居健康
产品组合长度	飘柔	玉兰油	舒肤佳	欧乐B	碧浪	护舒宝	吉列
	海飞丝	SK-Ⅱ	卡玫尔	佳洁士	汰渍	朵朵	博朗
	潘婷	海肌源	激爽			帮宝适	金霸王
	沙宣						
	伊卡璐						
	威娜						
	赛巴斯汀						

注：宝洁的产品组合宽度是 7，总长度是 23，平均长度是 3.3；宝洁的产品组合深度分别是 7，3，3，2，2，3，3；宝洁的产品组合相关度高，大都属于日用化工产品。

二、产品组合决策

产品组合不是静态的而是动态的组合，企业的内外部条件在不断变化，产品组合也应随之进行调整，增删一部分产品线及产品项目，使产品组合达到合理化、最佳化的状态。为此，必须借助一定的分析方法。这里介绍两种在企业广泛应用的方法。

1. 通用电气公司法

由美国通用电气公司创立，它利用行业吸引力和本企业实力两个综合性构成一个坐标。行业吸引力包括的因素有市场大小、市场年增长率、历史的利润率、竞争强度、技术要求、由通货膨胀所引起的脆弱性、能源要求、环境影响以及社会、政治、法律的因素等。企业实力包括的因素有市场占有率、市场占有率增长、产品质量、品牌信誉、商业网、促销力、生产能力、生产效率、单位成本、原料供应、研究与开发成绩以及管理人员等。每个轴分为高中低三个档次，并形成一个象限。圆圈代表现有产品的位置，其大小表示其市场规模的大小，圆圈的阴影部分则代表该企业产品所占的绝对市场份额。如图 8-3 所示。

（1）绿色地带。表示进入这些象限的产品具有较高的吸引力与实力，应作为投资与发展的对象。

（2）黄色地带。属于中间状态的产品，它们可能转变为绿灯或红灯类产品，因此应保持现状，并注意其发展方向。

（3）红色地带。是处于低于状态的产品，应掌握时机及时淘汰这类产品。

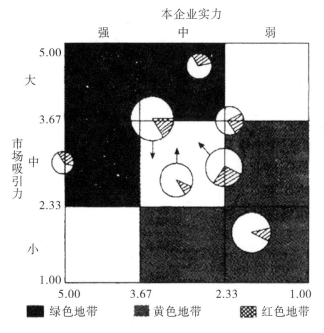

图 8-3 通用电气公司法

2. 波士顿咨询集团法

企业也可以用由美国波士顿公司创立的矩阵图分析法来分析决策。

这种方法仅依据年市场增长率及相对市场占有率两个因素对产品组合进行分析。年市场增长率以10%为界分高、低两档。相对市场占有率,是指本公司某一产品的市场占有率与同行业中最大的竞争者的同一产品的市场占有率之比。相对占有率以1为界分为高、低两档,这样可把企业的全部产品所处的市场地位分为四种类型。圆圈代表现有产品的位置,其大小表示销量的大小。如图8-4所示。

(1) 产品种类。第一种,明星产品。指年市场增长率及相对市场占有率都高的产品。第二种,问题产品。指年市场增长率较高而相对市场占有率较低的产品。第三种,奶牛产品。指年市场增长率低但相对市场占有率高的产品。第四种,瘦狗产品。指年市场增长率及相对市场占有率均较低的产品。

采用此法可帮助企业分析现有产品组合是否合理。一般而言,明星与财源产品多且销量大的产品组合比较合理。

(2) 各类产品策略。企业对各类产品可采取不同的策略。一是要投入大量现金发展明星产品,促使其成为财源产品;二是要保持财源产品的市场占有率,以便赚取更多

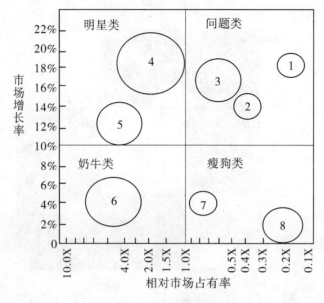

图 8-4 波士顿咨询集团法

的现金;三是对衰退中的财源产品以获得短期利益为目的进行收割;四是对无前途的问题产品及亏损的瘦狗类产品应及时放弃,以便使有限的资金集中于有潜力的产品。

三、产品线决策

产品线是产品组合的基础,产品组合的长度、深度、关联度都决定了产品线的状况。因此,实现产品组合的最佳化,离不开产品线决策,其决策内容包括产品线的延伸、补充与缩减。

1. 产品线的延伸决策

产品线延伸是针对产品的档次而言,在原有档次的基础上向上、向下或双向延伸,都是产品线的延伸。

(1) 产品线向上延伸决策。是指企业原来生产中档或低档产品,再新推出高档或中档的同类产品,这就是产品线向上延伸策略。

实行这一决策的原因主要有几方面:一是高档产品可获得更丰厚的利润;二是认为现行生产和销售高档产品的公司实力薄弱,可以取而代之;三是认为可提高企业的形象;四是可完善产品线,满足不同层次消费者的需要。

产品线向上延伸决策是有风险的，主要体现在三个方面：一是生产和销售高档产品的竞争者反过来侵占低档产品的市场，二是顾客不相信企业具有向上延伸的足够能力，三是企业缺乏销售高档产品的经验。

（2）产品线向下延伸决策。是指企业在原来生产高档或中档产品的基础上，再生产中档或低档的同类产品。

实行这一决策的原因主要有几个方面：一是高档产品成长缓慢；二是高档产品市场竞争白热化；三是最初进入高档产品的目的是为了建立高品质的形象和声誉，达到目的以后可向下延伸；四是增加低档产品可填补市场空白。

产品线向下延伸决策也有其风险：一是可能会激怒生产和销售低档产品的企业，使其进入高档产品市场还击；二是经销商或顾客可能不重视向下延伸的低档产品；三是可能给人以"走下坡路"的不良印象，损害企业形象。

（3）产品线双向延伸决策。是指原来生产中档产品的企业同时扩大生产高档和低档的同类产品。

采用这种策略的企业主要是为了取得同类产品的市场地位，扩大经营，增强企业的竞争能力。但应注意，只有在原有中档产品已取得市场优势，而且有足够资源和能力时，才可进行双向延伸，否则还是单向延伸较为稳妥。

2. 产品线的补充决策

产品延伸是产品档次的扩展，经营范围的伸长，因此是一种战略性决策。产品补充是针对产品项目而言，在原有档次的范围内增加的产品项目，它是一种战术性决策。

这一决策的目标是多方面的：通过扩大经营来增加利润，满足消费者差异化的需求，防止竞争对手乘虚而入，利用过剩的生产能力，等等。

进行决策时要注意的是：必须根据实际存在的差异化需求来增加产品项目，以动态的观点来认识产品线补充，且必须使新的产品项目有足够的销量。

3. 产品线的缩减决策

产品线缩减指企业根据市场变化的实际情况，适当减少一部分产品项目。在以下情况下，企业应考虑适当减少产品项目：已进入衰退期的亏损的产品项目；无力兼顾现有产品项目时，放弃无发展前途的产品项目；当市场出现疲软时，删减一部分次要产品项目。

第五节 品牌策略

一、品牌与商标的概念

1. 品牌

品牌是一个名称、术语、标记、符号、图案，或是它们的相互组合，用于识别产品的经营者和区别竞争者的同类产品。品牌包括品牌名称和品牌标记。品牌名称是指品牌中可用口语称呼的一部分，用于经营者及其产品的商业宣传活动，如可口可乐、微软等；品牌标记是指品牌中可记认但无法用口语称呼的一部分，它包括文字、图形、字母、数字、三维标志和颜色组合，以及上述要素的组合。如麦当劳的"金色拱门"、耐克的"勾子"等。

2. 商标

商标是经有关政府机关注册登记、受法律保护的整体品牌或该品牌的某一部分。商标具有区域性、时间性和专用性等特点。

3. 品牌与商标的联系与区别

品牌与商标的联系：一是品牌的全部或部分作为商标经注册后，这一品牌便具有法律效力；二是品牌与商标是总体与部分的关系，所有商标都是品牌，但品牌不一定都是商标。

品牌与商标的区别：其一，品牌是一个商业名称，其主要作用是宣传商品；其二，商标也可以宣传商品，但更重要的是，它是一个法律名称，受法律保护。

二、品牌的作用和品牌资产

1. 品牌的作用

（1）品牌对消费者的作用：一是品牌为消费者提供商品信息，使消费者容易辨认所需要的产品和服务；二是提供产品的品质信息；三是使消费者能找到制造厂家，便于维修及更换零件；四是品牌还可使消费者比较商品的优劣，增加对优质品牌的忠诚度。

（2）品牌对企业的作用：一是品牌有助于企业的广告策划，二是有助于增加对产品的保护从而防止其他企业抄袭，三是有助于企业减少价格竞争，四是有助于对市场进行划分，五是有助于树立企业形象，六是便利产品组合的扩展，七是品牌可促进企业对产品的改良，八是优秀的品牌还可以形成品牌资产。

2. 品牌资产

品牌是重要的无形资产。品牌资产主要由五个项目组成：品牌忠诚度、品牌知名度、品质认知、品牌联想和专有资产。品牌资产主要体现为企业产品能否在市场上大行其道，其产品能否卖出好价钱。品牌资产还体现无形资产评估机构对它的评估及在资本市场的良好表现。如著名品牌咨询集团 Interbrand 评选出的 2009 年全球最具影响力的 10 个品牌。见表 8-3。

表 8-3 2013 年全球最具影响力的 10 个品牌

排名	品牌	中文常用名称	品牌拥有国	主要业务	品牌价值（百万美元）
1		苹果	美国	电子	98,316
2	Google	谷歌	美国	电子	93,291
3	Coca-Cola	可口可乐	美国	饮料	79,213
4	IBM	IBM	美国	商业服务	78,808
5	Microsoft	微软	美国	电子	59,546
6	GE	通用	美国	综合	46,947
7	M	麦当劳	美国	餐饮	41,992
8	SAMSUNG	三星	韩国	电子	39,610
9	intel	英特尔	美国	电子	37,257
10	TOYOTA	丰田	日本	汽车	35,346

注：以上摘自 Interbrand 官网。

三、品牌设计的基本原则

品牌设计影响着消费者的接受和记忆，从而影响企业的信息传递；品牌设计影响着消费者的好感和偏爱，从而影响企业的产品销售。

品牌设计的基本原则是：第一，定位清晰，特征明显；第二，寓意深刻，发音响亮；第三，形体优美，适应性广；第四，符合商标法。

相关链接 我国商标法禁用条款

第十条　下列标志不得作为商标使用：

（一）同中华人民共和国的国家名称、国旗、国徽、军旗、勋章相同或者近似的，以及同中央国家机关所在地特定地点的名称或者标志性建筑物的名称、图形相同的；

（二）同外国的国家名称、国旗、国徽、军旗相同或者近似的，但该国政府同意的除外；

（三）同政府间国际组织的名称、旗帜、徽记相同或者近似的，但经该组织同意或者不易误导公众的除外；

（四）与表明实施控制、予以保证的官方标志、检验印记相同或者近似的，但经授权的除外；

（五）同"红十字"、"红新月"的名称、标志相同或者近似的；

（六）带有民族歧视性的；

（七）夸大宣传并带有欺骗性的；

（八）有害于社会主义道德风尚或者有其他不良影响的。

县级以上行政区划的地名或者公众知晓的外国地名，不得作为商标。但是，地名具有其他含义或者作为集体商标、证明商标组成部分的除外；已经注册的使用地名的商标继续有效。

第十一条　下列标志不得作为商标注册：

（一）仅有本商品的通用名称、图形、型号的；

（二）仅仅直接表示商品的质量、主要原料、功能、用途、重量、数量及其他特点的；

（三）缺乏显著特征的。

前款所列标志经过使用取得显著特征，并便于识别的，可以作为商标注册。

第十二条 以三维标志申请注册商标的，仅由商品自身的性质产生的形状、为获得技术效果而需有的商品形状或者使商品具有实质性价值的形状，不得注册。

第十三条 就相同或者类似商品申请注册的商标是复制、摹仿或者翻译他人未在中国注册的驰名商标，容易导致混淆的，不予注册并禁止使用。

就不相同或者不相类似商品申请注册的商标是复制、摹仿或者翻译他人已经在中国注册的驰名商标，误导公众，致使该驰名商标注册人的利益可能受到损害的，不予注册并禁止使用。

四、品牌决策

1．品牌使用决策

（1）使用品牌。大多数产品都使用品牌。

（2）不使用品牌。其主要原因有：一是同质性产品，二是人们不习惯认牌购买的产品，三是生产简单、无一定技术标准的产品，四是临时或一次性生产的产品。

2．品牌防御决策

品牌防御是防止他人侵权行为以及避免企业声誉、利润受损，可采用以下对策：

（1）及时注册商标，以保证自身的合法权利。

（2）在非同类商品中注册同一商标。如 Gucci（古琦）除在服装外，也在香水、皮包、皮鞋、手表、家饰品、宠物用品等不同类别商品中注册商标，避免蒙受损失。

（3）在同一商品中注册多个商标。如娃哈哈集团注册了"娃哈哈""娃娃哈""哈娃娃"及"哈哈娃"四个商标，堵住可能被仿冒的漏洞。

（4）使用防伪标识。

3．品牌归属决策

品牌归属是指产品使用谁的品牌。一般有：

（1）生产者品牌（制造商品牌）。是指生产者使用本企业品牌，如海尔、长虹等。

（2）贴牌生产（OEM）。是指生产者为他人的品牌生产商品，如耐克的生产商。

（3）特许。是指生产者租用他人的品牌，如麦当劳、肯德基的加盟店。

（4）销售者品牌（中间商品牌）。是指生产者把商品卖给中间商，使用中间商品牌，如百佳超市的"超值牌"。

（5）双重品牌。是指生产者生产的产品同时使用产品者品牌和销售者品牌，如格兰仕。

用谁的品牌谁的收益就更高，同时承担的责任和风险也更多。

4. 品牌家族决策

（1）个别品牌决策。是指企业将自己不同的产品分别选用不同的名称。如可口可乐公司的可乐饮料命名为"可口可乐"，柠檬水命名为"雪碧"，橙味汽水命名为"芬达"，混合果汁饮料命名为"酷儿"，茶饮料命名为"天与地"，等等。

个别品牌决策的优点主要有：一是"隔离"作用，用品牌把不同产品的特性、档次、目标顾客的差异隔离开来；二是"保险"作用，每种产品使用各自品牌，纵然其中有某个声誉不佳，也不至于影响其他品牌形象；三是"激励"作用，不断开发的新产品采用新的品牌，可给人以蒸蒸日上、进步发展的良好印象。个别品牌决策的缺点主要是每个品牌形成费用大，包括商标设计及品牌命名费用、注册与续展费用、宣传推广费用等。

（2）统一品牌决策。是指企业将自己全部产品都选用同一名称。如海尔、飞利浦、TCL、索尼、康师傅、统一、雅马哈、三星等品牌涵盖了它们公司的所有产品。

统一品牌决策的主要优点有：一是同一品牌推出大批产品，可以显示实力，有利于在顾客心目中留下深刻的印象，提高企业威望，树立企业形象；二是新产品上市可以减少、消除陌生感，更快也更容易打入市场；三是覆盖多种产品，可以通过多种市场传播手段，集中力量突出一个品牌形象，节省促销费用，宣传效果好；四是整体家族品牌之下的各种产品，可以互相声援，扩大销售。统一品牌决策的主要缺点体现在：一是它不适用于原有声誉、形象一般的企业；二是它一般只适合价格、品质和目标大致相似的商品；三是若其中某一产品出现问题，可能会殃及其他产品。

（3）分类品牌决策。是指企业依据一定标准将其产品进行分类，把不同类别的产品分别选用不同的名称。例如，上海家化公司三大主力品牌采用了分类品牌决策："六神"品牌专注偏爱中药草本原料、喜欢清凉感受的人群，产品有沐浴露、香皂和花露水等；"美加净"则是平价而具有亲和力的品牌；"清妃"则是中高档护肤和彩妆的品牌。

分类品牌决策是兼收统一品牌与个别品牌优点和缺点的做法。

（4）统一下的个别品牌决策。是指企业把商号或商徽作为统一品牌，与每一种产品的个别品牌连用。例如，通用汽车公司的通用－别克、通用－欧宝、通用－雪佛莱、通用－凯迪拉克等品牌。

统一下的个别品牌决策的主要优点有：一是可使新产品正统化，享受企业已有的声誉；二是在家族品牌后面跟上个别品牌，又能使新产品个性化。统一下的个别品牌决策也是兼收家族品牌与个别品牌优点和缺点的做法。

5. 品牌延伸决策

品牌延伸决策，是指企业利用已获成功品牌的声誉，推出改进型产品或新产品，也叫品牌扩展。先成名、后延伸是先做强、后做大的同一语。一个品牌到了登峰造极之时应当适时地延伸。如康师傅从方便面延伸到饼干，从饼干又延伸到饮料等。

（1）品种延伸。即先推出某个品牌，成功以后再推出新的经过改进的产品；接着推出更新的产品。

（2）产品延伸。如在电冰箱生产上成名后延伸到洗衣机、微波炉、热水器生产上去。

（3）行业延伸。如在电器行业上成名后延伸到电子、信息行业上去。

（4）产业延伸。如在第二产业上成名后延伸到第三产业上去。

品牌延伸决策的优点主要是使新产品能够迅速被人了解并识别，而且更快地为人所接受。品牌延伸决策的缺点主要是延伸越深入风险越高。如"巨人"的衰落，"春都"的颓败都是品牌延伸决策失误造成的。其主要原因是舍本求末，忽视核心主业和核心竞争力。在主业尚未做大、做强、做实时，就盲目涉足并不熟悉的行业，战线拉长加大，使人、财、物和管理各方面资源分散，结果顾此失彼，惨遭失败。一旦品牌延伸失败，就会损害消费者对同一品牌下的其他产品的态度。

6. 多重品牌决策

多重品牌决策是指企业在同一产品使用两个或两个以上的品牌。这是宝洁公司首创的。"二战"以前，该公司推出洗涤用品，颇为畅销；1950年，又推出另一品牌的洗涤用品，虽然抢走前者部分市场，但是两者销售总额大于只有一个品牌时的收入。如宝洁公司在中国生产的洗发水分别用"飘柔""海飞丝""潘婷""伊卡璐"和"沙宣"等品牌。

多重品牌决策的优点主要有：第一，只要中间商接受，就可占有更大陈列空间。第二，真正忠诚于某一品牌、任何情况下也不改变的顾客毕竟很少，提供多重品牌，客观上有更多的机会进入顾客的"购买单"，扩大销售。第三，有利于内部展开竞争，提高效率。第四，有利于向不同市场渗透。多重品牌决策的主要缺点是需要耗费较多的资源，且品牌之间有时难以协调。

7. 品牌变更决策

（1）更换品牌策略。是指企业完全废弃原有的牌名、商标，更换为新的牌名、商标，目的是为了使品牌适应新的时代、新的需求和新环境，同时也可以给人以创新的感受。例如，联想将"Legend"品牌更换为"Lenovo"，品牌寓意为"创新的联想"。

（2）推展品牌策略。是指企业采用原有的品牌，但逐渐对原有的商标进行革新，使新旧商标之间造型接近、一脉相承、见新知旧。例如，壳牌的标识演变堪称全球品牌标识逐步成功演变的一个典范。从1897年开始使用标识后，壳牌标识先后历经10次变化，但每次均保留了标识的核心元素——贝壳。因为"贝壳通常被认为是海洋的象征，它正体现了壳牌对新观念、新产品和新方法的探索与追求"，从而体现了壳牌为顾客服务的精神。如图8-5所示。

图8-5 壳牌的标识演变

五、名牌与驰名商标的概念

1. 名牌

名牌是指著名品牌，即在市场竞争环境中产生、得到目标顾客认可、具有较高知名度和美誉度、超群的市场表现以及巨额信誉价值的品牌。

2. 驰名商标

驰名商标是指经商标主管机关或法院依法认定、在市场上享有较高声誉并为相关公众所熟知的商标。

驰名商标的特点主要有：一是驰名商标可以超越国界限制，二是驰名商标可以突破注册限制，三是驰名商标不受商品范围的限制，四是驰名商标受到侵权可以在更长时间提出异议。

驰名商标的认定方法多是被动认定，即由于某个商标在市场上遭受到假冒、仿制等不法侵害，经商标权利人提出请求的情况下，有关机构才依法给予认定。我国采取的是"被动认定为主，主动认定为辅"原则，即在我国主要为被动认定、司法认定、个案认定驰名商标。

3. 名牌与驰名商标的联系与区别

名牌与驰名商标的联系是：名牌与驰名商标是总体与部分的关系，所有驰名商标都是名牌，但名牌不一定都是驰名商标。

名牌与驰名商标的区别是：名牌是市场名称，而驰名商标是法律名称，受法律保护。

第六节 包装策略

一、包装及其组成部分

1. 包装的概念

包装是指将产品盛放于某种容器内或进行外部包扎。产品包装是一项技术性和艺术性很强的工作，通过对产品的包装可以达到多种效果。包装设计应适应消费者心理，显示产品的特色和风格，包装形状、大小应为运输、携带、保管和使用提供方便。

2. 包装的一般组成

（1）首要包装。是指最接近产品的容器，也称内包装。最重要的是产品的安全性。

（2）中包装。是指保护首要包装的包装，又称销售包装。主要作用是便于经营者展示商品，方便消费者识别、选购、携带、使用商品。销售包装的标识可用于装潢商品、刺激购买，其类型除指示标识、警告标识外，还有解释标识、激励标识、管理标识等。

（3）外包装。是指为了便于储存和运输而进行的包装，又叫储运包装。用于储运、装卸过程中直接保护商品，或通过保护销售包装而达到保护商品的目的。运输包装必须有识别标识、指示标识、警告标识。

二、包装的作用

1. 保护商品

保护商品是指保护商品质量安全和数量的完好无损，是商品包装最原始、最基本的目的。包括：第一，保护商品本身。因为商品在从生产领域向消费领域转移过程中，要经过多次运输和储存的环节，其中会出现震动、挤压、碰撞、日晒、变质等情况，造成一些不必要的损失。第二，安全（环境）保护。有些商品可能是有毒的、有腐蚀性的或易挥发、易燃、易爆等，外形上可能有棱角、刃口等危及人身安全的形状，必须进行包装，以防对安全（环境）造成危害。

2. 便于储运

产品的物质形态有气态、液态、固态、胶态等，若不进行包装，则无法运输、携带、储存和点检。包装有利于仓库作业，合理堆砌，保护商品品质，同时便于计数，有利于管理。

3. 识别商品

不同产品采用不同包装，或同类产品不同厂家、不同品牌，采用不同的包装，可以使消费者易于识别。同时，通过产品包装，企业可以与竞争者的同类产品有所不同，不易仿制和伪造，有利于维护企业信誉，增强企业竞争力，提高经济效益。

4. 便于使用

适当的包装可以起到便于顾客使用和指导消费的作用。

5. 促进销售

产品采用包装后，首先进入消费者视觉的往往不是产品本身，而是包装。能否引起消费者的兴趣和激发购买动机，在一定程度上取决于产品的包装，因而包装成了"无声推销员"。产品经过包装，尤其加上装潢后，商品更加美化。一个好的包装还可以增加产品的价值，引起或刺激消费者的兴趣，从而促进产品的销售。

6. 增加盈利

首先，在运输过程中，包装能减少损坏、变质等情况，减少损耗，从而减少支出，增加利润；其次，由于包装可以刺激消费者的购买欲望，使销售量增加，进而也增加利润。而且，有精美包装的商品往往能以更高的价格出售。

三、包装的策略

1. 类似包装策略

类似包装策略，是指企业将所有产品在包装外形上采用相同或相似的图案、近似的色彩和共同的特征，使消费者容易发现是同一家企业的产品。其好处是可以节省包装设计的成本，有利于提高企业的整体声誉，特别是新产品容易进入市场。但如果企业产品品质相差太大，不宜采用这种策略。

2. 等级包装策略

等级包装策略，是指企业依据产品的不同档次、用途、营销对象等采用不同的包装。例如，高档商品的包装要显得名贵精致，中档商品的包装可稍为简略朴素；儿童商品可用动物或卡通人物形象；老人使用的商品则可简易实用。等级包装有利于消费者辨别产品的档次差别和品质的优劣。它适用于产品相关性不大，产品档次、品质比较悬殊的企业。其优点是能体现产品的特点，并与产品质量协调一致；缺点是增加包装设计成本。

3. 配套包装策略

配套包装策略，是指企业依据人们生活消费的组合习惯，将几种有关联的产品配套包装在同一包装物内。如把茶壶、茶杯、茶盘、茶碟放在一起进行包装。这种策略不仅有利于充分利用包装容器的空间，而且便于顾客配套购买商品，以一物带多物增加销售，扩大销量，更可带动新产品上市。

4. 复用包装策略

复用包装策略，是指包装物本身是一件有价值的商品，待所包装的商品使用完毕后，包装物可移作其他用途。这样可以利用消费者一物多用的心理，使他们得到额外的利益；同时，包装物在使用过程中，也可起到广告宣传的作用，诱发消费者购买或重复购买。

5. 附赠品包装策略

附赠品包装策略，是指利用包装中附赠物品或给顾客各种奖励，借以吸引顾客购买和重复购买，其形式多种多样。这种策略对儿童和青少年特别有效。如麦当劳的儿童套餐。

6. 改变包装策略

改变包装策略，指为克服现有包装的缺点，为吸引新顾客废弃旧式包装，采用现代化的包装材料、容器和科学的包装技术；或为适应市场而修改现有包装，显示产品特点、体现消费潮流等。

本章小结

1. 产品就是向市场提供的，用于引起注意、获取、使用或消费，以满足欲望或需要的任何东西。产品包括核心产品、形式产品和延伸产品三个层次。对现代企业而言，产品在市场上的形象，是三个层次的综合反映，任何一个层次出现问题，都会影响企业的产品信誉乃至市场销售。

2. 产品生命周期是指从产品试制成功投入市场开始到被市场淘汰为止所经历的全部时间过程。产品生命周期包括投入期、成长期、成熟期、衰退期。各阶段有其特定的特点及营销策略。

3. 公司的现有产品面临着有限的生命周期，因此必须以新产品来代替。新产品是指能给市场带来新利益的产品。新产品成功的关键在于整个企业的共同努力、缜密的计划以及系统化的新产品开发。新产品一般包括四种类型。新产品开发包括八个阶段。

4. 企业不管是开发新产品还是淘汰疲软产品，都是为了形成企业最佳的产品组合，产品组合可以从宽度、长度、深度和一致性四个维度进行描述。这些维度是制定企业产品战略的工具。

5. 品牌是用于识别一种产品或服务的生产者或销售者的名称、术语、标记、符号、设计或者上述这些的组合。一个强势品牌就具有较高的品牌资产，高品牌资产为一个企业提供了多方面的竞争优势。品牌决策包括品牌使用、品牌防御、品牌归属、品牌家族、品牌延伸、多重品牌和品牌变更决策。

6. 包装管理涉及产品的容器和包装材料的设计和生产。创造性的包装能够给企业带来超过竞争对手的优势。包装管理能够实现多重利益，比如保护性、经济性、便利性和促销作用。包装的策略包括类似包装、等级包装、配套包装、复用包装、附赠品包装和改变包装策略。

关键概念

产品　实质产品　有形产品　延伸产品　产品生命周期　新产品　产品项目　产品线　产品组合　产品组合宽度　产品组合长度　产品组合深度　产品组合关联度　通用电气公司法　波士顿咨询集团法　品牌　商标　名牌　驰名商标　包装

练习与思考

一、判断正误

1. 包装、品牌、质量等属于产品整体概念中的核心产品层。（　　）
2. 产品生产周期是指产品在使用过程中的技术寿命。（　　）
3. 一般来说，企业在成熟期的营销目标是保持市场份额的最大化（　　）
4. 新产品是指市场上从未有过而首次面世的产品。（　　）
5. 某汽车制造厂制造轿车、卡车和大客车，分别有两种、五种、七种型号，则该厂的产品线有3条，产品组合的宽度为3。（　　）
6. 雅芳化妆品公司拥有30条产品线，共有1200个产品项目，则其产品组合的平均长度度为40。（　　）
7. 商标是企业中一种重要的资源，一经登记注册后，就受到法律保护，具有排他性。（　　）

8. 名牌就是驰名商标。（   ）

9. 外包装，是指保护首要包装的包装，又叫销售包装。（   ）

二、单项选择

1. 人们购买制冷用的空调主要是为了在夏天获得凉爽空气。这属于空调产品整体概念中的（   ）。

　　A. 有形产品　　B. 附加产品　　C. 核心产品　　D. 延伸产品

2. 某种产品在市场上销售迅速增长，利润显著上升，该产品这时正处在其市场生命周期的（   ）阶段。

　　A. 介绍期　　B. 成长期　　C. 成熟期　　D. 衰退期

3. 美国强生公司把婴儿专用的洗发水推向妇女市场，使销售量出现再循环。其所采用的是（   ）。

　　A. 市场改良　　　　　　　B. 产品改良

　　C. 特性改良　　　　　　　D. 市场营销组合改良

4. 对现有产品的品质、款式、特点或包装等作一定的改进而形成的新产品，就是（   ）。

　　A. 完全创新产品　　　　　B. 换代新产品

　　C. 改革新产品　　　　　　D. 仿制新产品

5. 企业在调整业务投资组合时，对某些问题类业务单位，欲使其转入明星类单位，宜采取（   ）战略。

　　A. 保持　　B. 收割　　C. 发展　　D. 放弃

6. 一个营销者所营销的全部产品的总称就是（   ）。

　　A. 产品线　　B. 产品组合　　C. 产品项目　　D. 家族产品

7. 企业所拥有的不同产品线的数目是产品组合的（   ）。

　　A. 深度　　B. 长度　　C. 宽度　　D. 相关性

8. 如果不使用品牌，企业需要考虑的条件之一是（   ）。

　　A. 产品价格便宜　　　　　B. 产品同质性较好

　　C. 需要建立长期市场　　　D. 竞争过于密集

9. 宝洁公司的洗发产品使用了"海飞丝""潘婷""飘柔""沙宣"等品牌。这种决策称为（   ）。

　　A. 品牌归属决策　　　　　B. 品牌家族决策

　　C. 品牌延伸决策　　　　　D. 多重品牌决策

10. 某化妆品公司把各种护肤品包装在一起，既方便顾客购买和使用，又有利于产品销售，该公司使用的是（   ）。

A. 等级包装策略　　　　B. 配套包装策略
C. 复用包装策略　　　　D. 附赠品包装策略

三、问答题

1. 如何理解产品的整体概念及对企业的意义？
2. 如何根据市场需求的变化，灵活调整企业的产品结构？
3. 以你所熟悉的一种产品为例，说明产品生命周期不同阶段生产者和消费者所面临的不同问题，以及你认为经营者在不同的时期应采取什么不同的营销组合策略。
4. 新产品一般包括哪些类型？
5. 新产品开发包括哪些阶段？
6. 什么是产品组合？产品组合决策包括哪些内容？
7. 举例说明产品延伸策略与品牌扩展策略的区别。
8. 在加强品牌资产保护方面，企业应做好哪些工作？
9. 品牌策略有哪些？
10. 包装策略有哪些？

案例研讨　星巴克的产品策略

一、星巴克全球：事实和数据

1971年，星巴克在西雅图派克市场成立第一家店，开始经营咖啡豆业务。

1982年，霍华德·舒尔兹先生加入星巴克，担任市场和零售营运总监。

1987年，舒尔兹先生收购星巴克，并开出了第一家销售滴滤咖啡和浓缩咖啡饮料的门店。

1992年，星巴克在纽约纳斯达克成功上市，从此进入了一个新的发展阶段。

目前，星巴克在全世界62个国家拥有超过18000家门店，20多万名伙伴（员工）。

二、星巴克和中国共发展

星巴克于1999年1月在北京中国国际贸易中心开设中国大陆第一家门店。目前，星巴克在大陆60多个城市运营超过1001家门店。对于星巴克来说，中国就是星巴克的"第二本土市场"，本着到2014年使中国成为仅次于美国的星巴克全球第二大市场、到2015年在中国大陆运营1500家门店的愿景，星巴克将不断致力于加强在中国的发展。

过去的14年，星巴克已经在中国成功地确立了优质咖啡行业的领袖地位，取得了很高的品牌知名度。其积极进取、高雅时尚以及具有人文精神的品牌形象，广受中国各类消费者的认同和欢迎。对于许多中国人来说，星巴克的绿色美人鱼标识不仅代表最好的咖啡，更是高质量和现代生活方式的代名词。

在中国，星巴克是当之无愧的咖啡知识和咖啡专业技能方面的领头羊，并始终坚持着自己的传统和特色，为顾客献上一流的咖啡产品，以及其他优质的饮料与食品。中国人有饮茶的传统，而星巴克却在这样一个饮茶社会里营造起了良好的咖啡文化。星巴克门店的氛围颇似传统中国茶馆，是一个放松心情、闲谈小聚的场所，是一间可以与亲朋好友谈天说地的公共客厅。而星巴克全球如一的独特星巴克体验，优质人性化的服务及其"第三空间"理念，也引起了中国消费者的广泛共鸣。

星巴克在为消费者提供始终如一的优质星巴克体验的同时，也一直致力于提升和改进我们的顾客体验。在对产品质量和服务精益求精的基础上，星巴克强调创新，强调产品和服务的个性化，强调不断给消费者带来愉悦和惊喜。同时，星巴克充分尊重中国历史悠久的传统文化，在门店设计、地方食品和饮料供应等方面，完美地将当地习俗融合到星巴克体验之中。进入中国市场以来，先后推出了多种深受中国消费者喜爱的具有中国特色的饮料、食品和商品，包括星巴克月饼、星冰粽、黑芝麻抹茶星冰乐、中式星巴克茶、芒果鸡肉卷、豆腐蔬菜卷，以及专为中国春节和中秋节设计制作的生肖储蓄罐和随行杯等等。与此同时，星巴克在门店设计方面也更多地融入本土元素，如北京的前门店、成都的宽窄巷子店、福州的三坊七巷店等，都以浓郁的当地特色为顾客带来了独特的星巴克门店体验。

星巴克不仅是一家"咖啡"公司，更是一家"人"的公司。星巴克的核心和灵魂是"星巴克人"。在星巴克，员工被称作"伙伴"。因为他们除了拥有保险、医疗等方面的福利外，还拥有获得公司"咖啡豆股票"的权利，真正成为公司的一员。星巴克为伙伴提供实现梦想的平台，也坚信把伙伴利益放在第一位，尊重他们所做出的贡献。除了完善的福利体系之外，星巴克还十分重视对伙伴进行长期的咖啡知识培训。

星巴克中国的伙伴与世界各地的伙伴一样热情、真诚、体贴、博学、充满激情。他们热爱星巴克文化，积极参与培训，将星巴克驰名世界的优质服务带到中国。他们是星巴克与顾客之间的桥梁，也是星巴克品牌价值的载体和体现。正是这些伙伴以他们的热情和专业，在为顾客们提供一流服务的同时，将星巴克的文化和精神内涵传递给我们的顾客。

星巴克视自己为一家"不同寻常"的公司。星巴克在中国发展的同时，也带来了星巴克的核心价值——融入并回馈当地社会。通过各种方式与所运营的社会建立深层次的联系是星巴克一贯的宗旨。进入中国以来，星巴克始终致力于回馈社会，对于中国社会的发展做出自己的一份贡献。在地方和全国范围内开展企业社会责任项目，如2009年启动的总额达500万美金的"星巴克中国教育项目"，以及2011年开始的"全球服务月"的绿色社区行动等。截至目前，中国的星巴克伙伴和顾客累计贡献志愿服务时间超过71000小时。此外，星巴克在中国各城市发展的同时，也通过捐赠新市场门店营业收入给当地慈善组织的方式，践行回馈社区的承诺。未来，星巴克还将开展更多企社会责任项目，为其经营业务的社区带来积极的改变。

三、星巴克的负面信息

1. 调价事件

2007年，星巴克调价只涉及浓缩咖啡饮料。2012年，星巴克调价涉及浓缩咖啡饮料和新鲜调制咖啡饮料，涨幅近两成。星巴克解析第二次调价是因为运营成本的增加，与原材料、人力、店面租金及物流等因素都有关。另外，市场竞争和消费者体验等各种因素的变化也是调价原因。

2013年10月20日，卷入"暴利门"的星巴克中国遭到央视的抨击，对此，星巴克中国声明强调，各个国家的成本完全不同，同时对财报所体现的利润率问题，星巴克表示媒体误读了财报。而对于是否存在暴利，其实外界声音也各不相同。

2. 应用安全

2014年1月16日，星巴克一位高层日前承认，该公司的iPhone应用在储存用户的密码时并未进行任何加密处理，只需将手机与电脑相连，任何人都可以通过查看用户的交易记录窃取其账号与密码。

更糟糕的是，星巴克还并未对此采取有效的补救措施。虽然在接受媒体采访时保证会全力保障用户的隐私安全，但直到2014年1月16日，其最新版本的应用程序依然在使用明文保存用户名、密码以及电子邮件地址。

发现这一漏洞的网络安全研究员丹尼尔·伍德称，星巴克在其服务器端做的任何努力都将无济于事，因为问题出在应用程序上，只有通过对应用内数据进行加密才能得到解决。

伍德还透露，应用中存在安全隐患的餐饮企业并不止星巴克一家。在赛百味面向加州市场提供的订餐应用中，街道地址、信用卡信息、电子邮件账号以及地理位置等一整套用户信息都是以明文保存的，一旦手机遭窃，其给用户带来的损失会比星巴克的应用还要大得多。

2. 星巴豆事件

2014年1月16日，多名新浪微博员工在微博中爆料，购买了50杯超大星巴克咖啡或茶饮料饮用后，有29人出现了腹泻等不适症状。当天下午，星巴克鼎好店值班员工表示，公司负责人已介入此事，两名星巴克员工带走了他们尚未开封的咖啡，表示将会妥善解决。但事主称星巴克的答复含混，"今天一会儿称已送检，一会儿称咖啡已过期，没法做检测，拒不承认是咖啡问题"。事件一度成为新浪微博的热门话题，讨论数量已超过3万次。18日晚上8点半，星巴克中国官微发表声明称已就此和当事人进行沟通，并将举办活动回应顾客意见和建议，几位新浪员工也通过微博证实曾进行沟通。

[资料来源：1. 星巴克官网；

2. 欧志葵:《洋餐饮涨价急 星巴克最高涨价2元》[N],《南方日报》,2012-02-01日;
3. 刘子豪:《星巴克:iPhone应用账号和密码未加密处理》[OL],环球网,2014-01-17;
4. 铁瑾:《多人腹泻 星巴克被称"星巴豆"》[N],《北京晨报》,2014-01-18]

讨论题:
1. 请分析星巴克整体产品概念的三个层次。
2. 在中国,星巴克咖啡处在产品生命周期的哪个阶段?请说明理由。
3. 你认为星巴克在中国的产品策略需要做哪些方面的调整与改善?

第九章
定价策略

本章要点
◎价格的构成及影响因素
◎企业定价的程序和方法
◎企业定价策略
◎价格竞争和非价格竞争

价格是市场营销组合中唯一能产生销售收益的因素，其他因素只能产生成本；价格也是市场营销组合中最灵活的因素，能根据市场变化快速反应的因素。价格竞争是一种古老而传统的竞争策略。最早的商品竞争就是价格竞争。尽管在现代市场营销的进程中，非价格因素的作用越来越大，但在市场营销组合策略中，价格仍是决定公司市场份额和盈利率的最重要因素之一。

第一节 价格的构成及影响因素

一、价格的概念

价格是指顾客购买商品所支付的经济成本，或者说顾客购买商品或服务所愿意支付的经济成本就是该商品或服务的价格。价格是由商品的需求和供给所决定的。如图9－1所示。价格影响着顾客的接受和购买，价格影响和决定着企业的竞争实力，价格决定着企业的盈利水平。

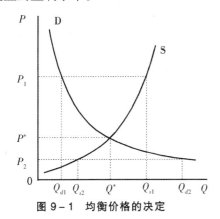

图9－1 均衡价格的决定

P 为价格；
D 为需求曲线；
S 为供给曲线；
Q_s 为供给量；
Q_d 为需求量。
P_1：$Q_s > Q_d$，P 下降；
P_2：$Q_s < Q_d$，P 上升；
P^*：$Q_s = Q_d$，均衡价格。

二、商品价格的构成

商品价格一般包括四个要素：生产成本、流通费用、国家税金和企业利润。

1. 生产成本

生产成本是指商品生产中必须支出的物质消耗和劳动报酬。在正常情况下，每个企业在出售商品时应该收回这两部分支出，否则企业的再生产就会发生困难。

2. 流通费用

流通费用是指商品在流通过程中所发生的各种费用。包括商品从产地到销地之间的运输，商品在流通过程中的保管、挑选、整理、分类、包装以及由商品购销活动和管理核算业务活动所引起的一系列开支。

3. 税金

税金是指国家按照税法规定，向经济单位和个人无偿征收的预算缴款，纳入国家财政收入。

4. 利润

利润是指生产者为社会劳动所创造价值的一部分货币表现。一般来说，利润量的大小是商品价格与生产成本、流通费用和税金之间的差额。

三、影响企业定价的主要因素

1. 影响定价决策的内部因素

（1）企业的营销目标。营销目标是影响企业定价的一个重要因素。不同企业的营销目标，或同一企业不同时间的营销目标是多种多样的，但归结起来，最通常的目标有下列几种：

1）求生存。当企业面临生产能力的过剩或剧烈的市场竞争时，可以通过制定一个较低的价格以维持企业的生存，使企业免于破产。只要价格足够弥补变动成本和部分固定成本，即价格大于及等于平均变动成本（$P \geqslant AVC$），就可生产和销售。

2）利润目标。通常用投资报酬率表示。投资报酬率可以追求高利润率或"满意"利率，可以追求短期利润目标或长期收回投资利润目标。如追求最大利润目标时，即当边际收益＝边际成本（$MR = MC$）时，确定价格。如图 9-2 所示。

3）市场目标。包括增加销售量、提高市场占有率、强化市场渗透等目标。如求市场占有率占统治地位，应以低价格扩大销售。

4）竞争目标。根据市场竞争状况，可以选择市场竞争"领袖价格"：求产品质量的领先地位，以高价格高质量标榜；"防御价格"：企图阻止新的竞争者加入，以低价格提高行业门槛；"稳定价格"和"适应性竞争价格"等。

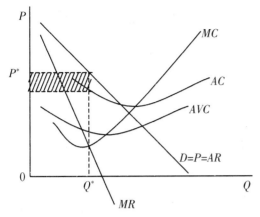

P 为价格；
D 为需求；
Q 为产量；
MR 为边际收益；
AR 为平均收益；
MC 为边际成本；
AC 为平均成本；
AVC 为平均变动成本；
阴影部分为利润。

图 9-2 利润最大化原则下定价

(2) 其他营销组合因素。包括：

1) 产品设计。如果产品有独特性，价格可定得较高。

2) 销售渠道。定价不仅要考虑消费者愿意支付的价格，还要考虑中间商的利益。

3) 促销策略。促销费用是价格构成的重要因素。

(3) 成本。一般来说，在产品价格构成中，成本所占的比重最大，是定价的基础。利用成本定价时至少要考虑以下五种成本，了解成本的构成和变动。

1) 总成本。总成本（TC）= 固定成本（FC）+ 可变成本（VC）。

其中，固定成本是指不随产量变化而变化的成本，如前期研发费用、厂房、设备、机器、广告费等；可变成本是指随产量变化而变化的成本，如燃料、原材料、工人工资等。总成本随产量的增加而增加，开始时以递减的速度增加，达到一定度后以递增的速度增加。

2) 平均成本。平均成本（AC）$= \dfrac{TC}{Q} = \dfrac{FC+AC}{Q} = \dfrac{FC}{Q} + \dfrac{AC}{Q} = AFC + AVC$。平均成本随产量的增加，开始时趋于下降，达到一定程度后趋于上升。如图 9-2 所示。

3) 平均固定成本。平均固定成本（AFC）$= \dfrac{FC}{Q}$。平均固定成本随产量增加持续下降。

4) 平均可变成本。平均可变成本（AVC）$= \dfrac{AC}{Q}$。平均可变成本随产量的增加，开始时趋于下降，达到一定程度后趋于上升。如图 9-2 所示。

5) 边际成本。边际成本（MC）$= \dfrac{\Delta TC}{\Delta Q}$。边际成本是指每增加一个产量使得总成本增加的部分。边际成本随产量的增加,开始时趋于下降,达到一定程度后趋于上升。如图9-2所示。

总之,许多内部因素影响企业定价决策,包括公司的市场营销目标、市场营销组合策略、成本因素。因此,设计营销计划时,定价策略必须和其他市场营销组合变量相协调。

2. 影响定价决策的外部因素

(1) 市场和需求。成本是制定价格的下限,而市场和需求却是制定价格的上限。需求法则:一般情况下,某种商品的需求量与其价格呈反方向变动,即价格上升,需求量减少;价格下降,需求量增加。需求又受到商品自身的价格、消费者的偏好、消费者的收入及其他商品的价格等多个因素的影响,其中最主要的影响因素是商品自身的价格。不同商品的需求量对其自身的价格变动的反应程度不同,有些较为迟钝,有些较为敏感,这就是需求的价格弹性。需求的价格弹性等于某种商品需求量变动的百分比与其价格变动的百分比之比,即 $E_d = \dfrac{\Delta Q/Q}{\Delta P/P}$。当 $E_d < 1$ 时,商品的需求缺乏弹性,企业可以适当地提高商品价格,增加收益;当 $E_d > 1$ 时,商品的需求富有弹性,企业应当适当地降低商品价格,增加收益。

但是,有些时候个别产品的需求量与其价格之间呈现同方向发展的关系,如当商品能代表一定社会地位和身份、顾客对价格的等待心理、顾客把价格看做商品的质量指数等,这些因素的影响就会造成需求法则的悖论。

(2) 竞争。主要考虑两方面因素:

1) 竞争者因素。企业定价必须考虑竞争者的成本和价格,以及他们对企业本身价格变动可能做出的反应。

2) 竞争环境因素。主要是指企业所处的价格竞争环境不同,可能对价格的控制程度也不同。一般分为四种竞争环境:

第一,完全竞争市场下企业定价。完全竞争市场是一种没有任何人为干扰或垄断因素存在的市场情形。其特点是:市场上存在着众多的买者和卖者;产品是完全同质的;厂商可以自由地进入或者退出某个行业;生产者和消费者都具有充分和对称的商品知识和市场信息。

在完全竞争市场条件下,价格是由整个行业的供求关系自发决定的,每个企业都只是既定价格的接受者,而不是价格的决定者。

第二,完全垄断市场下企业定价。完全垄断市场是由一家厂商完全控制某一部门或者行业全部产品的生产和销售的市场情形。其特点是:市场上只存在唯一的厂商,该厂商的产销量就是全行业的产销量;垄断者提供的产品是独一无二的;市场进入壁垒极高，新厂商无法加入该行业。

在完全垄断市场条件下，卖方可以在法律允许的范围内随意定价。但垄断者出于不同定价目标和对市场占有的长期考虑，往往不会肆意制定过高价格，以免失去顾客。

第三，垄断竞争市场下企业定价。垄断竞争市场是一种既有垄断又有竞争的市场情形。其特点是：市场上存在较多厂商，厂商和厂商之间存在激烈竞争；厂商之间供应的产品既有一定差别，又有较大替代性；厂商进入或退出行业较容易，但并非完全自由；交易双方所掌握的信息基本上是充分的。

在垄断竞争市场条件下，由于卖者提供的产品在质量、品牌等方面存在一定差异，因此，每一个生产者对自己的产品都有一定的垄断权，从而都是产品价格的制定者。

第四，寡头垄断市场下企业定价。寡头垄断市场是由少数几家大的厂商共同控制某一部门或行业产品生产和销售的市场情形。其特点是：行业内部存在少数几家规模较大的厂商，他们都有足够的能力影响全行业的供求状况和价格水平；产品同质和异质情况都有；厂商进出市场都有相当障碍；交易双方掌握信息不完全和不对称。

在寡头垄断市场上，价格不是由供求关系直接决定，而是由少数寡头垄断者协商或默契操纵。因为任何一家企业做决策时都必须把竞争对手的反应考虑在内，因此，企业不是价格的制定者和接受者，而是价格探索者。

(3) 政府。政府对企业价格决策的影响主要体现在各种有关价格禁止的法规上。在我国，规范企业定价行为的法律和相关法规有《中华人民共和国价格法》《反不正当竞争法》《明码标价法》《制止牟取暴利的暂行规定》《价格违反行为行政处罚规定》《关于制止低价倾销行为的规定》，等等。

相关链接　我国价格法禁用条款

第十四条　经营者不得有下列不正当价格行为：

（一）相互串通，操纵市场价格，损害其他经营者或者消费者的合法权益；

（二）在依法降价处理鲜活商品、季节性商品、积压商品等商品外，为了排挤竞争对手或者独占市场，以低于成本的价格倾销，扰乱正常的生产经营秩序，损害国家利益或者其他经营者的合法权益；

（三）捏造、散布涨价信息，哄抬价格，推动商品价格过高上涨的；

（四）利用虚假的或者使人误解的价格手段，诱骗消费者或者其他经营者与其进行交易；

（五）提供相同商品或者服务，对具有同等交易条件的其他经营者实行价格歧视；

（六）采取抬高等级或者压低等级等手段收购、销售商品或者提供服务，变相提高或者压低价格；

（七）违反法律、法规的规定牟取暴利；

（八）法律、行政法规禁止的其他不正当价格行为。

总之，影响定价决策的外部因素包括市场和需求的性质、竞争者的价格和产品以及经济状况、中间商需求和政府行为等因素。企业定价自由度随不同的市场而变化。

第二节 企业定价的程序和方法

一、企业定价的程序

企业定价的程序是指企业对影响定价的各种因素进行评估分析，再结合自身的具体情况，决定产品价格的一系列步骤。其步骤包括：选择定价目标，测定需求，估算成本，分析竞争对手的成本、价格和产品，选择定价方法，确定最终价格，价格的执行和调整。

二、企业定价的方法

企业定价的方法包括成本导向、需求导向和竞争导向三种定价方法。

1. 成本导向定价法

成本导向定价法就是以成本为中心的定价方法，即企业在为产品定价时首先考虑要收回成本，然后才考虑赚取利润。具体方法有：

（1）成本加成定价法。即以单位产品成本为基础加上若干百分比的加成率定出产品销售价格。其公式为：

$$商品售价 = 完全成本 \times (1 + 成本加成率)$$

生产企业以生产成本为基础，商业零售企业则以进货成本为基础。例如，某零售店经营某种服装，其进货价为100元/件，加成率为50%，则每件服装的零售价格为150元。$100 \times (1 + 50\%) = 150$（元）。毛利为50元。

这种方法的优点在于所定价格如能被接受，则可保证企业全部成本得到补偿，计算方便，同时对买卖双方都比较公平；在成本没有多大波动的情况下，有利于价格的稳定。加成率的制定可以参考竞争者同类产品的价格,既要保证企业获取利润,又不能大大高于同类产品价格。

这种定价法的缺点是:定价所依据的成本是个别成本,而不是社会成本或行业成本,因此,制定的价格可能与市场价格有一定偏离,价格难以反映市场供求状况和竞争状况,定价方法也不够灵活。这种定价方法适用于经营状况和成本水平稳定的企业,适用于供求大体平衡、市场竞争比较缓和的产品,一般卖方市场条件下使用较多。

(2) 目标收益率定价法。即企业为实现预期的投资收益率而根据投资总额和估计的总销售量确定产品售价。

首先计算收支平衡点。收支平衡点产量=固定成本/(单位产品价格－单位可变成本)。当企业的产量达到收支平衡点产品时,企业既不盈也不亏,收支平衡,保本经营。

然后计算保本价格。保本价格=固定成本/收支平衡销售量+单位产品变动成本。

如果企业把价格定在保本定价点上,则只能收回成本,不能盈利;若高于保本定价便可获利,获利水平取决于高于保本点的距离;若低于保本定价点,企业无疑是亏损的。

最后计算目标价格。目标价格=单位成本+目标收益×资本投资额÷销售量。

营销人员也可以根据量本利分析图,制定目标价格。总收益曲线的斜率就是所制定的价格。如图9-3所示。

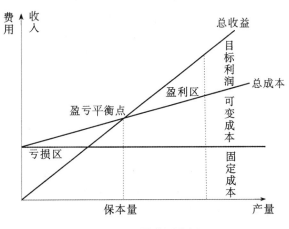

图9-3 量本利分析

例如,某公司总成本为1000万美元,总成本中包含不变成本和可变成本。假设公司生产100万个产品，估计80%的生产能力能运转，则可能生产出售80万个产品。公司若想以20%的成本利润率作为其目标利润率的话，那么"目标利润额"为1000万×20%等于200万美元。总收入为总成本加上目标利润，即1000万+200万等于1200万美元。那么，目标价格为1200万美元除以80万个等于15美元/个。

此方法对于投资收益率限制在合理范围内的公用事业机构尤为适合。但此方法的最大缺点是，根据销售量制定价格，而价格恰恰是影响销售量的重要因素。

(3) 边际贡献定价法。即以弥补变动成本和获取一定的边际贡献为原则定价。

边际贡献定价法是短期内不考虑固定成本的方法。边际贡献是指产品销售收入与产品变动成本的差额，单位产品边际贡献指产品单价与单位产品变动成本的差额。边际贡献弥补固定成本后如有剩余，就形成企业的纯收入；如果边际贡献不足以弥补固定成本，那么企业将发生亏损。

在企业经营不景气，销售困难，生存比获取利润更重要时，或企业生产能力过剩，只有降低售价才能扩大销售时，可以采用边际贡献定价法。边际贡献定价法的原则是，产品单价高于单位变动成本时，就可以考虑接受。因为不管企业是否生产、生产多少，在一定时期内固定成本都是要发生的，而产品单价高于单位变动成本，这时产品销售收入弥补变动成本后的剩余可以弥补部分或全部固定成本，以减少企业的亏损（在企业维持生存时）或增加企业的盈利（在企业扩大销售时）。

如某企业某产品的生产能力为年产70万件，年固定成本50万元，单位产品变动成本为1.80元，产品单价为3元，现在企业只接到订单40万件。按此计划生产，边际贡献弥补部分固定成本后企业仍亏损2万元。如果有客户追加订货20万件，每件报价为2.40元，根据边际贡献定价法原则，这一报价是可以接受的。接受此订单后，企业将实现盈利10万元。

2. 需求导向定价法

需求导向定价法就是以需求为中心的定价方法，即企业在为产品定价时首先考虑顾客需求的强弱和对价格的接受能力，然后才考虑能否弥补成本。具体方法有：

(1) 理解价值定价法。即企业根据顾客对商品价值的认识和理解为商品定价。

理解价值（又称感受价值、认知价值）指买方在观念上所认同的价值。顾客对产品价值的理解，主要不是由产品的成本决定的。企业利用市场营销组合中的非价格变数来影响购买者，在他们的头脑中形成认知价值，然后据此来定价。如一小瓶名牌法国香水，成本不过十几法郎，而售价却高达数百法郎，其原因就是名牌效应。企业在运用此法时，需要正确估计购买者所承认的价值，然后将自己的产品或服务的各种要素与竞争对手进行比较，然后才能做出决定。

根据顾客对本企业和竞争者的产品或服务的市场认知价值来制定价格，通常有以下三种方法：

1）直接价格评比法。即根据顾客对从每一个供应者那里购买产品的全部价值的感觉，来估计每种产品的价格。

2）直接认知价值定价法。即根据顾客对从每个供应者那里购买产品或服务的全部价值的感觉来打分（若干供应者所得总分为 100 分），然后根据每个供应者所得分数的多少，分别为他们的产品或服务定价。

3）诊断定价法。即请顾客针对产品或服务的一系列属性进行定价。先在若干个供应者之间对产品的每项属性打分，每项总分为 100；然后再在各项属性之间按其重要程度来打分，总分也为 100 分；最后根据以上数据，来确定不同供应者的产品价格。

例如，在某地市场上有 A、B、C 三家企业均生产同一种开关。现抽取一组产业用户作样本，要求他们分别就三家企业的产品予以评比打分。评分标准为产品耐用性、产品可靠性、交货可靠性、服务质量四种属性。对每一种属性，将 100 分分配给三家企业，同时根据四种属性重要程度的不同，也将 100 分分配给四种属性。评分结果如表 9 – 1 所示。

表 9 – 1 产品评价

属性	产品 A	产品 B	产品 C	重要性权数
产品耐用性	40	40	20	25
产品可靠性	33	34	33	30
交货可靠性	50	25	25	30
服务质量	45	35	20	15
认知价值	42	33	25	100

根据市场调查，得知这种开关的平均市场价格为 2 元。运用认知价值定价法，A 企业产品销售价格为 2.55 元（2 × 42 ÷ 33 = 2.55）；B 企业产品销售价格为 2 元（2 × 33 ÷ 33 = 2）；C 企业产品销售价格为 1.52 元（2 × 25 ÷ 33 = 1.52）。

（2）区分需求定价法。即以不反映成本费用差异的价格差异分别对待不同的顾客，又称差别定价法，是在特定条件下，根据需求中的某些差异而使价格有差别的定价方法。具体差别如下：第一，同一产品对不同的消费者制定不同的价格和采用不同的价格方式。第二，同种产品由于不同的外观、款式、花色采用不同的价格。第三，同种产品或服务在不同的地点和位置采用不同的价格。第四，同种产品或服务在不同的时间提供，采用不同的价格。

采用这种定价方法应具备一定条件。首先，市场应是可以细分的，而且不同的细分市场能反映出需求方面的差异。例如，不同市场的需求价格弹性不同，采用不同的价格，可以增加利润。即对需求价格弹性大的市场，价格定得低一些，弹性小的价格定得高一些，可以增加销售收入。其次，差别定价带来的销售管理成本不应高于获得的利益。再次，采用差别定价不会招致消费者的误解或反感。最后，采用差别定价要合乎国家的法律、法规。

需要注意的是，并不是所有的价格差别都是差别定价。例如，由于运输费用不同引起的价格差异，就不算差别定价。当一种产品在不同市场上的定价与它的成本不成比例时，就存在差别定价。

相关链接　麦当劳第二杯半价

麦当劳从消费者喝的第一杯饮料中赚得最多。当然，麦当劳不满足于只赚第一杯的钱，对它来说，能多赚一点是一点。但是，消费者已经不肯为第二杯饮料付同样多的钱，因此麦当劳采取了差别定价的策略，这就是所谓的"价格歧视"。这个价格歧视对麦当劳和消费者都是有好处的：消费者以更低的价格享受到了第二杯饮料，麦当劳也多赚了钱，双方都获得了剩余。

价格歧视是生活中常见的现象。比如很多超市里，有会员卡的顾客和没会员卡的顾客，购物的价格不一样，这就是一种价格歧视，人们不会觉得会员享受更低价格有什么不公平。价格歧视在经济学中就是一个中性的词，可以造福多方。

对生产者来说，他们总是希望赚取任何层次的消费者的钱。假定一项产品从10元到100元，都有人愿意消费，但如果定价100元，固然能赚取较高的单位毛利，却会吓跑低价位的消费者；如果定价10元，留住了低价位的消费者，却没有充分赚取到高价位消费者的毛利。在这种情况下，对生产者来说，最佳策略就是针对不同的消费者采取不同的定价。

[资料来源：《解读麦当劳第二杯半价的商业秘密》[OL]，《网易财经综合》，2014-01-20]

（3）可销价格倒推法。产品的可销价格是根据消费者可以接受的价格水平，或下一个环节的买主愿意接受的利润水平来倒推计算产品销售价格的定价方式。

3. 竞争导向定价法

竞争导向定价法是以竞争为中心的定价方法,即企业以市场上相互竞争的同类产品价格作为本企业产品定价的基本依据,并随竞争对手价格的变化而调整自己的价格水平。具体方法有:

(1) 随行就市定价法。是指根据行业的平均价格水平或竞争对手的现行价格为基础制定本企业产品价格的定价方法。

采取这种定价方式的好处在于:一是与竞争者和平相处可避免因价格竞争带来的风险,二是与竞争产品价格保持一致能保证企业获得适中利润,三是市场通行价格易于被消费者接受,从而保证产品销路的稳定。

此法常用于下列情形:一是难以估算成本,二是企业打算与同行和平共处,三是如果另行定价,难以估计购买者和竞争者的反应。

(2) 主动竞争定价法。是指企业为击败竞争对手而主动将本企业产品价格制定得较低的一种定价方法;或反之,用高于竞争对手的价格定价,采用高质高价定价法。

这种方式多为经济实力雄厚、企业信誉好、产品知名度高的企业所采用。具体的价格制定过程是:首先,将测算的本企业产品价格与同类竞争产品价格进行比较,得出价格差异的结果;其次,将本企业产品的产量、成本、性能、品质、式样等方面情况与竞争产品作对比,分析价格差异的原因;再次,根据上述综合分析对本企业产品进行市场定位,明确产品的优势、特色或声誉;最后,按预定的定价目标确定产品价格,并随时根据竞争状况的改变对价格进行调整。

(3) 拍卖定价法。是指以公开竞价的形式,将特定物品或者财产权利转让给最高应价者的定价方式。拍卖定价通常有以下三种。

1) 增价式拍卖。又叫"英国式拍卖"或"价格上行拍卖",卖方先规定一个较低的起卖价,然后买主公开叫价竞购,从而不断抬高产品的价格,直到没有竞争者的最后一个价格即最高价格时,卖主才出售自己的产品。

增价式拍卖的特点是有声拍卖,场面热烈、竞争气氛浓厚。对于文物或艺术品来说,增价拍卖是最常见的拍卖方式。因为使用这种拍卖方式在最高竞价上不封顶,多高都行,越高越好,这样能够使本身就具有极高收藏价值、观赏价值、研究价值的拍卖品,再进一步得到价值增值。

2) 减价式拍卖。又叫"荷兰拍卖法"或"统一价格拍卖法",通常从非常高的价格开始,高的程度有时没有人竞价,这时,价格就以事先确定的数量下降,直到有竞买人愿意接受为止。在减价式拍卖中,第一个实际的竞价常常是最后的竞价。虽然仅仅只有一个竞价,但是这个仅有的竞价是对预期的一种直接反应,如果自己不出价,那么别人就会出价。所以，这种方式仍然是价高者得。

减价拍卖最大的优点在于：成交过程特别迅速。但是，叫价递减过程往往导致竞买人坐等观望，企盼价格不断减低，因而现场竞争气氛不够热烈。减价式拍卖主要应用于易腐烂变质或难于久存的商品拍卖，如水果、蔬菜、鱼类、鲜花、烟草等。

3）密封竞价拍卖。也叫"招标式拍卖"或"邮递拍卖"。由买主在规定的时间内将密封的报价单（也称标书）递交拍卖人，价高者得。

拍卖的程序，一般可分为四个阶段：首先，准备阶段。拍卖行接受货主委托后，指定专人进行挑选、分类、分级、分批、编号、印发目录、刊登广告，说明货物存放地点、拍卖日期和场所。其次，查看商品。因拍卖是现货买卖，所以买主必须事先查看商品，对看中的商品进行估价，以便在竞买时参考。买主既可以在陈列厅看货样，也可以去仓库看大货。再次，正式拍卖。在预定的时间和地点，按照商品目录排列顺序，逐批喊价成交。最后，成交与交货。拍卖成交后，买主即在标准合同上签字，并支付部分货款，余款在规定的期限内付清，然后凭提单到指定仓库提货。

密封竞价拍卖主要用于政府债券的拍卖、库存物资拍卖及海关查封物资的拍卖。

（4）密封投标定价法。是指买主通过招标方式购买，参加投标企业为了能够中标而根据对竞争者报价的估计来确定本企业产品价格的定价方法。密封投标同密封竞价拍卖的不同之处在于，一个是竞卖，一个是竞买。

密封投标定价法的定价程序是：首先，招标。由买方发布招标公告，提出征求产品或劳务的具体条件，引导卖方参与竞争。其次，投标。卖方或承包者根据招标公告的内容和具体要求，结合自己的条件，考虑成本、利润和竞争者可能提出的报价，在买方规定的截止日期内，将自己愿意承担的价格密封提出。最后，开标。买方在规定期限内，积极认真地选标，全面认真地审查卖方提出的投标报价、技术力量、工作质量、生产经验、资本金情况、信誉高低等，以此为基础选择承包商，并到期开标。

这种定价方法主要用于投标交易方式。在企业的经营活动中，投标竞争是价格竞争的方式之一，竞争的结果便是实际成交价格的形成。企业参加竞标是希望中标，而能否中标在很大程度上取决于企业与竞争者投标报价水平的比较。因此，投标报价要尽可能准确。企业应事先估算完成招标任务所消耗的成本，预测竞争者的价格意向，在此基础上提出自己的报价。一般来说，报价高，利润大，但中标机会小，如果因价高而招致败标，则利润为零；反之，报价低，中标机会大，但利润低，其机会成本可能大于其他投资方向。

这种方式通常用于政府机构、大型企业的采购活动。国际劳务承包业务中也广泛使用这种方式。

第三节 企业定价策略

企业定价不仅是一门科学，而且是一门艺术。定价方法侧重于从量的方面对产品的基础价格做出科学的计算，而定价策略则是运用定价艺术和技巧，根据市场的具体情况制定出灵活机动的价格。

一、价格折扣策略

企业为了鼓励购买者大量购买、淡季购买、付清货款以及其他因素，对产品的基本价格进行折扣和折让。

1. 现金折扣

现金折扣是指企业为了鼓励购买者尽早付清货款，加速资金周转，规定凡提前付款或在约定时间付款的买主可享受一定的价格折扣。运用现金折扣策略，可以有效地促使顾客提前付款，从而有助于盘活资金，减少企业的风险。折扣大小一般根据付款期间的利率和风险成本等因素确定。

2. 数量折扣

数量折扣是指按顾客购买数量的多少给予不同的价格折扣，也是企业运用最多的一种价格折扣策略。一般来说，顾客购买的数量越多，或数额越大，折扣率越高，以鼓励顾客大量购买或一次性购买多种商品，并吸引顾客长期购买本企业的商品。数量折扣分为累计数量折扣和非累计数量折扣。累积数量折扣，是指在一定时期内累计购买超过规定数量或金额给予的价格折扣，其优点在于鼓励消费者成为企业的长期顾客；非累计数量折扣，是指按照每次购买产品的数量或金额确定折扣率，其目的在于吸引买主大量购买，有利于企业组织大批量销售，以节约流通费用。企业采用数量折扣有助于降低生产、销售、储运和记账等各环节的成本费用。

3. 季节折扣

季节折扣是指对于那些在淡季购买商品的顾客给予的一种折扣。在季节性商品销售淡季，资金占用时间长，这时如果能扩大产品销售量，便可加快资金周转，节约流通费用。

4. 职能折扣

职能折扣是指制造商对于那些愿意执行某种市场营销职能如宣传、储存、维修、服务等的中间商给予的折扣。

5. 折让

折让是指根据价目表给予减价的一种让利形式，它没有规定一定的减价比例，有时也没有规定明确的减价金额，而根据具体情况来确定。如以旧换新就是一种折让。洗衣机的以旧换新，很多时候规定了一个折让金额；汽车的以旧换新，折让金额就要根据旧车的情况来具体确定。又如促销折让，则是卖方向参与促销活动的中间商支付的报酬或给予的价格折让。

6. 贴息贷款

贴息贷款也可以变相地向顾客提供折让，折让的金额就是企业替顾客支付的贷款利息。采用这种方式，不必降低价目表上的价格而又能扩大销售量。

打折是非常普遍的策略，是一种较原始的方法，但运用不当会搬起石头砸自己的脚。在运用时应注意谨防价格陷阱：第一，低质陷阱。降价使消费者产生低质量感觉，影响形象，达不到降价的预期效果。第二，亏损陷阱。降价使企业短期效益减少，如果采取降价策略在短期内战胜不了对手，反而会使自身陷入财务困境。第三，市场陷阱。企业降价销售并取得一定的市场占有率，但这部分市场并不忠实于企业，一旦有更低价格或更高质量的商品出现时，消费者喜新厌旧。

二、地区性价格策略

许多企业生产的产品不仅销售给当地顾客，而且也销售给外地顾客。在将产品销往外地的情况下，会发生运输、仓储、装卸、保险等费用。这时，企业就面临着地区性定价问题，即企业在将产品卖给不同地区的顾客时，是执行同样的价格还是执行不同的价格。

1. FOB 定价（原产地价）

FOB 定价（原产地价），是指企业负责将产品装运到产地某种运输工具上交货，并承担交货前的一切风险和费用；交货后的风险和费用则由买方承担。

这样定价，每个顾客都是按照企业的厂价来购买产品，并分别负担从产地到目的地的风险和运费，是比较合理的。但这种定价法对企业的不利之处在于，远地的顾客可能因为要承担较高的运费而不购买企业的产品，转而选购与其较近的企业的产品。

2. CIF 定价（统一交货价）

CIF 定价和 FOB 定价刚好相反。企业对不同地区的顾客都实行同样的价格，即按出厂价加上平均运费定价。

$$CIF = FOB + 运费 + 保险费$$

这种定价方式计算简便，也便于顾客事先知道所购产品的总成本的确切数字。它比较适合于运费在总价格中所占比重较小的产品，否则虽然对远方的顾客有吸引力，但却会使近处的顾客感到不合算。如新飞电器集团从 1998 年起，对新飞冰箱在全国实行统一到岸价，由新飞集团统一配送货物并承担其所需费用。据新飞集团称，这将有效地理顺销售渠道，稳定产品价格，维护商家正常利益，而且有助于增强企业竞争力，降低损耗，巩固成熟市场和开拓边远市场。

3. 分区定价

分区定价是指把位于各地的买方划分若干价格区，依据远近或其他因素分别定价，同一价格区域同一交货价格。一般离企业较远的区域，价格定得较高。这种定价方式也有不足之处：在同一价格区域内，顾客与企业距离远近不一，离企业较近的顾客会觉得不太合算。

4. 基点定价

基点定价是指企业选定某些城市作为基点，然后按出厂价加上从基点城市到顾客所在地的运费来定价。有些企业为了加大灵活性，选取许多基点城市，按离顾客最近的基点来计算运费。

基点定价方式比较适合下列情况：产品运费成本所占比重较大；企业产品市场范围大，在许多地方有生产点进行产品的生产；产品的价格弹性较小。

5. 免收运费定价

免收运费定价是指当企业急需和某个顾客达成交易或进入某个市场时，企业为购买产品的顾客负担部分或全部运费。企业认为，这些交易的实现增加了销售额，由此而引起的平均成本的降低能够弥补这部分运费支出，企业同时也加深了市场渗透，增强了竞争能力。

三、心理定价策略

在使用心理定价策略时，企业不仅要考虑经济学方面的问题，还必须考虑与价格有关的心理方面的问题。心理定价是参考价格，也就是当购买者看到一件产品时心里所想到的价格。

1. 尾数定价

尾数定价，又称奇数定价，是指利用消费者对数字认识的某种心理制定尾数价格，使消费者产生价格较低廉的感觉；同时，还能使消费者觉得，有尾数的价格是经过认真的成本核算才产生的,由此对定价产生信任感。如有的商品宁可定为 98 元或 99 元,而不定为 100 元,是适应消费者购买心理的一种取舍。

2. 整数定价

整数定价,又称声望定价,是指利用品牌声望或企业声望给产品制定一个较高的价格。此种定价法有两个目的:一是提高产品的形象,以价格说明其名贵;二是满足购买者的地位欲望,适应购买者的消费心理。对于一些需求价格弹性不高的商品,采用整数定价可以方便结算和提高工作效率。

3. 招徕定价

招徕定价是指一些超市和百货商店将某几种产品的价格定得特别低,以招徕顾客前来购买正常价格的产品。采取招徕定价方式时,要注意两个方面:一是特低廉价格产品的确定,这种产品要对顾客有一定的吸引力,又不能价值过高,以致大量低价格销售会给企业造成较大的损失;二是数量要充足,保证供应,否则没有购买到特价产品的顾客会有一种被愚弄的感觉,从而损害企业形象。

4. 习惯定价

习惯定价是指按照消费者已经形成的习惯价格来为商品定价。例如,日常生活必需品的价格,通常易于在人们心目中形成一种习惯性标准。高于习惯价格常被认为是不合理的涨价,低于习惯价格又可能使消费者怀疑是否货真价实。因此,对于这类日常消费品的价格应力求稳定,避免价格波动带来的损失。

5. 分级定价

分级定价是指针对消费者比较价格的心理,将同类商品的价格按照档次、级别拉开,形成价格系列,有意制定差价。法国一家专营玩具的商店购进了两种"小鹿",造型和价格一样,只是颜色不同,上柜后很少有人问津。店老板想出个主意制造差价,他把其中一种小鹿的售价由 3 元提高到 5 元,另一种标价不变。把这两种价差鲜明的玩具置于同一柜台上,结果提了价的"小鹿"很快销售一空。

四、产品组合定价策略

1. 产品线定价

企业产品线中一般不只一种产品,这时企业应该适当地确定产品线中相关产品的价格差异。在确定价格差异时,要考虑各相关产品之间的成本差异、顾客对相关产品的不同特点的评价及竞争者产品的价格。当产品线中前后系列的产品的价格差异较小,顾客会购买更先进的产品;如果两种产品的价格差异大于成本差异,企业的盈利会增加,而价格差异较大时顾客又会购买较低级的产品。如胶卷有 24 张与 36 张两种，价差太小顾客会多买后者，价差较大时顾客会多买前者。

在定价时，首先确定某种产品的最低价格，它在产品线中充当领袖价格，吸引消费者购买产品线中的其他产品；其次，确定产品线中某种商品的最高价格，它在产品线中充当品牌质量和收回投资的角色；最后，产品线中的其他产品也分别依据其在产品线中的角色不同而制定不同的价格。

2. 选购品的定价

许多企业在提供主要产品的同时，还提供与主要产品密切相关的一些产品，如餐厅提供的酒水、汽车销售提供的防盗报警器等。企业首先要确定是将这些产品与主要产品一起出售，产品的总价格中包括这些产品的价格，还是将这些产品作为选购品，由顾客自主决定是否购买。对于单独计价的选购品，企业还必须考虑如何为它们制定价格。企业可以将选购品的价格定得很低以吸引顾客，也可以定得很高来获得更多的利润。

例如餐厅，饭菜一般是主要产品，酒水是选购品。可把选购品定高价，独立赚钱，也可定低价，招徕生意。

3. 附带产品的定价

附带产品是指必须和主要产品一起使用的产品，如照相机的胶卷、计算机的软件、主机的辅助设备和零部件等。企业往往将主要产品的价格定得很低，将附带产品的价格定得较高，通过低价促进主要产品的销售来带动附带产品的销售，附带产品的高额利润不仅足以弥补主要产品降价的损失，还能增加企业的盈利。

4. 副产品定价

肉类加工和石油化工等行业的企业在生产过程中，往往会有副产品。如果企业不能加以利用，那么就要花钱来处理这些副产品，这会影响企业主要产品的定价。因此，企业必须为这些副产品寻找买主。只要买主愿意支付的价格大于企业储存和处理这些副产品的费用，那么都是可以接受的，这样既能够减少企业的支出，还可以为主要产品制定更低的价格，增强竞争力。

5. 组合产品的定价

企业可以将相关产品组合在一起，为它们制定一个比分别购买更低的价格，进行一揽子销售。如世界杯足球赛出售的套票、配套的茶具及餐具等。采用这种方式时，提供的价格优惠应该足以吸引原本只准备购买部分产品的顾客转而购买全套产品，同时也要注意不能搞硬性搭配，这样不但不利于产品的销售，反而会损害企业形象。

第四节 价格竞争与非价格竞争

企业在定价之后,由于宏观环境和市场形势的变化,往往要随时改变价格。

一、价格竞争

价格竞争是指企业为了实现一定的经营目标或经营战略,适应市场环境的变化,把产品价格调整到正常定价水平以下或以上,以排斥竞争对手、赢得市场的一种竞争策略。价格竞争是一种古老而传统的竞争方式。最早的商品竞争就是价格竞争,直到今天,竞争策略,特别是价格战仍是最直接、最快速、最具杀伤力的武器。如通过价格战,成就了长虹、格兰仕、奥克斯等知名企业,而且中国产品在世界市场中取得的地位也是与我们低价格的竞争能力分不开的。

根据需求法则,价格与需求量呈反方向发展。因此,价格战在市场竞争中扮演了一个"洗牌机器"的角色:市场的领导者可以通过价格竞争来"清理门户",排挤市场上的二三线品牌,为自己创造更大的市场空间,进一步巩固老大的地位。市场的挑战者,以价格战主动出击,一方面可以挤占更小品牌的生存空间,另一方面可以蚕食老大的市场份额。市场的新生力量,以价格战为主的渗透则是它们生存、发展的全部希望。

但是,在价格战中,竞争者之间是一种非合作博弈关系。对于博弈双方来说,各自都有降价和不降价两种策略选择,而且各方的得益不仅取决于自己的策略,还取决于对手的选择。若该价格战不会引起市场总销量的增加,只会引起企业间市场占有份额的相互转移,则该价格战博弈必然会导致双方总收益的下降,对博弈双方及整个行业都不利。这样一来,价格战就有可能造成企业"双输"的局面。

任何一家企业在引发价格战之前,要考虑以下三方面的条件:

首先,产品特性方面。主要从两方面考虑:第一,产品的需求弹性。只有价格需求弹性较大的产品才可以打价格战。因为价格战的基础是"薄利多销",当商品的价格需求弹性较大时,消费者对价格变动反应敏感,商品价格一降低,消费者即大量采购,因降价而导致的损失则可以由多销产品的利润来弥补;相反,如果价格需求弹性较小,消费者对价格变动没有什么太大的反应,多销产品的利润仍弥补不了降价的损失,则可能出现价格战的负面效应,即价格战降低了企业的利润,削弱了企业的实力,降低了企业的技术创新能力等。第二,产品的技术条件。技术成熟,产品稳定且同质化高才有打价格战的可能。对于技术不断进步的行业,价格战是无法运作的,因为不同技术水平的产品的价格是不具备直接的可比性的。

其次,市场特性方面。主要从两方面考虑:第一,利润空间。有暴利存在,就有降价的利润空间。要打价格战,依靠价格战脱颖而出,就必须有足够降价的利润空间。从经验上来看,爆发过大规模价格战的行业,以往都是暴利行业,如彩电、电信服务;同时,在充分竞争的情况下,只要有暴利存在,最终都会爆发价格战,市场呈现"品牌集中化,利润平均化"的局面。第二,市场潜量。行业处于快速成长,有足够的市场空间是企业展开价格战的基础。价格战的优势要通过最终的大规模生产优势来得以保证,没有足够的市场空间,被大量生产出来的产品无法被市场消化掉,最终会危害整个行业的发展。

最后,企业特性方面。主要从四方面考虑:第一,成本。价格战就是成本战。通过降低经营成本来调低产品售价,最终目的是占据更大的市场份额。第二,质量。产品质量达到业内较高水平,并得到目标顾客认同。这样降价就不会使顾客产生质次价低的印象,动摇企业在顾客心中的品牌形象,这是价格战成功的基础。企业如果没有这方面牢固的基础,就只会吸引那些贪图便宜、重价不重质的低端顾客,最终得不偿失。第三,开发新产品的能力。价格战必须以新产品上市作为先导和后续手段,利用降价引人注目的时机推出新产品或高档产品,既可以降低推出新产品的广告费用,也可以通过新产品吸引更多的非价格导向的顾客,冲淡价格低、档次低的思维定势,还可以减少因降价而产生的利润损失。这样不但会树立企业"不断创新"的品牌形象,还会给人一种企业让利消费者的印象。没有新产品的推出,价格战难以产生持久的效果。比如,价格战搞得最凶的格兰仕,每次价格战都推出一系列新产品。第四,分销能力。大量生产要以大量分销为前提,强大的分销能力是必不可少的。价格战是企业之间争相降价的过程,最终要实现销量的大幅增加,也就是说,多卖产品才是最终的目的,这使得企业的分销网络与分销能力变得重要起来。没有完善的市场渠道,价格战是无能为力的。

但价格战本身也有很多弊病,主要表现在:首先,价格竞争是竞争对手易于仿效的一种方式,很容易招致竞争对手"以牙还牙"的报复,导致两败俱伤。在彩电行业也发生过这样的事情,过于激烈的价格战,使得整个家电产业的需求饱和在一个较低的水平,最终导致了2000年全行业大亏损。其次,降价可能会影响代理商、经销商的利益,从而影响企业的长期分销能力。最后,由于消费者对降价的理解不同,有时适得其反,出现始料不及的局面。如消费者把降价理解为:将有新产品上市,老产品上市是为了处理积压存货;好货不降价,降价无好货;企业财政困难,该产品今后可能停产,零配件将无处购买;可能还要降价,等再降价时再买。特别是短期内连续降价,最容易造成这种持币观望的局面。

二、非价格竞争

非价格竞争是指企业运用价格以外的营销手段，使本企业产品与竞争产品相区别，并使之具备差别优势，以推动产品销售的竞争方式。非价格竞争策略主要有：第一，市场定位策略。即根据竞争者现有产品在市场上所处的位置，针对消费者或用户对该种产品某种特征或属性的重视程度，强有力地塑造出本企业与众不同的、给人印象鲜明的个性或形象，并把这种形象生动地传递给购买者，从而使该产品在市场上确定有利的竞争地位。第二，产品差异化策略。通过提供与竞争产品在造型、花色、性能等方面具有不同特征的产品，来争取消费者选购的差异，以扩大本企业产品销售。第三，服务多样化。通过向消费者提供多样化的服务项目引起消费者好感，为本企业产品争取有利的竞争地位。第四，促销宣传。利用广告和其他促销手段来加强产品的市场地位，区别竞争产品，争取有利的市场地位。

成功的市场营销有赖于产品、价格、地点、促销等营销组合因素的综合运用，而不应顾此失彼。

本章小结

1. 价格是指顾客购买商品所支付的经济成本，或者说顾客购买商品或服务所愿意支付的经济成本就是该商品或服务的价格。价格是由商品的需求和供给决定的。

2. 商品价格的构成包括生产成本、流通费用、国家税金和企业利润四个要素。

3. 影响定价的因素是多方面的，如定价目标、成本、其他市场营销组合因素、市场需求情况、市场竞争形势、国家法律和政策等。其中，产品的最高价格取决于产品的市场需求，最低价格取决于该产品的成本费用。在最高价格和最低价格的幅度内，企业能把这种产品价格定多高，则取决于竞争者同种产品的价格水平。所以，市场需求、成本费用、竞争产品价格对企业定价有着重要影响。

4. 企业定价方法有三种，即成本导向定价法、需求导向定价法和竞争导向定价法。其中，成本导向定价法包括成本加成定价法、目标收益率定价法和边际贡献定价法。需求导向定价法包括理解价值定价法、需求差别定价法和可销价格倒推法。竞争导向定价法包括随行就市定价法、主动竞争定价法、拍卖定价法和密封投标定价法。

5. 企业定价策略有四种：折扣与折让策略、地区定价策略、心理定价策略、产品组合定价策略。

6. 价格要随着宏观环境和市场形势的变化而及时做出调整：减价或提价。不管采取何种方法都需要考虑顾客的接受能力和竞争者的反应。在现阶段，特别要懂得打价格战和善于打价格战，同时要利用非价格策略战胜竞争对手，赢得市场份额。

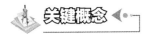

价格　总成本　平均成本　边际成本　需求价格弹性　成本导向定价法　需求导向定价法　竞争导向定价法　折扣与折让策略　地区定价策略　心理定价策略　产品组合定价策略　价格战

一、判断正误

1. 通过价格与供求的相互作用关系，能够达到供求平衡和均衡价格。（　　）
2. 市场状况是影响产品价格的唯一因素。（　　）
3. 一个企业在停止生产或经营期间，是没有成本开支的。（　　）
4. 按照需求弹性理论，薄利一定可以多销。因此，企业应通过低价增加销量，获取利润。（　　）
5. 对于一些名贵的高档消费品，为了显示其身价，企业可以采用整数价格策略。（　　）
6. 单位产品价格越高，越能实现企业利润最大化。（　　）
7. 数量折扣作为一种定价策略，不仅为了鼓励顾客大量购买，而且为了争取顾客再次购买。（　　）
8. 如果竞争者降低价格，公司也必须降低价格。（　　）
9. 非价格竞争策略主要有市场定位策略、产品差异化策略、服务多样化、促销宣传。（　　）

二、单项选择

1. 当期利润最大化的定价目标在理论上讲就是要求（　　）。
   A. 当前收益＝当前成本　　　B. 全部收益＝变动成本
   C. 边际收益＝当前成本　　　D. 边际收益＝边际成本

2. 在一个行业中，所有的企业如果都只能是"价格接受者"而不是"价格制定者"，该行业就处在（　　）状态。
   A. 完全竞争　　B. 垄断竞争　　C. 寡头垄断　　D. 完全寡头

3. 中国服装设计师李艳萍设计的女士服装以典雅、高贵享誉中外，在国际市场上，一件"李艳萍"牌中式旗袍售价高达1000美元，这种定价策略属于（　　）。
   A. 声望定价　　　　　　　　B. 基点定价

C. 招徕定价   D. 需求导向定价

4. 假定某品牌微波炉单价由800元降至600元，销量由1万台增至1.5万台，则该产品的需求价格弹性为（　　）。
   A. 1   B. 2   C. 3   D. 4

5. 中国电信规定每日21：00～24：00拨打国内长途电话按半价收费。这种定价策略属于（　　）。
   A. 成本加成策略   B. 差别定价策略
   C. 心理定价策略   D. 组合定价策略

6. 在成本费用核算中，总成本费用与总产量之比称为（　　）。
   A. 边际成本   B. 平均成本
   C. 平均固定成本   D. 平均变动成本

7. 在投标定价中，应以（　　）时的价格为最佳报价。
   A. 成本最低   B. 目标利润最高
   C. 中标概率最大   D. 预期利润最大

8. 某出版社在定价中使用了损益平衡图，它所用的定价方法是（　　）。
   A. 认知价值定价法   B. 目标定价法
   C. 随行就市定价法   D. 密封投标定价法

9. 下列定价方法中允许将价格定在成本以下的是（　　）。
   A. 成本加成定价法   B. 目标收益定价法
   C. 边际贡献定价法   D. 声望定价法

10. "华联"超市国庆期间对馒头、面包等食品降价亏本出售，以带动其他产品的销售。这种定价方法属于（　　）。
    A. 声望定价法   B. 尾数定价法
    C. 招徕定价法   D. 习惯定价法

三、问答题

1. 简述商品的价格与供给、需求三者之间的关系。
2. 影响定价的主要因素有哪些？
3. 企业三种导向定价法主要有哪些具体形式？如何应用？
4. 请简述价格折扣策略。
5. 地区定价策略有哪些？有什么特点？
6. 制定心理定价策略有何形式和技巧？
7. 产品组合定价策略主要包括哪些内容？
8. 定价策略如何与其他营销组合策略相配合？举例说明。

案例研讨　小米和华为的价格战

有人的地方就有江湖，手机行业更是如此。如果说华为是手机江湖的"武当派"，那么小米就是"明教"了。

4年前，小米的雷军就如同金庸笔下的张无忌，突然在某个山洞习得"互联网思维"的绝世神功，2013年还铸成了"倚天剑"和"屠龙刀"（小米手机3代与小米电视），从此在手机江湖中掀起一片"血雨腥风"。眼见小米扶摇直上，"四大门派"中华酷联不甘居后，纷纷推出互联网品牌与其一较高下。如果说雷军是张无忌，那么余承东便像是宋青书了。2013年，余承东独立门户，运作华为互联网新品牌——荣耀，试图以"师夷长技以制夷"的战术死磕小米。

至此，华为与小米的江湖大战开始轮番上演。

一、谈硬件：小米杀价，华为死磕

低价高配已经是小米手机品牌给人的核心印象，低价高配的策略也帮助了小米手机迅速崛起。如果说"专注、极致、口碑、快"的互联网思维是雷军的"乾坤大挪移"，那么"低价高配"的策略就是"九阳神功"了，它从产品层面上帮助小米打下了坚固的内功基础。一个武林高手，他不仅仅是停留在招式上，而且还需要深厚的内功作为底蕴。

据说，小米2013年发布了红米手机，直接让深圳的山寨手机厂商们损失了多达5个亿。而接下来的小米移动电源、小米手环，更是让整个移动电源产业和智能穿戴产业受到了巨大的冲击！可以说小米所到之处，都是寸草不生啊。

反观华为，其杀价招数有过之而无不及。我们来看看华为荣耀的产品线，荣耀3C是为了死磕红米，荣耀3X畅玩版是为了死磕红米Note，荣耀6是为了死磕小米4。就在前几天的小米阻击战中，荣耀3C 4G版更是直降199元，仅售799，死磕红米Note的4G版。

连华为的余承东也在其微博上叫嚣雷军："雷总，阿黎，咱们两家这样继续打下去，估计中国连山寨机市场都会被打没了。产品实在是太超值了，好产品亏本卖，受益的是广大消费者啊！"估计广大深圳山寨手机厂商看到余大嘴这么得瑟，只能默默地躲在墙角哭了！从产品层面来看，两家厂商几乎是半斤八两，都是以杀价为手段，搅乱了整个手机江湖。

二、谈系统：小米重"内容"，华为谈"亲情"

无独有偶，这段时间小米发布了MIUI6，而华为也抢前发了EMUI3.0。这两款国内比较出色的基于安卓深度定制的操作系统自然也成了业界的焦点。小米MIUI6基于之前版本在界面风格、色彩、动画、手势滑动和人性化方面进行了全新的设计和加强，并且明确了"内容的本质"。而华为的EMUI3.0改变不是太大,同样也进行了扁平化设计,最大的特色是其主打的"亲情关怀"和"懒人模式"。

在MIUI6的发布会上,洪锋阐述了MIUI6的设计理念在于"内容才是本质"。MIUI6真正的重点在于内容与服务的渗透与集成,即便是一部没有安装任何应用的MIUI系统终端,涉及衣食住行的生活类服务已经无孔不入。目前MIUI6的服务主要体现在小米黄页、日历订阅和小米生活三个方面,内容涉及音乐、视频等消费产品和生活服务。

相比MIUI6,华为EMUI3.0的改变不是太大。加入的情亲关怀、生活黄页等人性化的操作,使得华为手机的操作系统变得更为好用。只能说,从2.3到3.0EMUI是"能用变好用"了。不过,华为此次主打的"亲情关怀",使用起来比较繁琐,流畅度不是太佳。两台手机必须同时安装,第一次使用还需要发送短信进行验证发起请求,整体用户体验并不太佳。

三、谈战略:小米在布局,华为在拆招

众所周知,从目前电子技术领域来看,手机硬件已经遇到了瓶颈。因此,很多业内人士纷纷质疑小米的低价高配策略是否还行得通。笔者认为,小米的低价策略会一直下去,硬件免费也不是不可能。毕竟目前,小米重在整个生态链建设,实现"硬件+软件+内容"的一体化模式。所以,为什么说小米不是单独的手机生产商,而是一家互联网公司。手机只不过是小米大战略下的一个突破口。

小米的每一步都在布局生态链。从手机产品来看,除了以年轻用户为主体小米品牌之外,还在着力搭建老年用户生态体系,注资老人手机品牌21克手机。从互联网生态链来看,小米已经整合了金山软件、欢聚时代、猎豹移动及迅雷这"四驾马车"。

反观华为荣耀,脱胎于贵族"武当派"的华为,不仅继承了华为的技术和供应链优势,而且借助互联网"平等、开放、去中心化"的思维,有着得天独厚的优势。然而,荣耀诞生的本质,却是华为抗衡小米、出于战略保护而推出的高性价比品牌。无论是在产品定位、营销策略、粉丝营销等各方面,荣耀都与小米死磕到底,借此制造了足够多的噱头,但这毕竟是迫不得已,实则让整个品牌气质都缺少了点"荣耀"。

如果说小米是"明教",华为是"武当派",在这场手机江湖较量中,小米重在布局,而华为却在忙着拆招。国产手机的大江湖,应该是百家争鸣才会更好。死磕价格战,"亏本"卖机,表面上是消费者受益,实则是对整个国产手机产业的致命伤害。小米与华为的江湖恩仇,不应该只是简单的拼价格和高性价比,而是要给消费者带来更好的用户体验,更人性化的功能,更稳定的性能,更亲民的价格,这才是众望所归。

[资料来源:《起底"武当派"华为与"明教"小米的江湖事》[OL],雷锋网]

讨论题：
1. 智能手机属于哪一种市场结构类型？你为什么得出这样的结论？
2. 导致智能手机价格战的原因是什么？价格战中是否有真正的赢家？为什么？
3. 这场价格战给你什么启示？如果是你，将如何应对？

第十章
渠道策略

本章要点
◎分销渠道的概念、职能及类型
◎中间商的概念、职能及类型
◎分销渠道的设计、选择与评估
◎分销渠道的冲突、管理与调整
◎分销物流决策

分销策略是市场营销组合中最复杂、最具挑战性的策略之一。企业必须通过直接的或间接的分销渠道才能接触到顾客，必须通过分销活动才能把所生产的产品在合适的时间、地点，以合适的价格提供给顾客，以满足市场的需要。

第一节 分销渠道概述

一、分销渠道的概念和职能

1. 分销渠道的概念

分销渠道是指产品或劳务从生产领域到消费领域的通路。由于产品或劳务从生产领域到消费领域的过程是由一系列具有中介职能的企业和个人完成的，所以，分销渠道实质上是指参与产品或劳务从生产者到消费者或用户过程的相互依存的所有企业和个人。分销渠道包括生产商、批发商、代理商、零售商、消费者等。

2. 分销渠道的职能

分销渠道的主要职能有如下几种：第一，研究。即收集制订计划和进行交换时所必需的信息。第二，促销。即进行关于所供应的货物的说服性沟通。第三，接洽。即寻找可能的购买者并与其进行沟通。第四，配合。即使所供应的货物符合购买者需要，包括分类、分等、装配、包装等活动。第五，谈判。即为了转移所供货物的所有权，就其价格及有关条件达成最后协议。第六，实体分销。即从事商品的运输、储存。第七，融资。即为补偿渠道工作的成本费用而对资金的取得与支用。第八，风险承担。即承担与从事渠道工作有关的全部风险。

二、分销渠道的类型

从不同的角度观察分销渠道，我们能够看到市场分销渠道的不同类型。例如，根据产品或劳务从生产者向消费者转移的过程所经过的环节多少，分销渠道有长短之分。根据产品或劳务通过同一环节中间商的数目多少，分销渠道有宽窄之分；根据是否通过中间商转卖，可以把市场分销渠道划分为直接分销渠道和间接分销渠道；根据渠道成员之间的相互联系的紧密程度，可以划分为传统独立分销渠道和整合分销渠道。

1. 分销渠道的长度

渠道的长度取决于产品在流通过程中经过的不同类型的机构数目的多少。产品在从生产者流向最后消费者或用户的过程中,每经过一个对产品拥有所有权或负有销售责任的机构,称为一个层次。层次越多,分销渠道就越长;反之,经过的层次越少,分销渠道就越短。

图10-1为消费品分销渠道,图10-2为产业用品分销渠道。

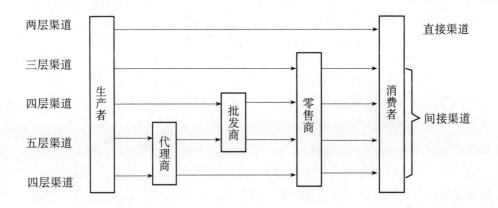

图10-1　消费品分销渠道

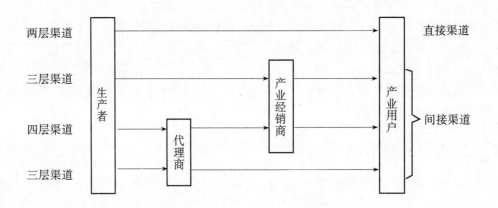

图10-2　产业用品分销渠道

分销渠道的长和短是相对的,不是绝对的,只有拿两个长度不同的同种东西相比较,才能说两者哪个较长,哪个较短。例如,如果拿五层渠道和四层渠道相比,可以说前者较长,后者较短。

2. 分销渠道的宽度

分销渠道的宽度取决于渠道的每个层次中使用同种类型中间商数目的多少。通常有三种可以选择的形式：

（1）密集分销。即企业尽可能地通过许多负有责任的、适当的批发商和零售商推销其产品。密集分销策略的主要目标是扩大市场覆盖面，使消费者和用户可以随时随地买到商品。

（2）选择分销。即企业在某一市场（地区）仅通过少数几个经过精心挑选的、最合适的中间商推销其产品。可以说，选择分销适用于所有产品。

（3）独家分销。即企业在某一地区仅选择一家中间商推销其产品，是最窄的分销渠道。一般来说，中间商不得经营竞争者的产品，这有利于企业对中间商的控制，但企业与独家经销商之间的互相依赖性都很强。

3. 传统独立分销渠道

传统独立分销渠道是由独立的生产者、批发商和零售商所组成。他们在保持距离的情况下相互讨价还价，谈判销售条件，并且在其他方面自主行事，各自追求利润的最大化，而不顾整体的利益。传统独立分销渠道是一个高度松散的销售组织网络。

4. 整合系统分销渠道

整合系统分销渠道是指渠道成员实行纵向或横向联合或利用多渠道达到同一目标市场，以取得规模经济效益的组织。该组织包括以下三种形式：

（1）垂直渠道系统。即由制造商、批发商和零售商组成的统一联合体，在一个系统内渠道成员之间采取不同程度的一体化经营或联合经营。它包括三种形式：

1）公司渠道系统。由同一所有权下的生产和分销部门组成的渠道系统，它通常由一家公司拥有和统一管理若干工厂、批发机构和零售机构，控制渠道的若干层次甚至整个分销渠道。

2）管理渠道系统。依靠某一渠道成员的规模和权力来协调生产和销售两个连续阶段的渠道形式。

3）合同渠道系统。不同层次的独立制造商和中间商为了实现其单独经营所不能达到的经济效果而以契约形式为基础形成的联合。如批发商组织的自愿连锁店、零售商合作社、特许经营组织等。

特许经营是指特许人将自己所拥有的商标、商号、专利和专有技术、经营模式等以合同形式授予被特许者使用，被特许者按照合同规定在特许者统一的业务模式下进行经营，并向特许者支付相应费用的经营方式。

（2）水平渠道系统。即由同一层次、同一类型的两家或两家以上独立企业通过某种形式合作，共同开发新的市场而形成的渠道系统，目的是通过联合发挥资源协同作用和规避风险。

（3）多渠道分销系统，也叫双重分销。即一个企业建立两条或更多的分销渠道以达至一个或更多的顾客细分市场。一般有两种类型：

第一种类型的双重分销，是指制造商通过两条以上竞争的分销渠道销售一种商标的货物。例如保险丝制造商，他把某种商标的家用保险丝通过杂货批发商和小五金批发商，用不同的毛利卖给许多零售商，再转卖给广大消费者（这是通过多渠道将相同产品送到相同市场），这样，这些渠道之间就不能不产生竞争。

第二种类型的双重分销，是指制造商通过两类竞争的分销网销售两种商标的基本相同的产品。例如，美国肯塔基州一家大酿酒商通过各种经销商（如超级市场、连锁商店、折扣商店和独立食品商店、小杂货店等）销售许多不同商标的相同的威士忌。制造商使用多渠道分销，比使用单一渠道能实现更深的市场渗透。

第二节 中间商

一、中间商的概念

中间商是处在生产者和消费者之间，参与商品交易业务，促进买卖行为发生和实现的、具有法人资格的经济组织和个人。中间商作为一种行业是独立于生产者之外的，专门从事商品从生产领域向消费领域转移的流通产业，也就是商业。

虽然生产企业可以直接将产品销售给最终消费者或用户，但是更多的企业还是利用中间商实现产品的销售。这是因为中间商能够使商品迅速及有效地到达目标市场，而且，中间商大规模的分销使企业的经营活动更经济。如图10-3所示。

二、中间商的类型

从不同的角度，我们能够把中间商划分为不同类型。按中间商是否拥有商品的所有权，可分为两种类型：经销商与代理商（经纪人）。经销商必须首先通过购买，取得商品所有权，然后再出售商品，要承担经营风险；代理商并不拥有商品所有权，只是协助购销双方转移商品的所有权，所以承担的经营风险较少。按中间商的内部分工，还可分为两种类型：批发商和零售商。

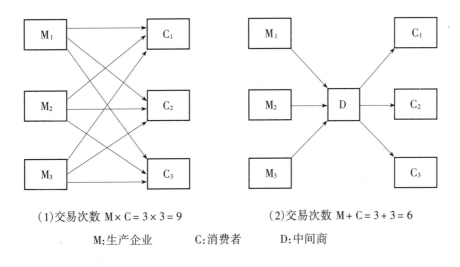

(1) 交易次数 M×C=3×3=9　　　(2) 交易次数 M+C=3+3=6

M:生产企业　　　C:消费者　　　D:中间商

图 10-3　中间商如何降低交易成本

1. 批发商

批发是指将货物或服务批量销售给为转卖或商业用途而进行购买的人的活动。从事这种活动的企业或个人被称为批发商。

批发商处于商品流通的起点和中间阶段，交易对象是生产企业和零售商；批发商是产品流通的大动脉，是关键性的环节，它是连接生产企业和商业零售企业的枢纽，是调节商品供求的蓄水池，是沟通产需的重要桥梁，对企业改善经营管理及提高经济效益、满足市场需求、稳定市场具有重要作用。

不同国家对批发商分类标准不同，我们国家一般是按照以下标准对批发商进行分类：按经营商品种类范围划分，分为综合批发商和专业批发商；按服务地区范围划分，分为全国性批发商、区域批发商和地方批发商；按是否拥有商品所有权划分，分为经销批发商（独立批发商）和代理批发商；按照批发商在商品流通过程中的环节划分，分为产地批发商、口岸批发商、中转批发商、销地批发商；按商品经营的方式划分，分为专业批发商、工业部门自营批发商、联营批发商、代理批发商和批发交易市场；按服务内容划分，分为综合服务批发商和专业服务批发商。

2. 零售商

零售是将商品或劳务直接销售给最终消费者的商业活动。从事这种活动的企业或个人被称为零售商。

零售商一头连结生产企业或批发企业，另一头连结消费者。零售商既是销售系统中数量最多的组织，又是产品流通过程中的最后一个中间商业环节，他们从事的商业活动与批发商从事的商业活动有明显的不同。对于制造商和批发商来说，他们既是营销者又是顾客。零售商是终端商品的占有者，商品占有越大的货架空间，就意味着越减少竞争对手的竞争机会。零售商是吸引消费者的"磁铁"，零售商是最直接、最有效的商品信息源，零售商是企业最好的传播媒介，零售商是企业网络的神经末梢，绝大多数商品是在零售环节被消费者买去的。如果无法在产品销售范围内的零售点看到商品，让消费者买得到，买得方便，愿意再次购买，那么，分销渠道的建设就是失败的。零售商在分销渠道中起着非常重要的作用。

零售商的主要类型有：第一，有店铺经营的零售商。如专业商店、百货商店、超级市场、便利商店、折扣商店、廉价零售商、超级商店和样品目录陈列室、O2O 等。第二，无店铺零售商。如网络销售（B2B、B2C、C2C）、邮售、电话销售、电视销售、人员直接销售、自动售货和购物服务公司。第三，零售组织。如公司连锁商店、自愿连锁店、零售商店合作组织、消费者合作社、特许经营组织和商业联合大公司等。

第三节 分销渠道设计

一、分销渠道设计概述

1. 确定渠道目标

渠道目标是指在企业营销目标的总体要求下，选择分销渠道应达成的服务产出目标。这种目标一般要求建立的分销渠道达到总体营销规定的服务产出水平，同时使全部渠道费用减少到最低程度。

渠道目标的设计是从确定目标市场开始的。企业在认真分析影响销售渠道选择决策的主客观因素基础上，划分出若干分市场，然后决定服务于哪些分市场，并为之选择和使用最佳渠道。最佳渠道是对目标市场的覆盖能力最强，使目标市场的顾客满意程度最高，对生产者能提供较多利润的渠道。最佳渠道是一个相对的概念，它受到产品、企业、市场、中间商、竞争环境等因素的影响。

2. 渠道设计的限制因素

影响分销渠道设计的因素，从总体上看主要分为两大类：一类是可控制因素，如产品、企业自身状况等；另一类是不可控因素，如市场、竞争环境等。

（1）产品因素。是指不同产品的特性影响生产者对营销渠道的设计。产品因素通常包括以下几方面：

1）产品价格。一般来说，单位产品价格高的产品，宜采用短渠道，尽量减少流通环节，降低流通费用；而单位价格低的产品，则宜采用较长和较宽的分销渠道，以方便消费者购买。

2）产品的重量和体积。重量和体积直接影响运输费用和储存费用。因此，对体积过大或过重的商品，应选择直接或中间商较少的短渠道，以减少商品损失，节约储运费用；体积和重量较小的商品，可采用较长渠道。

3）产品的时尚性。对于时尚性强、款式花色变化快的产品，应选用短渠道，以免产品过时；而款式花色变化较小的产品，渠道则可长一些。

4）产品本身的物理化学性质。易腐、易损产品，如鲜活产品、陶瓷制品、玻璃制品及有效期短的产品，宜选择直接分销，以避免长渠道的流通时间过长和多次反复搬运装卸造成的损失。反之可采用间接渠道。

5）产品的技术服务要求。技术复杂、售后服务要求高的产品，宜采用短渠道，由企业自销或由专业代理商销售，以便提供周到服务；相反，技术服务要求低的产品，则可选择长渠道。

6）产品的通用性。通用产品由于产量大、使用面广，分销渠道一般较长较宽；定制产品由于具有特殊要求，最好由企业直接销售。

7）产品的标准化程度。产品的标准化程度高，通用性强，可选择较长、较宽的销售渠道；而非标准化的专用性产品，则应选择较短的销售渠道。

8）产品所处的生命周期阶段。产品处于生命周期的不同阶段，对分销渠道的要求也不同。处于投入期的产品，为了较快地把新产品投入市场、占领市场，但许多中间商往往不愿经销，生产企业应组织推销力量，直接向消费者推销，因此此时的分销渠道是短而窄的；处于成长期和成熟期的产品，消费需求迅速扩大，生产者要提高市场占有率，就要选择长而宽的渠道，扩大产品覆盖面；衰退期的产品就要压缩分销渠道。

(2) 企业因素。影响渠道策略选择的企业因素主要有：

1）企业的规模和声誉。如果产品质量好，资金雄厚，又有经营管理销售业务的经验和能力，企业就有可能随心所欲地挑选最合适的分销渠道和中间商，甚至建立自己的销售力量，自己推销产品，不通过任何中间商；反之，如果企业财务薄弱，或者缺乏经营管理销售业务的经验和能力，一般只能通过若干中间商推销其产品。这种分销渠道是长而宽的。

2）企业的营销经验及能力。一般来说，企业市场营销经验丰富，则可考虑较短的分销渠道。反之，缺乏营销管理能力及经验的企业，就只有依靠中间商来销售。

3）企业的服务能力。如果生产企业有能力为最终消费者提供各项服务，如安装、调试、维修及操作服务等，则可取消一些中间环节，采用短渠道。如果服务能力有限，则应充分发挥中间商的作用。

4）企业控制渠道的愿望。企业控制分销渠道的愿望各不相同。有的企业希望控制分销渠道，以便有效控制产品价格和进行宣传促销，因而倾向于选择短渠道，而有些企业则无意控制分销渠道，因此采用宽而长的渠道。

（3）市场因素。市场状况直接影响产品销售，因此，它是影响分销渠道策略选择的重要因素。市场因素主要包括：

1）目标市场范围。市场范围大的产品，消费者地区分布较广泛，生产者使用多环节，而每一环节都有较多的中间商的长渠道（即长而宽渠道）会更有效；若目标市场范围较小，则可采用短渠道。

2）市场的集中程度。目标市场聚集的地区，营销渠道的结构可以短些，一般地区则采用传统性营销路线，即经批发与零售商销售；若顾客比较分散，则需要更多地发挥中间商的分销功能，采用较宽较长的渠道。

3）销售量的大小。如果一次销售量大，可以直接供货，分销渠道就短；一次销售量少，就要多次批售，渠道则会长些。

4）消费者购买习惯。消费者的购买习惯直接影响着企业分销渠道的选择。消费者对不同的消费品有不同的购买习惯，这也会影响分销渠道的选择。消费品中的便利品（如香烟、火柴、肥皂、牙膏、大部分杂货、一般糖果、报纸杂志等）的消费者很多（因而其市场很大），而且消费者对这种消费品的购买次数很频繁，希望随时随地买到，很方便。所以，企业只能通过批发商，为数众多的中小零售商转卖给广大消费者。因此，便利品分销渠道是长而宽的。消费品中的特殊品（如名牌服装等），因为消费者在习惯上愿意多花时间和精力去物色，所以生产特殊品的企业（即名牌产品制造商）一般只通过少数几个精心挑选的零售商去推销其产品，甚至在一个地区只通过一家零售商经销其产品，因此特殊品的分销渠道是短而窄的。

5）需求的季节性。季节性商品由于时间性强，供货快销售也快，因此要充分利用中间商进行销售，渠道相应就宽些。

6）市场竞争状况。企业出于市场竞争的需要，有时应选择与竞争对手相同的分销渠道。因为消费者购买某些产品，往往要在不同品牌、不同价格的产品之间进行比较、挑选，这些商品的生产者就不得不采用竞争者所使用的分销渠道；有时则应避免"正面交锋"，选择与竞争对手不同的分销渠道。

7）市场形势的变化。市场繁荣、需求上升时，生产商应考虑扩大其分销渠道，而在经济萧条、需求下降时，则需减少流通环节。

（4）竞争环境因素。企业可以使用其他竞争者避免使用的分销渠道。如美国雅芳

(Avon)公司为避免与其他化妆品生产者竞争，不去争夺零售店内的稀缺空间，它不使用传统的分销渠道，而采取避开竞争者的方式，训练漂亮的年轻妇女，挨家挨户上门推销化妆品，结果盈利甚多，很成功。企业也可以使用同其他竞争者相同的分销渠道，与竞争者的产品抗衡。例如，消费者购买食品往往要比较厂牌、价格等，因此，食品制造商就必须将其产品摆在那些经营其竞争者的产品的零售商店里出售。

二、渠道方案确定

明确了自己要占领的目标市场和理想的市场定位，接下来就应该确定主要渠道方案。

1. 确定渠道的长度、宽度和紧密程度

根据以上影响分销渠道设计的因素来确定渠道的长度、宽度和紧密程度。

2. 选择渠道成员

如果企业确定了其产品销售策略，选择间接渠道进入市场，下一步即应做出选择中间商的决策，包括批发中间商和零售中间商。中间商选择是否得当，直接关系到生产企业的市场营销效果。选择中间商首先要广泛搜集有关中间商的业务经营、资信、市场范围、服务水平等方面的信息，确定审核和比较的标准。选定了中间商，还要努力说服对方接受你的产品，因为并不是所有的中间商对你的商品都感兴趣。投资规模大，并有名牌产品的生产企业完成决策并付诸实际是不太困难的，而对那些刚刚兴业的中小企业来说就不是一件容易的事情了。一般情况下，要选择具体的中间商必须考虑以下条件：

（1）服务对象。不同企业有不同的目标市场，不同中间商有不同的服务对象。企业选择分销渠道，应首先考虑中间商的销售对象是否是企业所希望的潜在顾客，这是个最根本的条件。因为企业都希望中间商能打入自己已确定的目标市场，并最终说服消费者购买自己的产品。

（2）地理位置。中间商的地理位置直接影响到产品能否顺利到达目标顾客手中。因此，选择中间商必须考虑其地理分布情况，如选择零售商最理想的区位应该是顾客流量较大的地点。选择批发商则要考虑其所处的位置是否利于产品的批量储存与运输。通常以交通枢纽为宜。

（3）经营范围。即中间商承销的产品种类及其组合。选择时一要看中间商有多少产品线，二要看各种经销产品的组合关系，是竞争产品还是促销产品。

（4）促销能力。即考察中间商是否有稳定的、高水平的销售队伍，健全的销售机构，完善的营销网络和丰富的营销经验。许多中间商被规模巨大，而且有名牌产品的企业选中，往往是因为他们对销售某种产品有专门的经验。

（5）物质设施与服务条件。现代商业经营服务项目甚多，选择中间商要看其物质设施、储运条件及综合服务能力如何，有些产品需要中间商向顾客提供售后服务，有些在销售中要提供技术指导或财务帮助（如赊购或分期付款），有些产品还需要专门的运输存储设备。合适的中间商所能提供的综合服务项目与服务能力应与企业产品销售所需要的服务要求相一致。

（6）财务状况。中间商财务状况的好坏，直接关系到其是否可以按期付款，甚至预付货款等问题。企业在选择中间商时，必须对此严加考察。

（7）合作诚意。中间商与企业合作得好，会积极主动地推销企业的产品，对双方都有益处。若没有良好的合作诚意，再有实力的中间商也不能选择。

（8）促销经验。生产者要尽可能选择促销经验丰富的中间商，以便产品顺利地通过中间商推销出去。采用推销商品的方式及运用选定的促销手段的能力直接影响销售规模。有些产品适合广告促销，而有些产品则适合通过销售人员推销；有的产品需要有效的储存，有的则应快速运输。要考虑到中间商是否愿意承担一定的促销费用以及有没有必要的物质、技术基础和相应的人才。选择中间商前必须对其所能完成某种产品销售的市场促销政策和技术的现实可能程度作全面评价。

3. 确定渠道成员的权利和义务

企业在确定渠道成员之后，需要进一步规定渠道成员彼此的条件和应尽的义务，即制定"贸易关系组合"协议。协议主要涉及价格政策、销售条件、地区权利以及每一方为对方提供的服务及应尽的责任义务。

（1）价格政策。要求企业制订价目表和折扣细目单。对不同地区、不同类型的中间商和不同的购买数量给予不同的价格折扣比率，企业必须确信这些是公平的和足够的。

（2）销售条件。即付款条件和生产者的担保。对及时全部付清货款的中间商应给予现金折扣。企业也可以向分销商提供有关商品质量不好或价格下跌等方面的担保。有关价格下跌所做出的担保能吸引分销商购买较大数量的商品。

（3）中间商的地区权利。企业对于中间商的地区权利要相应明确，尤其是在采用特许经营和独家代理等渠道形式时，更应当明确双方的义务和责任。企业可能在许多地区有特许经营人，特别是在邻近地区或同一地区有多少特许经营人，有多大的特许权，中间商对此都十分关注。因为中间商总喜欢把自己销售地区的所有交易都归于自己；同时，企业在邻近地区或同一地区特许经营人的多少以及企业特许经营人的特许权的允诺，均会影响中间商的销路，这也就在很大程度上影响中间商的积极性。

（4）双方应提供的特定服务内容，包括广告宣传、资金帮助、人员培训等。为了慎重起见，对于双方应提供的特定服务内容可以用条约的形式固定下来。条约规定的服务内容应使中间商觉得有利可图，愿意花气力推销企业的产品，当然也要以企业的负担能力为限。

三、评估渠道方案的原则

分销渠道方案确定后，企业就要根据各种备选方案进行评价，找出最优的渠道路线。渠道评估的原则通常有三个，即经济性原则、可控性原则和适应性原则，其中最重要的是经济性原则。

1. 经济性原则

经济性原则主要是比较每个方案可能达到的销售额及费用水平。这项原则包括下面几个含义：一是选择的渠道必须能够保证商品和劳务向消费者的流向是合理的；二是渠道环节应尽可能少，并且渠道组合是合理的；三是选择的渠道能够用最少的消耗、最快的速度、最短的时间、最短的里程转移商品实体；四是选择的渠道要具有相对稳定性，以节省开辟新渠道的费用。总之，要力求成本低，效益高。

2. 可控性原则

可控性原则要求企业对分销渠道的选择不应仅考虑经济效益，还应考虑分销渠道的可控性。因为分销渠道稳定与否对企业能否维持并扩大其市场份额、实现长远目标关系重大。企业自销对渠道的控制能力最强，但由于人员推销费用较高，市场覆盖面较窄，因此不可能完全自销。利用中间商分销就应充分考虑渠道的可控性。一般来说，建立特约经销或特约代理关系的中间商较容易控制，但这种情况下，中间商的销售能力对企业的影响又很大，因此应慎重决策。

3. 适应性原则

虽然渠道成员互相之间在一个特定的时期内有某种程度的承诺，但这种承诺往往会影响企业的应变能力，而市场却是不断发展变化的。因此，企业在选择分销渠道时就必须充分考虑其对市场的适应性。首先是地区的适应性，在某一特定地区建立商品的分销渠道，应与该地区的市场环境、消费水平、生活习惯等相适应；其次是时间的适应性，根据不同时间商品的销售状况，应能采取不同的分销渠道与之相适应。

第四节　分销渠道管理

不管对分销渠道如何规划和管理，渠道之间的竞争和冲突始终存在，这是竞争激烈的市场环境中的正常摩擦。一方面，它具有一定的促进作用，会刺激企业和原有的分销渠道去创新和变革，能导致各分销商在竞争中优胜劣汰，改善网络结构，促使渠道分销效率的提高。另一方面，有些危险和恶性渠道冲突的确极具破坏性，甚至动摇企业整个分销网络，如为争夺顾客恶性竞争，窜货乱价，使得分销渠道利润大幅降低；受到冲击的主力分销渠道其销量大而利润低，于是要求企业加大返利和促销等经济补偿，或者逼迫企业退出与其冲突的分销渠道，甚至干脆停止销售企业的产品，导致生产企业成为冲突的最大受害者，陷入极为被动的局面，等等。所以，生产企业在选择了渠道模式和确定了具体的中间商以后，还要不断地对渠道进行有效的管理，解决渠道矛盾，检查渠道运行，对效能不佳的渠道及成员进行改进、调整。

一、渠道冲突

1. 渠道冲突的概念

渠道冲突是指渠道成员发现其他渠道成员从事的活动阻碍或者不利于本组织实现自身的目标，从而发生种种矛盾和纠纷。

2. 渠道冲突的类型

渠道冲突分为三种类型：垂直渠道冲突、水平渠道冲突和多渠道冲突。

（1）垂直渠道冲突。是指同一条渠道中不同层次之间的冲突。如生产企业与批发商和经销商之间、批发商与零售商之间等发生权利及其相关"利益"的冲突。主要表现包括：分销商凭借自己所拥有的渠道资源的优势，向生产企业讨价还价；下游渠道成员缺乏商业信用；以及上游企业对其渠道成员的信任度和渠道成员对上游企业的忠诚度下降等。

（2）水平渠道冲突。是指渠道内同一层次成员之间的冲突。如特许经销商之间的区域市场冲突，零售商之间对同一品牌的价格战。其中，大量窜货是危害性最严重的冲突。窜货是指经销商为了获得非正常的利润，蓄意向自己辖区以外的市场倾销产品（即以低于厂家规定的销售价格向非辖区销货）。这种窜货行为降低了营销渠道的运行效率，导致企业渠道价格体系的紊乱，渠道受阻，经销商对所经销的产品丧失信心，甚至会导致企业的营销渠道网络毁于一旦。

（3）多渠道冲突。是指一个生产企业通过两条或两条以上的渠道向同一市场出售其产品而发生的冲突。本质是几种分销渠道在同一个市场内争夺同一种客户群而引起的利益冲突。例如，李维牛仔服在同一地区通过百货商店销售，就引起了当地专业商店的严重不满；联想集团在各地建立自己的专卖店，就引起了联想电脑经销商的不满；等等。

二、渠道管理

针对不同类型的渠道冲突,企业必须采用相应的对策,对中间商进行有效的管理。

1. 垂直渠道冲突的管理

对于生产企业而言,它们要求中间商做到:在生产企业制定了一个渠道策略后,中间商一定要执行渠道策略,执行企业价格策略,拓展产品销售网络,同时还为终端产品提供服务。

中间商则认为:首先,中间商并非受雇于生产企业以形成共分销连锁中的一环,而是一个独立的销售企业,并且,经过一些实践后,他安于某种经营方式,执行实现自己目标所必需的职能,在自己可以自由决定的范围内制定自己的政策。其次,中间商经常以担任其顾客的采购代理人为主要工作,其次才是供应商的销售代理人,他有兴趣将商品出售给任何向他购买商品的顾客。

因此,生产企业要有效管理中间商,首先要换位思考,然后从中间商角度来制定策略:

(1) 利益诱导。中间商之所以愿意跟你做生意,主要还是觉得你的产品有钱赚,如果有一天他发现经销你的产品没钱赚了,肯定迟早会离你而去。因此,保证渠道有利益可赚,这是前提。企业研究最重要的和首要的工作是中间商如何从经销的产品中获得利益最大化。中间商的利益最大化不仅是确保企业和中间商合作的纽带,而且也是确保中间商忠诚度和加大企业产品推广力度的根本。

(2) 目标管理。当企业面临对手竞争时,树立渠道系统目标是团结中间商的根本。渠道系统目标是指渠道成员共同努力,以达到单个所不能实现的目标,其内容包括渠道生存、市场份额、高品质和顾客满意。从根本上说,渠道系统是单个公司不能承担,只能通过合作实现的目标。

(3) 品牌控制。对于中间商来说,一个品牌响亮的产品意味着利润、销量、形象,更关键的是销售的效率。畅销的产品需要经销商的市场推广力度比较小,所以中间商的销售成本比较少,还会带动其他产品的销售。这样可以从其他产品上找回利润,同时因为销售速度比较快,提高了中间商资金的周转速度。所以,企业只要在消费者层面上树立了自己的良好的品牌形象,就可以对渠道施加影响。

(4) 渠道培训。生产企业一般经营管理都比较规范,制度相对比较健全,许多企业都有自己专门的培训部门。企业也必须意识到如何确保自己的中间商能够和自己同步成长,这是确保企业不断发展和进步的重要因素。就是要实行顾问式销售。所谓顾问式销售,就是企业的销售代表不仅把产品销售给中间商,还要帮助中间商销售、提高销售效率、降低销售成本、提高销售利润。也就是说，销售代表给中间商的是一个解决方案。这个解决方案既能解决中间商目前的盈利问题，也能解决中间商长远的盈利问题。

(5) 建立垂直营销系统。建立一套有计划的、实行专业化管理的垂直营销系统，把生产者与中间商的需要结合起来，实现双方的密切合作。生产者可在这一系统中与中间商共同规划销售目标、存货水平、商品陈列、培训员工以及广告宣传计划，使中间商认识到作为这一系统的成员，可以从中获得更大的利益，因而更愿意合作。

2. 水平渠道冲突的管理

水平渠道中各个成员之间的联系是一种横向的关系，在这个层次里，大家都是平等的，利益上是独立的。由于同行存在着竞争，渠道成员之间发生冲突是很常见的，要消除这种冲突是不现实的，重要的是要协调管理。但对于危害极大的窜货行为一定要大力整治。以下是窜货整治的策略：

(1) 要合理地给中间商制定销售目标。科学地分析市场需求能力，调查清楚中间商的网络实力，结合企业自身实力和区域经理的营销能力合理地制定营销政策。企业的销售目标、销售政策要依据市场的实际情况制定，不可盲目地给中间商制定销售目标，中间商如果在本地区无法完成销售量，则只有窜货一条路来保证自身利益。企业也不可过度重视硬指标（销售量、回款率、市场占有率），而忽视了软指标（品牌知名度、客户忠诚度）。企业若只依据硬指标来确定返利的大小，各地中间商和业务员为了获得高返利，就会想方设法完成企业规定的各项硬指标；如果本地区完成不了，自然会将产品伸到其他地区。

(2) 制定统一的价格。严格遵循市场规律，厂商制定严格的全国统一零售价，消除窜货的物质基础，为中间商留下合理的利润空间。众所周知，各地产品之间存在价差以及中间商受利益驱动进行跨区域销售是窜货现象发生的物质基础，为了清除窜货产生的物质基础，厂商最好实行全国统一零售价格，并由厂商负责运输，做到到货价（即经销商产品成本）的统一。即使实行全国统一零售价格有困难，也要在综合考虑运输成本的基础上合理确定各地区之间的价差，使之不足以引起窜货。

(3) 合理的销售区域划分。把过去以行政区域划分市场变成了按商品流向来划分区域市场。窜货产生的重要原因之一，就是产品市场在各个地域之间发育程度不一、市场饱和程度各异。在市场规律的作用下，商品自然地会从市场饱和、竞争激烈的区域流往市场饱和程度低的地方，从而产生窜货。为了防止这种局面的出现，厂商就要保持区域内经销商密度合理，经销能力和经销区域均衡。清扫窜货土壤，让窜货没有寄生环境。为了合理划分销售区域，保持每一个经销区域中间商密度合理，防止整体竞争激烈，厂商可以实行诸如中间商区域转卖或产品专卖，保持经销体系布局合理均衡。同时，制订科学的销售计划，创造良好的销售环境，避免供求失衡，尽量减少引发窜货发生的市场环境。

（4）提供售后服务。厂商通过对最终消费者提供售后服务，也能有效防止窜货。对于某些商品来说，产品价值的完全实现有赖于专业服务。例如，空调只有在安装后才能实现其使用价值，某些复杂的家用电器系统需要在专业人员的指导下顾客才能正常使用。对于这类商品，通常只有在合理的服务半径之内的经销商才能提供专业服务，在这种情况下，厂商可以通过服务手段来控制区域间窜货现象的发生。

（5）实行产品代码与专卖标识双保险。公司在产品上都打印生产批号和小号（同时在包装里也打上小号），基本根据生产日期来编码，每件货一个号码，发货时对产品的去向进行准确的登记与监控，出现窜货时就能查出产品的源头。另外，在各个大区贴专卖标识，这种专卖标识有防伪作用，窜货商想要盗用基本不可能。

（6）实行严格的奖罚制。厂商对窜货行为进行严厉处罚，归根结底是使中间商窜货的成本远远高于其收益，才能对窜货行为形成有效震慑。厂商在招商声明和经销合同中应明确对窜货行为的惩罚规定，通过诸如警告、扣除保证金、取消相应业务优惠政策、罚款、货源减量、停止供货、取消当年返利和取消经销权等措施来惩罚窜货行为，同时奖励举报窜货的中间商，调动大家防窜货的积极性。此外，厂商还应把监督窜货作为企业制度固定下来，成立专门机构，由专门人员定期或抽查明查暗访经销商是否窜货，通过在各个区域市场进行产品监察，对该区域市场内的发货渠道，各中间商的进货来源、进货价格、库存量、销售量、销售价格等了解清楚，随时向企业报告，一旦发生窜货现象，市场稽查人员就马上可以发现异常，使企业能在最短时间内对窜货做出反应。

3. 多渠道冲突的管理

现在许多生产企业在选择销售渠道时有多种方案，既选择像沃尔玛一类的大型零售企业，也选择通过互联网直销等。虽然多渠道能带来增加市场覆盖面、降低渠道成本、更适合顾客定制化销售等好处，但企业在销售时同时采用几种不同渠道，这样，渠道之间的冲突也就在所难免。渠道冲突不仅直接影响渠道企业，必然也会以不同的方式影响生产企业。解决多渠道冲突可采用以下方式：

（1）引导。如果冲突是由不同渠道同时向相同的市场和客户提供服务而引起，生产企业可以通过引导每个渠道销售不同的产品或品牌来调解冲突。具体实施办法有三个：一是向每个销售渠道提供不同的产品，二是为每个渠道划分独特的销售领域，三是强化不同渠道的不同价值定位。

以李维公司（Levi's）为例，该公司在同时选择多个销售渠道时采取了在不同渠道之间进行品牌差异化的战略。针对一般收入家庭，李维公司选择像沃尔玛一类的连锁店渠道，销售以Britannia和Levi为品牌的休闲服饰；而针对追赶时髦的年轻一族，李维选择品牌专卖店或较高档的时装店，销售的品牌为 Dockers 和 Silver Tab；针对年轻职业人员购买休闲类商业服饰的需求，李维通过大型高档购物中心销售 Slates 品牌服装满足需求；而针对那些价格敏感者，李维通过自己众多的折扣店进行分销。

（2）帮助和激励。如果冲突使原有渠道商效益下降，而他又对生产企业较为重要时，生产企业可以一边帮助中间商改善管理，一边对中间商进行经济方面的激励。比如，可以给予那些承担特定功能要求和提供高附加值服务（如市场开拓、物流配送和售后服务等）的中间商回扣优惠，或者依照中间商的服务价值调整其经销企业产品的利润和提供其他综合支持，平衡各类渠道的收益水平，缓解冲突。

（3）沉着应对。如果渠道重叠不可避免，渠道利润下降，冲突难以调和时，企业应学会沉着应对可能的渠道反弹和报复。企业应迅速加大市场投入，如增加对渠道的激励和支持，或从终端用户入手，增强品牌效应和促销力度，同时采用威胁退出和扶持其对手等强硬措施，提高企业的综合控制力，迫使各渠道接受企业的渠道管理策略，防止渠道的报复。如果以上方法均不能奏效，则及时终止实施强硬策略，与有利的分销渠道修复关系，达成妥协。在不得已的情况下，退出其中相对不利的渠道，以保全另一分销渠道，或者干脆重新建立一个全新的渠道在市场上分销产品，当然这可能是下策。

三、渠道调整

任何一个分销渠道网络都是在动态中发展的，要想分销渠道网络保持健康充满活力，必须对渠道进行调整。一般来说，对分销渠道的调整有三个不同层次：

1. 增减分销渠道中的个别中间商

如果个别中间商的经营规模小，运营能力差，终端掌控能力弱，对公司缺乏忠诚度，对渠道策略屡犯不止而造成企业产品市场占有率下降，影响到整个渠道效益时，可以考虑对其进行削减，以便集中力量帮助其他中间商搞好工作，同时重新寻找几个中间商替补。但如果市场占有率的下降，是由于竞争对手分销渠道扩大而造成的，这就需要考虑增加中间商数量。

2. 增减某一个分销渠道

当生产企业通过增减个别中间商不能解决根本问题时，就要考虑增减某一分销渠道。例如，当其他牌子的果汁在超市拼得头破血流的时候，汇源果汁悄悄开辟了酒楼销售渠道，从而成为了今天的餐饮果汁饮料市场上的领头羊。

3. 调整整个分销渠道

这个策略在渠道调整中最复杂且难度最大，因为它要改变企业的整个分销渠道策略，而不只是在原有基础上修修补补。例如，格力电器原来实行的是省经销制度，后来随着市场竞争得越来越激烈，这种模式的种种弊病开始显露出来。1997年，格力实行渠道变革，首创地在各省与经销商合作成立格力电器销售分公司，把厂家的利益和经销商的利益牢牢捆绑在一起，极大地激发了渠道的积极性。实行这种调整策略不仅是渠道策略的彻底改变，而且产品策略、价格策略、促销策略也必须作相应调整。

总之，分销渠道是否需要调整，如何调整，取决于其整体分销效率。因此，不论进行哪一层次的调整，都必须做经济效益分析，看销售能否增加，分销效率能否提高，以此鉴定调整的必要性和效果。

相关链接　上海大众汽车试水电商渠道

进入2014年，在车市增速放缓的背景下，汽车品牌之间的比拼不再局限于产品本身，还扩展到渠道、品牌、服务等综合实力的博弈。

日前，上海大众汽车与苏宁达成战略合作协议，以第三方商户身份入驻苏宁云台。作为苏宁开放平台上的商户，上海大众与苏宁的合作领域覆盖了线上及线下，产品也将逐渐从整车业务逐渐扩展到原装、售后、配件等相关领域。

随着汽车电商逐渐兴起，天猫等都涉足这一领域，其热度在去年"双11"达到高峰。但是，以上述3家平台为代表的汽车电商主要停留在线上下订单阶段。随着汽车整车厂商尝试与电商合作，传统销售模式或出现新的变革。

一、上海大众试水电商营销

上海大众旗下多款热销车型都将进驻苏宁云台，其官方旗舰店将在2014年3月正式上线。上海大众汽车与苏宁两者合作有助于双方品牌力相互促进，此外，苏宁目标消费人群与汽车厂商的目标人群也可以相互转化。

苏宁易购汽车频道于2013年11月正式上线，初期涵盖了丰田凯美瑞、沃尔沃、双龙雷斯特、巴博斯等10多个品牌的车型，上线首日销售了14辆车。在"双11"购物节4天时间，销售了130余辆车。

据记者了解，入驻天猫的整车企业开设旗舰店的年费每年为70万元，专营店为30万元，专卖店则为6万元。而一些垂直类汽车网站也同样如此操作。

从交易流程上看，苏宁易购提供的电商平台与天猫差别不大，购车模式为：在线或是电话咨询预约试驾、线上确认车型、拍下新车并进行支付、订单生成、收到验证码短信，买家凭借短信验证码前往4S店提车，最后进行在线确认和评价。但有所区别的是，消费者在确认购买车辆后，在苏宁易购平台，是在网上完成购车款支付的；而在天猫等电商，购车款则主要在4S店完成支付。

苏宁易购的入驻企业会有一个对公账户，账户生成的沉积资金将享受较传统银行存款利率更高的利率，对于企业动辄上百万的资金量而言，这部分收益十分可观。

对此，有分析人士认为，如果企业能将这部分收益贴补到车价中，或有助线上促销。

二、欲破解电商服务瓶颈

目前，O2O（是指将线下的商务机会与互联网结合）模式下的汽车电商存在不少瓶颈，其中最为明显的是，线上订单转化率低，以及线上客户黏性难以保证。

由于汽车是耐用消费品，消费者要体验车辆的性能仍需与实物接触。为了方便消费者，苏宁选择与经销商集团合作，一起设立城市体验中心。在此模式下，消费者可以在市区体验中心体验产品，再通过线上渠道以较优惠的价格购车，实现最终交易，而后续的服务保养仍要到传统的4S店进行。

在增加客户黏性方面，双方也试图通过产业链"上移"来破解。上海大众与苏宁的初期合作中仅针对整车业务，随着合作的不断深入，还将涉及原装、售后、配件以及保险金融等多个环节。倘若能将线下的产业链搬到线上，客户黏性将得到提高。

随机采访部分消费者中，多数人表示，在确定质量的前提下，相较于在不同地方选购汽车的相关产品，更愿意集中在一个地方完成采购全过程。

三、4S店售后成利润增长点

截至2012年底，天猫上汽车品牌旗舰店有10家左右，而2013年这一数字上升到25家。

与汽车电商快速发展相对应的是，目前整个车市增速已在逐渐放缓，几乎所有主流企业都在渠道下沉方面达成了共识，包括上海大众、东风日产、东风标致在内的多家企业都逐渐将销售重心转向了还在快速增长的三、四线市场。

"渠道建设至少也得几个月，这一速度肯定没有互联网的速度快。"汽车行业分析师张志勇认为，在车企渠道尚未覆盖的市场，汽车电商将为车企的销量增长提供机会。

在经销商层面，汽车电商的重要性也日益明显。广汇汽车集团相关人士表示，目前在新车销售上，大多数车型都处于薄利状态，甚至部分车型已是亏损销售，而售后业务近两年的增长速度超过三成。但由于提高售后利润的前提是提高客户保有量，因此，这仍然需要4S店花费大量人力物力维系售前的推介和销售功能。他希望解决的是，如何在让经销商强化售后功能的同时，又不必提高售前人力成本。

在该经销商人士看来，电商发展的同时，应设立更多不同于4S店模式的消费接触点，提高线上销售的转化率，让4S店专注于售后业务；而经销商之间的比拼也将转变为营销能力的竞争，比如客户在网上预约维修保养、4S店提前准备维修工位和相关零件等。

［资料来源：黄琳涵：《上海大众汽车试水电商模式 跨界合作变革营销》［N］，《每日经济新闻》，2014-02-27］

第五节 分销物流管理

产品到达消费者和用户，不仅要发生所有权的转移，而且要经由订货、运输、搬卸、仓储、存货管理、分装等活动，实现产品实体的空间转移。

一、物流的概念和内容

物流泛指产品实体的场所转移和时间占用，包括生产企业原材料的采购物流、加工场所内半成品的生产物流和制成品的销售物流；狭义上的物流是指产品从生产领域向消费领域转移过程中的实体运动，即销售物流。

销售物流，又叫做分销物流，是销售过程中伴随销售而进行的物流活动，具体是指将产品从下生产线开始，经过包装、装卸搬运、储存、流通加工、运输、配送，一直到最后送到用户手中的整个产品实体流动过程。

销售物流管理，就是对于销售物流活动的计划、组织、指挥、协调和控制。销售物流管理的目标，就是保证销售物流有效合理地运行，既扩大市场，提高客户服务水平，又降低成本，提高物流工作效率。

二、物流系统决策

一般来说，每一个特定的物流系统都是由仓库数目、区位、规模、运输政策、存货政策及顾客服务水平等构成的一组决策。物流系统化的目的是企业在提供满意的顾客服务水平的同时，把成本降到最低程度，因此要计算每一个可能的物流方案的总成本。衡量企业物流系统总成本可用如下的数学公式：

$$D = T + S + L + Fw + Vw + P + C$$

式中，D 为物流系统总成本，T 为该系统的总运输成本，S 为库存维持费用，包括库存管理费用、包装费用以及返工费用，L 为批量成本，包括物料加工费和采购费，Fw 为该系统的总固定仓储费用，Vw 为该系统的总变动仓储费用，P 为订单处理和信息费用，C 为顾客服务费用，包括缺货损失费用、降价损失费用和丧失潜在顾客的机会成本。

这些成本之间往往存在着二律背反的关系。例如，在考虑减少仓库数量时，虽然可降低保管费用，但会造成运输距离变长，运输次数增加，从而导致运输费用增大。如果运输费用的增加超过了保管费用的减少，总的物流成本反而增加，这样减少仓库数量的措施就没有意义了。因此，在选择和设计物流系统时，必须对系统的总成本加以检验，从物流在企业的战略地位出发，在考虑企业物流能力的基础上，进行成本评价，选择成本最小的物流系统。

三、销售物流的一般模式

销售物流有三种主要模式，即生产者企业自己组织销售物流、第三方物流企业组织销售物流及用户自己提货。

第三方物流，简称3PL，是相对"第一方"发货人和"第二方"收货人而言的。第三方物流是指生产经营企业为集中精力搞好主业，把原来属于自己处理的物流活动，以合同方式委托给专业物流服务企业，同时通过信息系统与物流企业保持密切联系，以达到对物流全程管理控制的一种物流运作与管理方式。第三方物流是当今国际物流发展的主流。

3PL 是通过与第一方或第二方的合作来提供其专业化的物流服务，它不拥有商品，不参与商品的买卖，而是为客户提供以合同为约束、以结盟为基础的系列化、个性化、信息化的物流代理服务。最常见的 3PL 服务包括设计物流系统、电子数据交换能力、报表管理、货物集运、选择承运人和货代人、海关代理、信息管理、仓储、咨询、运费支付、运费谈判等。由于该业务的服务方式一般是与企业签订一定期限的物流服务合同，所以有人称第三方物流为"合同契约物流"。

四、销售物流的一般流程

销售物流的起点，通常是生产企业的产成品仓库，经过分销物流，完成长距离、主干线的物流活动，再经过配送，完成市内和区域范围的物流活动，到达企业、商业用户或最终消费者。销售物流是一个逐渐发散的物流过程，通过这种发散的物流，使资源得以广泛地配置。销售物流的一般流程如图10-4所示。

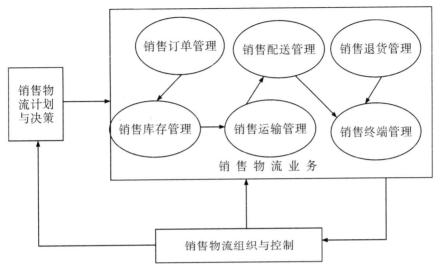

图10-4 销售物流的一般流程

五、物流现代化

物流现代化意味着由传统物流的非标准化、人工作业和纸质单据传递，发展成为标准化、自动化、信息化。

物流信息化表现为物流信息收集的数据库化和代码化、物流信息处理的电子化和计算机化、物流信息传递的标准化和实时化、物流信息存储的数字化等。这些先进技术与管理策略包括条码技术、数据库技术、电子订货系统、电子数据交换、射频技术、地理信息系统、全球定位系统、智能交通系统、快速反应、有效的客户反映及企业资源计划等。

自动化的基础是信息化，自动化的核心是机电一体化，自动化的外在表现是无人化，自动化的效果是省力化。另外，自动化还可以扩大物流作业能力，提高劳动生产力，减少物流作业的差错，等等。物流自动化的设施非常多，如立体自动化仓库、多功能配送中心、机器人搬运装卸、托盘联营、单元化堆码、自动分拣机械、条码识别、电子扫描、自动化包装等。

 **本章小结**

1. 分销渠道是指某种货物或劳务从生产者向消费者移动时取得这种货物或劳务的所有权或帮助转移其所有权的所有企业和个人，包括生产商、批发商、代理商、零售商、消费者等。分销渠道职能有研究、促销、接洽、配合、谈判、实体分销、融资、风险承担等。

2. 分销渠道的主要类型有：长渠道和短渠道，宽渠道和窄渠道，直接分销渠道和间接分销渠道，传统独立分销渠道和整合系统分销渠道。

3. 中间商是社会分工的产物，是专业化的结果。中间商大规模的分销使企业的经营活动更经济。中间商的主要类型有：经销商与代理商，批发商与零售商。

4. 分销渠道设计需要考虑的因素包括产品因素、企业因素、市场因素和竞争环境因素等。分销渠道方案选择需要权衡五个方面的问题：采用直接渠道还是间接渠道？采用长渠道还是短渠道？采用密集分销或是选择分销，或是独家分销？选择何种渠道成员？如何确定渠道成员的权利和义务？每一种渠道应当通过经济标准、控制标准和适应性标准来进行评估。

5. 分销渠道冲突表现为三种形式：垂直渠道冲突、多渠道冲突和水平渠道冲突。一些渠道冲突是以良性竞争的形式出现的，但有时冲突会损害渠道系统。因此，必须对渠道进行管理，整合渠道优势，整治窜货行为，并对渠道进行合理的调整。

6. 分销物流是指将产品从下生产线开始，经过包装、装卸搬运、储存、流通加工、运输、配送，一直到最后送到用户手中的整个产品实体流动过程。物流管理就是通过有效地安排货物的储存、运输和管理等，以使货物在适当的时间运送到适当的地点的活动。分销物流有三种主要的模式，其中第三方物流是当今国际物流发展的主流。信息系统是物流现代化的关键。

 **关键概念**

分销渠道　直接分销渠道　间接分销渠道　垂直渠道系统　公司渠道系统　管理渠道系统　合同渠道系统　水平渠道系统　多渠道分销系统　中间商　经销商　代理商　批发商　零售商　密集分销　选择分销　独家分销　分销物流　第三方物流　窜货

练习与思考

一、判断正误

1. 分销渠道的职能就是产品销售。（　　）

2. 经纪人对经营的商品有一部分所有权，但代理商则没有。（　　）
3. 相对而言，消费者中的选购品和特殊品最宜于采取密集分销。（　　）
4. 通常，企业对人们的日常生活必需品采用广泛性分销策略更为合适。（　　）
5. 渠道冲突既有良性的也有恶性的。（　　）
6. 特许经营组织属于垂直营销系统。（　　）
7. 一个企业建立两个或两个以上的分销渠道为某个或多个消费者细分市场服务时，就产生了水平渠道系统。（　　）
8. 企业利用第三方物流，可使企业专注于提高核心竞争力。（　　）
9. 物流现代化意味着由传统物流的非标准化、人工作业和纸质单据传递，发展成为标准化、自动化、信息化。（　　）

二、单项选择

1. 分销渠道的起点是（　　）。
   A. 生产者　　　B. 批发商　　　C. 代理商　　　C. 中介机构
2. 当企业经营的产品是流行商品时，最好选择（　　）。
   A. 长渠道　　　B. 短渠道　　　C. 窄渠道　　　D. 垂直渠道
3. 一般来说，产品的单位价值越低，企业的分销渠道应（　　）。
   A. 越长、越宽　　　　　　　　B. 越长、越窄
   C. 越宽、越短　　　　　　　　D. 越窄、越短
4. "统一"方便面通过大小批发商、零售商销售给消费者，其销售渠道属于（　　）。
   A. 间接渠道　　　B. 直接渠道　　　C. 短渠道　　　D. 窄渠道
5. 特许人和被特许人之间，通过（　　）联合形成的商业组织称为特许经营组织。
   A. 所有制　　　B. 采购　　　C. 战略性　　　D. 契约
6. 某公司建立了3条渠道进行分销活动，则该公司的渠道模式属于（　　）。
   A. 传统独立分销渠道　　　　　B. 垂直渠道系统
   C. 水平渠道系统　　　　　　　D. 多渠道系统
7. 经纪人与代理商具有的共同特点是他们都不拥有（　　）。
   A. 商品所有权　　　　　　　　B. 独立经营权
   C. 法人地位　　　　　　　　　D. 经营场地
8. 企业在评估渠道建设方案时，主要依据的是经济性、控制性和（　　）的标准。
   A. 规模性　　　B. 质量　　　C. 适应性　　　D. 利润率

9. 经销商和代理商的区别在于（   ）。
   A. 批发还是零售　　　　　　　B. 是否拥有商品所有权
   C. 是否运送商品　　　　　　　D. 是否储存商品

三、问答题

1. 影响企业渠道设计的主要因素有哪些？
2. 简述批发商的作用及类型。
3. 简述零售商的作用及类型。
4. 特许经营有哪些优缺点？
5. 选择中间商应考虑哪些条件？
6. 如何对分销渠道进行评估？
7. 制造商、批发商和零售商的经营目标是否一致？为什么？如何协调他们之间的关系？
8. 出现窜货的主要原因是什么？如何治理窜货？

案例研讨　美的空调的渠道创新

从2008年到2012年，国内空调市场规模从低于3500万台，扩张到5500多万台，增幅超过40%。2012年，受扶持政策退出等因素影响，包括空调在内的家电业进入低谷期。2013年形势好转，全年空调市场零售额预计达1280亿元。

空调业正经历从数量增长到质量提升的过程。一方面，市场潜力依然较大。相对于彩电、冰箱等大家电产品而言，空调的家庭保有量依然偏低；另一方面，产品升级提速，节能惠民政策和变频空调新国标等导向作用明显，空调市场继续朝着节能环保方向发展，行业加快技术进步、提升产品竞争力已是大势所趋。值得注意的是，空调业在加速产品结构调整的同时，渠道格局也在发生变化。

一、批发商主导模式

美的公司在国内每个省几乎都设立了自己的分公司，在地市级城市建立了办事处。在每一个区域市场，美的分公司和办事处通过当地的批发商来管理零售商。美的这种渠道模式的形成，与其较早介入空调行业及市场环境有关，利用这种模式可以从渠道融资，吸引经销商淡季预付款，缓解资金压力。淡季时，经销商向制造商支付预付款，付款较多的大经销商可以得到更多的优惠折扣。

二、渠道成员分工

（1）批发商负责分销。美的公司直接向批发商供货，再由批发商向零售商供货。制造商负责制定批发价格和零售指导价，但并不强制批发商遵守。

（2）制造商负责促销。美的分公司会要求批发商上报其零售商名单，便于了解实际零售情况,还可以此向零售商提供相关促销活动。

(3) 共同承担售后服务。安装和维修等售后服务的工作一般都是由经销商负责实施的,但费用由制造商承担。

这种模式有利于降低美的的营销成本,可以利用批发商的资金,同时充分发挥渠道的渗透能力;不足之处在于以"批发商主导"的渠道模式致使价格混乱、渠道不稳定。

三、三大核心渠道体系建设

2014年,随着外部刺激性政策的退出,空调行业重新回归市场竞争,整体市场规模仍保持稳定增长。

据奥维咨询数据显示,2014年我国家用空调销售额规模达1570亿元,同比增长4.4%。

在行业整体增长的同时,空调的销售渠道正发生深刻的变化。奥维咨询数据显示,2014年,家用空调在一、二级市场零售规模同比下滑,三、四级市场走出"家电下乡政策"透支消化期,呈现恢复性增长,同比增幅分别为5.2%和3.7%。另外,2014年,家用空调在电商渠道销量规模同比增长119.1%,继续保持高速增长状态。奥维咨询预计,2015年,家用空调在电商市场规模将继续升高,预计占整体规模比重将达到8%。

"根据市场策略和消费者需求,美的集团推进线上线下的全渠道覆盖策略,着力打造美的三大核心渠道体系。"美的集团总裁助理王金亮表示。

据王金亮介绍:第一,2014年,美的将线下旗舰店体系建设作为重点。美的旗舰店是指经美的集团授权,使用美的品牌和经营美的产品,位处各地商业性地段、规模较大、产品种类最全、形象统一且装修档次较高的美的产品专卖店和体验场所。您在旗舰店可以享受到最优惠的价格、最丰富的产品和最优质的服务。预计年内旗舰店数量将达到1600~1800家,单店产出将在800~1000万元之间。

"美的旗舰店的80%以上将分布在县级市场,因为县级市场是很多连锁都触及不到的最薄弱的地方,也是电商最难触及的一个市场,而三、四级市场又是一个非常巨大的市场,我们必须把旗舰店建在这个地方。"王金亮说,到2016年,美的旗舰店总数将超过4000家,全年销售规模将超过300亿元。

"第二,连锁渠道体系,即区域和全国连锁,2014年整个连锁体系的规模将达到300亿元。第三,建设线上以天猫、京东、苏宁易购三大平台为主的电商渠道体系,今年的目标是100个亿。"

王金亮表示,"这三大渠道体系,未来销售规模将达到我们国内市场的80%左右"。

国金证券分析师蔡益润预计,美的空调业务上半年的收入和净利润将大幅增长。申银万国证券研究员蔡雯娟则预计,美的空调品类在二季度的收入增速有望达到20%以上。

我国家用空调行业一直呈现格力、美的、海尔三寡头的品牌格局,其中格力在市场份额上相对领先。不过,在"精品战略"实施下的美的空调,在2014年对零售终端的管理更为精细化。从产品出样的"精品化"到门店展示的"精细化",再到"帮促"经销商销售,以盈利为业绩考核的"精耕细作"管理方式,让美的空调已经从前期经营恢复期步入良性增长期。据中怡康数据显示,2014年上半年,美的空调的销量占比已经达到24.42%,与格力不相伯仲。

从当前情况看,美的集团在全渠道覆盖战略下大力推进三大核心渠道体系建设,对美的空调的市场份额增长功不可没。

[资料来源:1.《空调行业销售渠道模式解析》[OL],《21CN股票》,2013-12-16;
2. 陈建明:《美的三大核心渠道体系促空调市场格局生变》[OL],中国家电网,2014-07-31]

讨论题:

1. 请分析美的空调渠道的长度和宽度。
2. 美的空调的渠道模式有何优缺点?如何克服这些缺点?
3. 美的空调三大核心渠道体系建设有何特色?这种多渠道系统会否发生冲突?应如何避免或解决冲突?

第十一章
促销策略

本章要点
◎促销与促销组合的概念与选择
◎人员推销的概念与特点、技巧与管理
◎广告的概念与特点、策划与职能评估
◎公共关系的概念与特点、职能与促销支持
◎营业推广的概念与特点、方式与策略

现代市场营销不仅要求企业开发适销对路的产品,制定有吸引力的价格,通过合适的渠道使目标顾客易于得到他们所需要的产品,而且还要求企业树立其在市场上的形象,加强企业与社会公众的信息交流和沟通工作,即进行促销活动。

第一节 促销与促销组合

一、促销与促销组合的概念和作用

1. 促销的概念

促销是通过市场传播,传递企业或产品的存在及其性能、特征等信息,帮助顾客认识产品带给他的利益,从而达到引起顾客注意、使其产生兴趣并采取购买行为的过程。

促销的实质是卖方与买方之间的信息沟通。为了有效地与购买者沟通信息,可通过广告来传递有关企业及产品的信息;可通过各种营业推广方式来增加顾客对产品的兴趣,进而促使其购买产品;可通过各种公共关系手段来改善企业在公众心目中的形象;还可派遣推销员面对面地说服顾客购买产品。促销的主要方式有四种:人员推销、广告、公共关系、销售推广等。

促销组合就是企业根据产品的特点和营销目标,综合各种影响因素,对各种促销方式(人员推销、广告、公共关系、销售推广)的选择、编配和运用。促销组合是促销策略的前提,在促销组合的基础上,才能制定相应的促销策略。因此,促销策略也称促销组合策略。

2. 促销的作用

促销的主要任务是在买卖双方之间沟通信息,而不仅仅是推销商品。促销有以下作用:

(1)传递产品信息。在商品进入市场时,通过促销宣传,可以使顾客了解企业生产经营什么产品,有哪些特点,到什么地方购买,购买的条件是什么,等等,从而引起顾客注意,激发其购买欲望,为实现和扩大销售做好舆论准备。

(2)突出产品特点。参加市场竞争的同类商品,由于是不同厂家生产的,所以,这些商品既有一定的共同属性,又有各自不同的特点,如果经营者不进行宣传,消费者对这些不同点就不容易察觉。因此,要通过企业广告宣传等促销活动,把这些特点明显地凸显出来,引起消费者的注意,对产品有所了解和喜爱,从而产生购买行为。

(3)强化产品形象。在市场的竞争条件下,通过长期促销活动,可以逐步树立良好的企业形象和商品形象,培养消费者使用本企业商品的习惯,引起消费者心理上的偏爱,使自己的商品在市场上处于相对稳定的销售地位,巩固和扩大市场占有率。

二、影响促销组合的因素

企业在选择促销方式和设计促销组合时,必须综合考虑以下诸因素:

1. 促销目标

促销目标是企业进行促销所要达到的目的,促销目标是根据企业的总体营销目标制定的,不同的促销目标所采取的促销组合不同。例如,促销目标是快速传递信息、迅速占领市场,就应采取以广告和营业推广为主的组合方式;若促销目标是潜移默化地影响市场,就应采取公共关系为主的方式。

2. 产品因素

(1)产品类型。不同类型产品的消费者在信息的需求、购买方式等方面是不相同的,需要采用不同的促销方式。例如,消费品多采用广告促销为主的组合,工业产品则多采用人员推销为主的组合。

(2)产品的生命周期。商品不同的生命周期,需要采取不同的促销组合和策略。第一,投入期。由于商品刚上市,需引起人们的注意,广告和公共关系的效果最佳,同时配合使用营业推广和人员推销,鼓励消费者试用新产品。第二,成长期。由于商品已打开销路,但同时又出现了竞争对手,这时广告和公共关系仍需加强,提高人们对这种商品的兴趣和偏好,营业推广则可相对减少。第三,成熟期。这一时期需求饱和,竞争者剧增,应增加营业推广,广告则应强调本品牌与其他品牌的差别。第四,衰退期。这一时期产品销量锐减,有些企业的商品不得不退出市场,这时营业推广措施可继续保持一定数量,同时配合少量的广告来保持顾客的记忆,至于公关报道则可停止。

3. 市场条件

要考虑市场的性质、类型和消费者对象以及竞争对手的不同,采取相应的促销组合策略。一般来说,在地域广阔而分散的市场,宜采用广告宣传为主;目标市场窄而集中,就应采用人员推销为主。另外,目标市场的其他特性,如消费者收入水平、风俗习惯、受教育程度等都会影响促销组合的结构,企业应根据市场条件有针对性地制定或改变、调整自己的促销策略。

4. 促销预算

促销预算的多少直接影响促销手段的选择。在制定促销组合策略时,既要考虑企业的促销目标,又要考虑企业的费用负担能力,更要考虑企业的促销效果。当然,效果最好的促销组合不一定是费用最大的组合，而是在宣传期内受干扰程度最小的组合，这样才能发挥最大的作用。

5．促销的总策略

推式策略与拉式策略是促销的总策略。实行推式策略的企业，较多地依赖人员推销和营业推广两种促销方式，推动产品沿着一定的分销渠道到达消费者手中；而采用拉式策略的企业，则需要以广告和公共关系为主要促销方式，开展以消费者为对象的、较大规模的广告和新闻宣传，以便吸引顾客到商店购买产品。

推式策略和拉式策略都包含了企业与消费者双方的能动作用。但前者的重心在推动，着重强调了企业的能动性，表明消费需求是可以通过企业的积极促销而被激发和创造的；而后者的重心在拉引，着重强调了消费者的能动性，表明消费需求是决定生产的基本原因。企业的促销活动，必须顺应消费需求，符合购买指向，才能取得事半功倍的效果。所以，许多企业结合具体情况采取推拉策略并用的方式，效果更佳。

第二节 人员推销策略

一、人员推销的概念和特点

1．人员推销的概念

人员推销又称人员销售，是企业通过派出推销人员或委托推销人员直接与顾客或潜在顾客接触、洽谈、介绍、推广、宣传商品，以促进产品销售的促销方式。人员推销是一种老式的促销措施，也是最普遍的重要方式，它可以是面对面交谈，也可以通过电话、信函交流。

2．人员推销的特点

（1）信息传递双向性。人员推销是一种双向沟通的促销形式，在推销过程中，一方面，推销人员必须向顾客宣传介绍商品的质量、功能、用途以及售后服务等，为顾客提供有关的商品信息，达到促进销售的目的；另一方面，推销人员还必须通过与顾客的交谈，了解顾客对本企业及所推销产品的态度、意见和要求，在推销过程中不断收集和反馈信息，为企业的营销决策提供依据。

（2）推销目的的双重性。即既要售出产品，又必须满足顾客的需要。因为，推销活动不仅涉及推销员，而且涉及顾客，推销是卖和买的统一。没有顾客的购买，推销员就不能把产品卖出去。推销过程，首先是顾客购买产品的过程，其次才是推销员售出产品的过程。因此，推销员要将产品推销出去，就必须了解顾客的需要，刺激顾客的需求欲望，促使顾客自觉购买。

（3）推销方式的针对性。在每次推销之前，可以选好具有较大购买可能的顾客进行推销，并有针对性地对未来顾客作一番研究，拟订具体的推销方案、策略、技巧等，以提高推销成功率。

（4）推销过程的灵活性。在推销过程中，买卖双方当面洽谈，易于形成一种直接而友好的相互关系。通过交谈和观察，推销员可以掌握顾客的购买动机，从某个侧面介绍商品的特点和功能，抓住有利时机促成交易；可以根据顾客的态度和特点，采取必要的协调行动，满足顾客需要；还可以及时发现问题，进行解释，解除顾客疑虑，使之产生信任感。

但是，由于人员推销的开支大，费用高，效率低且对推销人员的素质要求比较高，因此，人员推销的运用具有一定的局限性，多用于产业用户和中间商的销售。

二、人员推销的程序

不同的推销方式可能会有不同的推销步骤。通常情况下，完整的人员推销工作一般包括以下七个相互关联又有一定独立性的步骤：事前准备、寻找顾客、接近顾客、介绍商品、处理异议、达成交易、售后追踪。

1. 事前准备

在走出去推销之前，推销人员必须知己知彼，掌握三方面的知识：

（1）产品知识。推销员只有了解自己的产品，才能详细地向顾客说明产品能给顾客带来什么利益，产品能满足顾客哪些需要。只有了解自己的产品，才能圆满地回答顾客提出的疑问，从而消除顾客的异议。

（2）顾客知识。具体包括用户的生产、技术、资金情况，用户的需要，购买决策者的性格特点等。推销员不要光想如何赚顾客的钱，而要先想如何满足顾客的要求，使顾客乐意掏钱购买你的产品。

（3）竞争者知识。了解竞争者的能力、地位和他们的产品特点，知己知彼方能百战百胜。

2. 寻找顾客

推销员走出企业大门，要能从茫茫人海中寻找到推销对象，这是推销的重要环节。一般而言，推销员的销售额与其寻找到的准顾客的数量成正比。寻找潜在顾客有很多途径，可以通过现有顾客的介绍，以及其他销售人员介绍、查找工商名录、电话号码簿等寻找潜在顾客。

3. 接近顾客

接近顾客就是开始登门访问，与潜在客户开始面对面交谈。这一阶段推销员要注意：

（1）推销你自己。就是让顾客喜欢你，信任你，尊重你，接受你，也就是要让顾客对你抱有好感，给顾客一个好印象。因而，穿着、举止、言谈、自信而友好的态度都是必不可少的。

推销是与人打交道的工作，在推销活动中，人和产品同等重要。顾客购买产品时，不仅要看产品是否合适，而且要考虑推销员的形象。顾客的购买意愿深受推销员的诚意、热情和勤奋精神的影响。一旦顾客对你产生了喜欢、信赖之情，自然会喜欢、信赖和接受你的产品。反之，如果顾客喜欢你的产品但不喜欢你这个人，买卖可能也难以做成。

（2）验证在准备阶段所做的全部工作。

4. 介绍商品

（1）语言介绍的技巧。主要包括：

1）介绍产品实事求是。有好说好，有坏说坏，切忌夸大其辞或片面宣传。

2）商品介绍要清楚、准确。推销员向顾客介绍商品，能使顾客对商品有全面的认识和了解，从而激发顾客的兴趣。为此，推销员介绍商品时，语言要清晰，明白无误，使顾客易于理解，并且要用顾客易懂的语言作介绍。

3）要有针对性，因人而异。推销员要根据顾客的不同性格和需求心理"对症下药"。只有针对性地说服，方能诱发顾客的购买动机。

4）让顾客参与。推销是买卖双方的事，因此切忌推销员谈顾客听，应鼓励、引导顾客发表意见，要注意倾听对方的意见，以判断顾客的真实意图。

5）晓之以理，动之以情，刺激需求。就是理智地帮助顾客算细账，向顾客详细说明产品的性价比，使顾客确信他所购买的产品是合理的。推销员还要努力渲染推销气氛来打动顾客的感情，激发他们的购买欲望。

（2）非言语介绍的技巧。主要包括：

1）示范。就是推销员通过对产品的现场操作表演等方式，把产品的性能、特色、优点表现出来，使顾客对产品有直观的了解。示范的方法有：拿推销的产品与竞争产品或老产品进行比较，让顾客试用来体验产品的性能，表演产品的使用状况，展示商品的结构、原材料、功能，让顾客参观生产现场，等等。

2）运用推销工具。即运用产品模型、样品、图片、推销证明材料、产品价目表、各企业同类产品比较表、买主名单一览表、报纸杂志有关对本企业的报道资料等。任何产品都可以用这些方法进行介绍。即使那些无形产品（如保险、金融、投资业务），也可以采用图形、坐标图、小册子等形式加以说明。介绍要注意通过顾客的视、嗅、味、听、触等感官向顾客传递信息，其中视觉是最重要的。

5. 处理异议

推销员对顾客异议要正确理解。顾客异议具有两面性：既是成交障碍，也是成交信号。顾客在听取介绍的过程中，总会提出一些异议，如怀疑产品的价值，不喜欢交易的条件。异议表明顾客对产品的兴趣，包含着成交的希望，推销员对顾客异议的答复，都可以说服顾客购买产品，并且，推销员还可以通过顾客异议了解顾客心理，知道他为何不买，从而对症下药。推销员应当掌握与持不同意见的买方洽谈的语言能力和技巧，能解释、协商，随时有应对否定意见的措施和论据，但不要争辩。争辩不是说服顾客的好方法，推销员占争论的便宜越多，吃销售的亏越大。

消除顾客异议的方法主要有：

（1）"对，但是"处理法。对顾客的不同意见，如果推销员直接反驳，会引起顾客不快。推销员可首先承认顾客的意见有道理，然后再提出与顾客不同的意见。这种方法是间接否定顾客意见，比正面反击要委婉得多。

（2）同意和补偿处理法。如果顾客提出的异议有道理，推销员采取否认策略是不明智的。这时，推销员应首先承认顾客的意见是正确的，肯定产品的缺点，然后利用产品的其他优点来补偿和抵消这些缺点。推销员常对顾客说"价高质量更高"，即是通过质量更高的优点来抵消和弥补价格高的缺点。

（3）反驳处理法。推销员对顾客异议直接否定。

6. 达成交易

达成交易即推销人员要求对方采取行动，进入订货购买阶段。有经验的推销人员认为，接近和成交是推销过程中两个最困难的步骤。在洽谈、协商过程中，应该注意：

（1）推销人员要密切注意成交信号。如语言信号：顾客询问使用方法、售后服务、交货期、交货手续、支付方式、保养方法、使用注意事项、价格、新旧产品比价、竞争对手的产品及交货条件、市场评价等；动作信号：顾客频频点头、端详样品、细看说明书、身体向推销员方向前倾、用手触及订单等；表情信号：顾客紧锁的双眉分开及上扬、神色活跃、态度更加友好、表情变得开朗、自然微笑、顾客的眼神很认真等。

（2）把握成交机会。有些买主不需要全面介绍产品，在介绍过程中如发现顾客表现出愿意购买的意图，应立即抓住时机随时成交。如果顾客拒绝，推销员还可以利用与顾客告辞的机会；采取一定的技巧来吸引顾客，创造新的成交机会。

（3）提出成交技巧。主要有以下几种：

1）直接请求成交法。推销员用简单、明了的语言，直截了当地向顾客提出成交要求。如："王经理，不要错过这个机会，请在这里签字。"

2）选择成交法。推销员向顾客提出一些购买方案，让顾客在其中选择。就是不直接向顾客问易遭拒绝的问题"要不要"，而是让顾客在买多与买少，买这与买那之间选择，不论顾客如何选择，结果都是成交。如："经理，您要这种型号还是那种型号？"

3）假设成交法。推销员假设顾客已决定购买产品，然后采用一定的技巧诱导顾客同意。如："经理，我打电话通知单位安排送货。"这时，如果顾客让推销员打电话，就意味着成交了。

4）最后机会成交法。就是告诉顾客，所剩商品不多，欲购从速。如："只剩最后10件，要买请趁早。"

5）留有余地成交法。推销员为使顾客下定最后购买决心，应讲究策略。要对某些优惠措施先保留不谈，到关键时刻才开始提示。这是成交的最后法宝。例如，在成交关头，面对犹豫的顾客，推销员揭示推销要点，加强顾客的购买决心，如"还有3年免费保修服务"等等。

（4）增加交易额的方法。主要有：

1）量大优惠。告诉顾客，多买一些才可以给予某种优惠，如价格折扣、提供新的服务项目等。

2）建议购买相关产品。如顾客买了衬衣，就推荐他买配套的领带等。

3）建议顾客购买能保护所购产品经久耐用、发挥功能、保证其不受损失等的辅助产品。如顾客买了皮包，再建议他购买皮革保护剂。

4）建议购买足够量的产品。有时顾客也拿不定主意该买多少，在这种情况下推销员可以告诉顾客买多少合适，这也是帮助顾客。因为，如果顾客买得少，不够用，就有可能误事，反而带来麻烦和造成损失。

5）建议购买新产品。当你的企业开发了新的产品，并且这种新产品可以更好地满足顾客需要时，推销员就要不失时机地向顾客推荐新产品。

6）建议购买高档产品。大部分顾客都会多掏点钱买质量更优、价值更高的商品。推销员认为顾客能从购买更贵、质量更高的商品中受益时，就要向顾客推荐高档商品。

7. 售后追踪

销售，是一个连续的活动过程，只有起点，没有终点。真正的销售始于售后。成交并非是推销活动的结束，而是下次推销活动的开始。在成交之后，推销员要向顾客提供服务，以努力维持和吸引顾客。因为有顾客，才会有销售；顾客越多，销售业绩就越大；拥有大批忠诚的顾客，是推销员最重要的财富。如果推销人员希望顾客满意并重复购买，希望他们传播企业的好名声，则必须坚持售后追踪。售后追踪访问调查的直接目的是了解顾客是否满意已购买的产品，发现可能产生的各种问题，表示推销人员的诚意和关心。另外一个重要的目的，是促使顾客传播企业及产品的好名声，听取顾客的改进建议。

三、推销队伍的设计

1. 推销队伍组织结构的设计

企业在设计推销队伍的组织结构时，可以按地理区域，或者按产品类别、顾客类别来分配推销力量。

（1）按地区划分的结构。此方式比较适用于产品品种简单的企业。

（2）按产品划分的结构。此方式适合于产品技术性强，需拥有专业知识的推销人员向顾客推销产品、提供服务的企业，或者企业产品种类较多且相关性不强。

（3）按顾客类别划分的结构。其最大优点是推销员有可能深入了解特定用户的需求，提高推销的成功概率。

（4）复合式结构。将上述三种结构方式结合起来，当一个大企业拥有多种产品且销售地区相当广泛时往往采取复合式的推销队伍结构。

2. 推销队伍的规模

根据销售量来设计销售队伍规模。通常有三种：第一，销售百分比法。企业根据历史资料计算出销售队伍的各种耗费占销售额的百分比以及销售人员的成本，根据销售额预测确定销售人员的规模。第二，分解法。把每一位销售人员的产出（销售）水平进行分解，再同销售预测值相比，判断销售队伍规模。第三，工作量法。①根据年度销量，将顾客分为若干级别；②确定对各级别顾客的年度访问次数；③确定年度总工作负荷；④确定每个推销员平均每年可进行的访问次数；⑤确定企业所需推销员的数量。

四、推销队伍的管理

1. 销售人员的激励和约束

（1）销售人员的激励。激励是一种精神力量或状态，起加强、激发和推动作用，并指导和引导行为指向目标。激励既包括物质的如销售竞赛、确定销售报酬水平、销售员报酬方式、期股、实物，又包括精神的，如表彰、提干、授予某种荣誉称号等。

（2）销售人员的约束。包括按制度规定对完不成任务、违规者进行纪律处分，违法者依法惩处以及承担经济责任、扣发奖金或期股等。

2. 销售人员的评估

企业对销售人员的定期评估，不仅是给销售人员分配报酬的依据，也是企业调整营销策略，促使销售人员热爱本企业和企业的产品，更好地为企业服务的良策。

（1）要掌握和分析有关情报资料。情报资料来源包括：第一，销售报告。销售报告分为两种：一是销售人员的工作计划。它使管理部门可以及时了解到销售人员计划期内活动安排，为企业衡量其计划与成绩提供依据，从中也可看出销售人员制订计划特别是执行计划的能力。二是访问报告。它可使管理部门及时掌握销售人员的工作情况、顾客状况以及顾客对企业和企业产品的反映，并提供对今后访问有指导价值的信息。第二，情报资料来源还包括销售经理情况观察、顾客信件中对企业的表扬和批评、消费者的变化以及与销售人员交流的意见建议等。

（2）要建立评估指标。指标一般应包含：销售量增减情况、产品销售额、定额百分比、毛利、每天平均访问次数、每次访问的平均时间、每次访问的平均费用、每百次访问收到订单的百分比、一定时间内新顾客的增加数及失去的顾客数目、忠诚顾客数、销售费用占销售总成本的百分比等。

评估还要考虑一些客观条件，如销售区域潜力、区域形状的差异、地理状况、交通条件对销售效果的影响等。

（3）实施正式评估。企业在占有足够资料、确立科学标准后，即可进行正式评估。评估大体有两种方式：一是横向比较，是将各个销售人员的绩效进行比较和排队。建立在各区域市场的销售潜力、工作量、竞争环境、企业促销组合等大致相同的基础上比较，内容包含销售额、销售组合、销售费用以及净利润贡献等。二是纵向比较，是把销售人员目前的业绩同过去的业绩进行比较，看是发展了还是停滞了。

第三节 广告策略

一、广告的概念和特点

1. 广告的概念

对广告的理解可以分为广义和狭义两种。广义的广告即"广而告之"，是指机构向大众传播信息的手段和行为；狭义的广告专指商业广告，即由商品经营者或者服务提供者承担费用，通过一定媒介和形式直接或者间接地向目标受众介绍自己所推销的产品或者所提供的服务的商业广告。

2. 广告活动的五个构成要素

（1）广告主。即发布广告的单位或个人。
（2）广告媒体。即传递广告信息的载体。
（3）广告费用。即广告主开展广告活动所必须支付的各种费用。
（4）广告受众。即接受广告信息的人。
（5）广告信息。即广告的具体内容。

3. 广告的特点

（1）优点。第一，传播面广。广告主要是借助大众媒体传播信息的，它的公众性和普及性赋予广告突出的"广而告之"的优点。广告主可以通过电视、报纸、广播、杂志等大众传媒在短期内迅速地将其信息告之众多的目标消费者和社会公众，这是人员推销等其他促销方式与之无法比拟的。第二，传递速度快。广告是利用大众媒体传递信息的，它能使广告主发行的信息在很短的时间内传达给目标消费者。因此，在现代信息社会中，它是一种富有效率的促销方式。第三，表现力强。广告是一种富有表现力的信息传递方式。它可以借助各种艺术形式、手段与技巧，表现企业及其产品感情化、性格化、戏剧化的特点，增强其说服力与吸引力。

（2）局限性。第一，单向传播。广告单方面的和不厌其烦的诉说，往往使受众厌烦。第二，可信度低。有创意的、有表现力的广告往往令人赞叹，但却很少人会相信。

二、广告策划的基本要求

1. 明确的广告目标

广告的目标是指广告主借助于广告活动，在规划期内期望达到的最终效果。包括：提高品牌的知名度，唤起消费者和用户的购买欲，让顾客认识和了解产品从而为人员推销和经销商经销做好铺垫，促使顾客直接购买，促进经销商经销，消除顾客对产品的疑虑，纠正社会上对本企业产品或某种消费方式的误解，帮助顾客认识自己购买决策的正确性，促使顾客增加购买和重复购买，促使更多的人购买，延长产品的生命周期，保持和提高产品的市场占有率，应付竞争，提高品牌的美誉度，塑造良好的企业形象。

2. 准确的广告定位

广告定位是指企业为产品或品牌创造一定的特色，树立一定的形象，以满足目标顾客需要和应付竞争。更通俗地说，广告定位就是要解决"为什么购买"的问题，即为消费者或用户提供购买借口或制造购买理由。

广告定位的两个基本原则：一是广告诉求点应与目标顾客购买产品的着眼点相吻

合，二是广告诉求点应是产品的相对优势点。

3. 恰当的广告表现

广告表现，也就是将广告的主题意念及创意构想用语言文字、图像、声音等信息传递形式表达出来的过程。具体而言，它包括在广告传播过程中说什么（信息内容）、如何有逻辑地说（信息结构）、形式上如何说（信息形式）和由谁来说（信息源）等几个问题。

广告表现的要素包括：

（1）语言。广告语言可以分为广告文字和广告言语两种形式，它具有视觉传播和听觉传播两种功能。广告语言虽然不具备图像和音响传播的直观性，但视听兼备，适用于任何一种广告媒体，因而成为广告信息传播最重要的工具；同时，语言以广告文案形式出现时，它又是构图要素之一。

（2）构图。构图也就是广告画面，它按照商品的特点和受众的心理进行编排、布局，将个别的、分散的广告要素，按信息传递和美术设计的要求，组合成一个统一而协调的整体，创造具体直观的形象。构成一个广告画面的要素有很多，主要的有广告标题、广告正文、广告口号、插图、商标、公司名称、轮廓等。这些要素通过不同方式的排列，组合成千差万别的视觉信息。构图设计以"形式服从功能"和"以少胜多"的主要观念作为指导原则。构图是综合运用点、线、面等基本要素进行造型的艺术。广告构图主要表现为外在形象的塑造和内在属性的表达方式。

（3）色彩。色彩是人通过眼睛感受可见光刺激后的产物。色彩由明度、色相和纯度三要素构成，是光感过程的第一类要素；面积、形状、位置、肌理四要素是获得色彩表现的条件，是光感过程的第二类要素；各种色彩影响人的感觉、知觉、记忆、联想、情绪和情感等心理过程，产生特定的心理作用，如冷暖、轻重、厚薄、远近、朴实、华丽等，这些被称为光感过程的第三类要素。在众多的形式美中，色彩是视觉神经反应最快的一种。

（4）音响。是指通过音乐、声响的形式刺激受众的听觉，起到渲染气氛、烘托广告主题的作用。

（5）其他。包括为强化某一产品信息而使用的人物、道具、情节等。如强化空调的效用，借大海作背景；让模特穿上时装以展示时装的优美；等等。电视广告也经常借助一个简短的故事情节来传达或强化某些广告的信息。其中，人物是广告中最常利用的，例如，名人或模特儿会增强广告的注意率，同时，他们的行为也会被崇拜与仰慕者仿效，影响后者的消费观念与生活方式。

4. 适宜的广告媒体

企业的产品应选择最适宜的广告媒体，这样才能起到广告宣传的作用。主要广告媒体的特点如下：

（1）视觉类媒体的特点主要有：第一，报纸。传播迅速，影响面大，能够留存做多次宣传，广告面积可大可小；但印刷质量较差，表现手法局限性大，并随报纸时效失去广告作用。第二，杂志。对象明确，收效好；保存率高，阅读率也较好，印刷精美，有利于吸引读者注意。局限性是传递信息的延迟性较大，影响范围较小。第三，年历、日历、月历。广告宣传的时间长，印制质量高；但时间灵活性及对象选择性较差。第四，招贴。在街头张贴，可以深入街头巷尾、村落，造成促销氛围；但是，宣传时间长短与气象关系密切，风吹雨打易剥落。第五，传单。利用纸片传单形式发送，一般选择节假日、展销会等特定时间散发。使用灵活，费用较低，有助于强化广告宣传气氛，但受时间、地点局限性大。第六，邮政。利用邮局代为发送，常见的有征订单、商业信函、产品宣传印刷品等。简便、内容详尽但费用高。第七，路牌。画面大，宣传时间长，影响范围只限于经过的路人，能送达的对象相对要少，复杂的内容无法表达。第八，车船。在车船等交通工具外部或内部涂刷、张挂的广告，流动性大。第九，售货现场。利用商店橱窗、货架或店内其他空间张挂、竖立、摆放。方法灵活，形式多样，展示生动；广告场所与销售场所一致，有助于顾客当即购买。第十，霓虹灯、灯箱。色彩丰富，容易引起注意。第十一，包装。广告与产品的包装装潢合二为一，广告的作用一直伴随着产品。第十二，气球。采用大型氢气球高空悬吊的一种广告。容易引起周围广大地区顾客的注意和兴趣，广告内容一般只能非常简单。第十三，工商名录。最为常见的工商名录广告形式是电话号码簿广告，也就是俗称的黄页广告。媒体生命周期长，查阅方便，但市场覆盖范围有限。

（2）听觉类媒体的特点主要有：第一，广播。传播迅速及时，不受场所限制，成本较低。主要局限是时间短，不易记忆，没有视觉上的刺激，不易加深印象。第二，歌谣。把产品宣传文字谱成歌曲、戏曲，或编成民谣、口诀、顺口溜等，录制以后利用电台、广播或其他音响设备播放。乐感强，朗朗上口，容易引起注意，广为流传。

（3）视听类媒体的特点主要有：第一，电视。可以同时运用活动画面、语言文字和音响效果，送达对象范围大，穿透力、渗透力强，印象深。但费用昂贵，时间短。第二，电影。在电影正片之前放映的。特点与电视广告相同，但观看人数不及电视观众。第三，幻灯片。画面静止，作用逊于电视及电影广告，制作容易，费用低廉，可另行配词配乐解说。第四，DV。可灵活运用于各种场所。第五，网络。超越时空限制，具有多媒体声光功能，可展示商品原型，通过数据库提供有关查询，可以"一对一"促销，理性的、消费者主导的、非强迫性的和循序渐进式地进行，是一种低成本与人性化的媒体，符合分众营销与直效营销的发展趋势。网络使用者数量快速成长并遍及全球，使用者多属年轻、中产阶级、高教育水准。网络媒体突破了节目播出的时间和容量限制，提供了一个全天候开放式的互动平台,让受众与广告有了零距离接触。

5. 合适的广告时机

广告的时机,即何时和多时发布广告的效果最为明显。包括:第一,季节性时机。许多商品存在着明显的季节性,在广告发布上就必须加以考虑。比如,在秋末大做电风扇广告或空调广告,充其量只能增加产品的知名度。第二,时间分配。这主要指在限定时间内使用媒介的频率(少量、适中、大量)以及广告量在较长时期内的分布(持续式、间隔式),这应该和企业的总体营销策略相联系。比如,在推出一项新产品时,广告主必须在广告持续式和广告频率上进行选择。广告持续式指在一定时期内均匀地安排广告播发。广告频率是指广告播发的集中度。如果共有52次广告播发,可以每周安排一次,持续一年时间,也可以集中几次高频率(又称爆发式)广告快速播完。当产品在市场上已经有了较高的知名度,可以选择间隔式广告。广告此时所起的作用是"提醒"。而在开拓市场时,就必须采用高频率的方式,才能使产品品牌印象迅速树立起来。从产品生命周期来看,介绍期,广告应适当集中;成长期,广告可适当减少,以充分利用已有的知名度;激烈竞争的成熟期,广告量又应适当回升。

由此可见,何时发布广告,效果是不同的。在相等量的时间里,选择不同量的广告宣传,效果也会不同。对于企业来说,先进入市场的广告无疑能够占先声夺人、先入为主之利,但如果能把握时机,后来者也可以后发制人、后来居上。企业可以根据自己的具体情况,选择不同的广告时机。

6. 符合广告法

相关链接 我国广告法禁用条款

第四条　广告不得含有虚假的内容,不得欺骗和误导消费者。

第七条　广告内容应当有利于人民的身心健康,促进商品和服务质量的提高,保护消费者的合法权益,遵守社会公德和职业道德,维护国家的尊严和利益。

广告不得有下列情形:

(一)使用中华人民共和国国旗、国徽、国歌;

(二)使用国家机关和国家机关工作人员的名义;

(三)使用国家级、最高级、最佳等用语;

(四)妨碍社会安定和危害人身、财产安全,损害社会公共利益;

(五)妨碍社会公共秩序和违背社会良好风尚;

（六）含有淫秽、迷信、恐怖、暴力、丑恶的内容；
（七）含有民族、种族、宗教、性别歧视的内容；
（八）妨碍环境和自然资源保护；
（九）法律、行政法规规定禁止的其他情形。

第八条　广告不得损害未成年人和残疾人的身心健康。

第十二条　广告不得贬低其他生产经营者的商品或者服务。

第十三条　广告应当具有可识别性，能够使消费者辨明其为广告。大众传播媒介不得以新闻报道形式发布广告。通过大众传播媒介发布的广告应当有广告标记，与其他非广告信息相区别，不得使消费者产生误解。

第十四条　药品、医疗器械广告不得有下列内容：
（一）含有不科学的表示功效的断言或者保证的；
（二）说明治愈率或者有效率的；
（三）与其他药品、医疗器械的功效和安全性比较的；
（四）利用医药科研单位、学术机构、医疗机构或者专家、医生、患者的名义和形象作证明的；
（五）法律、行政法规规定禁止的其他内容。

第十六条　麻醉药品、精神药品、毒性药品、放射性药品等特殊药品，不得做广告。

第十七条　农药广告不得有下列内容：
（一）使用无毒、无害等表明安全性的绝对化断言的；
（二）含有不科学的表示功效的断言或者保证的；
（三）含有违反农药安全使用规程的文字、语言或者画面的；
（四）法律、行政法规规定禁止的其他内容。

第十八条　禁止利用广播、电影、电视、报纸、期刊发布烟草广告。禁止在各类等候室、影剧院、会议厅堂、体育比赛场馆等公共场所设置烟草广告。烟草广告中必须标明"吸烟有害健康"。

第十九条　食品、酒类、化妆品广告的内容必须符合卫生许可的事项，并不得使用医疗用语或者易与药品混淆的用语。

三、广告效果测定

1. 广告销售效果测定

(1) 以实际销量衡量销售效果。一般有三种测定方法：第一，产品销售效果的分析。以产品销售额与广告费用之比,大致可看出广告宣传最为直接最为短期的效果。这当中应排除其他影响销售额的因素。所以,销售额增减只是测定广告效果的一个参考,并不能完全准确地反映广告效果。第二,市场占有率变化描述。广告宣传前后产品在市场中的位置和力量对比。这已是将与竞争对手的关系考虑在内了。此法与分析销售额法极类似,只能作为一个参考因素。第三,利润与利润率的变化比较。广告是为了促进销售,但更深入一步,广告应该促进产品的利润实现。利润率则是衡量付出与得到是否相当的标准。对广告实施前后的利润与利润率进行比较,在某种意义上比销售额分析、市场占有率描述都更有意义。

(2) 用实验方法衡量销售效果。一般有两种测定方法:第一,单一变量测试法。采取单个指标来对广告效果进行评估的方法,是一种分区比较法。例如,如果单以电视广告作为测试指标,则可选定两个市场地区,一个作为广告测试区播放广告,而另一地区则作为比较区不播放广告,然后比较两个区域的市场销量,测定广告的销售效果。在这种测试中,区域的选择至关重要,它直接关系到测试结果的准确与否。原则上,作为测验区和比较区的两个区域,在人口、地区大小、地理位置、社会经济发展水平以及销售渠道和传播媒介的作用等各方面都应趋于一致。第二,多种变量测试法。多种变量测试法和单一变量测试法大同小异,只是变量增加、项目较繁而已。以传播媒介为例,仅以报纸、广播、杂志、电视四大媒介为变量,即可组合出 16 种方式来。对这些不同组合的区域进行测试,即可反映出不同区域的广告促销作用与媒介的关系,从而可以为改进媒介策略提供意见。

2. 广告传播效果测定

(1) 专家意见综合法。在广告作品或媒介组合计划做好后,通常是拿出几种可供选择的方案,请有经验的广告专家、权威人士、营销专家等进行测定,多方面多层次对广告作品和媒介组合方式将会产生的效果做出预测。

(2) 等级评分。即让消费者打分,主要有两种形式,一是积分计算法,二是配对比较法。积分计算法是把一系列的广告展示给消费者,让他对这些广告分别打分并按标准排列,然后把调查结果的分数累计,评判优劣。配对比较法是每次只测定两个广告,一一对比,从而评判出不同广告的优劣。

(3) 生理反应测定法。包括用仪器测定人们的视线习惯,从文字直写与横写的易读性测定排列顺序,瞬间显露测试人们看文案时最先看到的是哪一部分。

(4) 小组讨论测试法。从广告宣传的目标市场中,请 8～12 人对特定广告进行讨论。为全面反映讨论的状况,可用现场录音的方法,通过对录音的整理,得到受测者对广告的看法,分析广告表达的意图是否与受测者的理解相一致。

(5) 直接提问法。一个人的态度很难直接观察,只能从其所表现的言辞或行动去推测。因此，要想了解一个人的态度，最好的办法是向他提出许多问题并附上多种答案请他选择。

（6）补充测试法。有目的地给受测者一个不完整的广告，或少图，或少文字，让受测者在几个可供选择的文字或图案中，按自己的意愿从中进行挑选，填充到广告中，选择机会最多的部分理应是比较优秀的。在测试中要注意弄清受测者选择的原因。

（7）认知测定法。让消费者看一则广告，问他有没有见过这则广告。这种工作一般在广告公布后一定期限内进行。根据实际情况，可将认知分为三等："见过""注意过""关心过"，如果回答是肯定，说明他对这个广告有所认知；反之则无认知。

（8）回忆测试法。在广告刊播的第二天，或是一周内，用电话或定点访问方式，调查消费者对某一广告的记忆度和理解度，从而确定广告的影响力是否与事先设定的结果相符，是否需要调整。方法包括纯粹回想法和辅助回想法。

第四节 公共关系策略

一、公共关系的概念和特点

1. 公共关系的概念

公共关系是一个组织机构（企业）通过双向的信息沟通与其社会公众之间建立的全部关系的总和。组织、公众、传播是公共关系的三大构成要素。

（1）组织（企业）。是公共关系活动的主体，是公共关系活动的承担者、实施者和行为者。公共关系主体必须是组织机构，而不是非正式群体或普通个人。

（2）公众。是公共关系活动的客体，是公共关系传播沟通的对象。公共关系公众构成组织的社会生态环境。任何一个组织都处在一定的内外部环境之中，这个环境就是指组织所面临的各种社会条件以及各类内外部公众。不同的组织有不同的公众，但公众并不是完全被动、可随意摆布的，公众会主动地对公关主体的政策、行为做出相应的反应，从而对公关主体形成社会压力和舆论压力。

（3）传播。是公共关系活动的中介、过程与方式。一个组织借助传播渠道和传播方式建立起组织与相关公众之间的联系。从本质上说，公共关系的一切活动都是传播活动。公关中的传播沟通不同于一般意义上的传播沟通，它强调双向性、反馈性。

2. 公共关系的特点

（1）间接促销方式。广告等其他促销活动的目的在于直接促进产品销售，而公共关系的目的在于互相沟通、互相理解，在企业行为与公众利益一致的基础上争取消费者对企业的信任和好感，使广告等促销活动产生更大的效果，从而最终扩大产品的销路。公共关系是通过营造良好的销售环境，从而促进产品销售。

（2）长效促销方式。公共关系比广告等促销活动成本少得多，有时甚至无需支付费用，而效果却大得多，尤其是需要让消费者建立信任感的产品。因为消费者对广告存有戒心，而公共关系活动却能消除消费者的疑惑。公共关系着眼于企业长期效益，而广告等其他促销方式则倾向于产品的眼前销售。

（3）双向的传播方式。公共关系比广告等促销活动更注重传播沟通的双向性、反馈性，更能适应环境的变化，和相关公众产生互动，因而更有利于传播效果的积累。

但是，公共关系也存在局限性：一是促销效果见效慢，二是促销方式的控制性较弱。

二、公共关系的职能

1. 采集信息，监测环境

公共关系是组织机构的"耳目"，通过民意测验、社会调查、座谈访问、资料分析等手段，搜集与组织机构相关的社会环境变化与发展趋势的信息，提出科学的公关评价、建议与预测，在公众与组织机构之间建立一条信息反馈通道，帮助组织合理地制定或调整本组织的目标。具体来说，公共关系所搜集的信息涉及下列方面：

（1）组织形象信息。组织的机构设置、管理状况、服务质量、人员素质等方面通过各种渠道传播到公众中去，公众根据自己的所见所闻，对组织产生一定印象和给予一定评价。这种认识上的或褒或贬，行为上的或近或疏，会对组织的生存与发展产生很大影响。因此，组织需要了解关于组织形象的信息。

（2）产品服务信息。公众对企业产品的质量、性能、用途、价格、优缺点及售后服务等方面都会做出一定的评价。从某种意义上说，产品形象是组织形象的形成基础。

（3）公众信息。不同的组织有不同的公众和组织相关的公众的人数、构成、需求、心理状态等都是需要了解的方面，是公关调研的基本内容。公共关系就是要使组织与公众建立良好的关系，不了解公众需求是难以成功的。

2. 咨询建议，参与决策

公共关系部门从有关组织环境问题、公众关系问题等方面向组织决策机构提供咨询，在帮助组织制定决策目标、拟订和实施决策方案等方面全面参与组织决策。公共关系参与企业决策主要体现在：

（1）对企业的方针、政策和行动提供咨询，发挥公关对企业的观念导向、行为导向、形象导向和舆论导向的作用，参与决策，制定合乎企业发展的目标系统。

（2）对企业的公共关系战略、经营销售战略、广告宣传战略提供咨询，使原先几个部门的工作整合成一个系统工程，并制订出科学合理的方案供决策者参考。

（3）对企业的生存环境及有关发展变化进行预测和咨询。

（4）对管理人员提供有关公众意见。主要是企业定位与形象等方面的劝告和建议，也可包括回答和处理顾客的问题、抱怨和投诉。

3. 组织宣传，创造气氛

公共关系是组织机构的"喉舌"。运用信息沟通的各种方式，包括语言、文字、行为及大众传播媒介，沟通机构与相关公众的思想和情感，与社会共同构成广泛的关系网络，从而争取更多的理解和支持。公共关系宣传的主要方法有：

（1）公共关系新闻宣传。由新闻媒介提供的宣传报道对企业来说是一种免费广告，它能给企业带来许多好处。首先，它比广告创造更大的新闻价值，有时甚至是一种轰动效应，而且能鼓舞企业内部的士气和信心。一个企业或者产品能作为新闻报道而受到赞扬，无疑是一种有力的激励。其次，宣传报道比广告更具有可信性，使消费者在心理上感到客观和真实。企业可以提供新闻稿或策划新闻事件等方式来进行公共关系宣传。

（2）公共关系广告宣传。公关广告不同于一般的商业广告，其目的不是宣传产品或服务的性能、品质，而是传递一种企业信念，使目标受众感受到企业良好健康的信誉和形象。公共关系广告的具体形式有观念广告、信誉广告、实力广告、声势广告、祝贺广告、响应广告等。

（3）组织宣传展览。企业可以印发各种宣传材料，如介绍企业的小册子、业务通讯、图片画册、音像资料等，还可以举办形式多样的展览会、报告会、纪念会及有奖竞赛等，通过这些活动使社会公众了解企业的历史、业绩、名优产品、优秀人物以及发展前景，从而达到树立企业形象的目的。

4. 社会交往，组建网络

人际交往是一项重要的公共关系活动，目的是通过人与人之间的直接接触，进行感情上的联络，为组织广结良缘，建立广泛的社会关系网络，形成有利于组织发展的人际环境。由于个人与个人的沟通是面对面进行的，具体生动、针对性强，能直接迅速地反馈，在一定程度上比大众传播媒介效果好。

社会交往式公关传播活动是借助于某些社交方式所开展的公关传播活动，它包括座谈会、联谊会、宴请、招待会、节庆活动、参观拜访、社会服务、社会赞助等。通过这些交往活动，与内、外公众进行有效沟通，培养公众对组织的感情，赢得他们对组织的信赖、合作与支持。人际交往中，礼仪礼节是搞好关系的基础。

5. 教育引导，协调关系

（1）对内进行全员公关教育。对一个企业来说，从创造优质产品、提供优质服务到宣传引导公众舆论，都离不开组织全体成员的共同努力。要使这种努力变成一种自觉的、主动的甚至习惯的行为，必须增强全体成员的公共关系意识。

（2）对外进行公关协调活动。作为一个在社会环境中生存的机构，必然要面对与各个方面广泛而复杂的联系，需要开展劝说、协商、交涉等协调性活动。这类活动直接关系到机构与公众间的误解、纠纷的切实解决，直接关系到机构能否获得更多的支持和理解。其中游说活动的对象主要是立法机构和政府官员。与他们打交道的目的是为了在一定范围内防止不利于本企业的法令、规定的颁布实施，或为了促使有利于本企业的法令、规定的颁布实施。

6. 科学预警，危机管理

危机是组织生存和发展的大敌，处理不当往往会对组织的生存与发展造成很大影响。公共关系在帮助组织预测、处理危机方面具有很重要的作用。

危机管理的内容包括：第一，树立强烈的"防火"意识。即要居安思危，要有危机意识，自律意识，法律意识。第二，危机事件的预测。第三，危机事件应急计划的制订。第四，成立危机管理委员会。第五，印制危机管理手册。第六，确定企业的发言人。第七，固定专人与新闻媒介联系。第八，建立处理危机的关系网络。第九，搞好内部培训。

危机处理的总原则是先"救火"，再查原因。当危机发生时，组织应立即成为第一消息来源，掌握对外发布信息的主动权。

三、公共关系对促销活动的支持

并非每项公共关系的职能都与市场营销有关，公共关系对促销活动的支持主要体现在三个方面：

1. 对员工的支持

员工是公共关系活动的主体，员工的言行举止代表着企业的形象。所以，必须对员工进行培训，让每一位员工知道通过什么途径可以得到他完成工作任务所需要的信息；让员工更加了解新闻媒体的工作原则和程序，从而知道如何面对新闻媒体的报道；让员工明白应避免歪曲事实。对于直接和顾客接触的推销员，公共关系部门更要为他们提供足够的支持。例如，定期从报刊上剪辑一些有关企业的报道，经过筛选后发给他们，让他们及时了解公众对企业及其产品和服务的评价，便于他们更好地应对目标顾客的质疑，同时在推销过程中要有的放矢地消除顾客对企业或产品的误解。

2. 对中间商关系管理的支持

针对中间商开展的销售促进活动中，公共关系也可以起到很大的作用。公共关系部门可以定期向中间商寄送中间商期刊，使他们全面了解企业的发展状况及新产品的生产、交易、广告等；在必要的时候可以开展中间商培训活动，通过授课、邮寄介绍资料、举办展示会、上门访问等手段使中间商对企业及其产品充满信心。尤其当中间商对产品知识缺乏了解或者对产品抱有某种成见或误解时，培训是解决这种销售困境的有效手法。

3. 对顾客关系管理的支持

公共关系在顾客关系管理方面的作用表现为报道顾客满意的消费体验和处理顾客不满意的消费体验。企业可以给相关媒体提供反映有关顾客满意的消费体验的报道。报道的内容必须是真实的，有客观事实作为依据，同时要体现出企业及其产品给顾客带来的实实在在的利益。企业还应当非常重视对不满意的顾客的处理。例如，使用上门拜访、电话拜访等方式了解顾客不满意的体验及其原因，及时向顾客表达歉意，若是企业自身产品出现问题，应及时召回产品，以最大的诚意求得顾客的谅解，使问题得以解决。

第五节 营业推广策略

一、营业推广的概念和特点

1. 营业推广的概念

营业推广是指为了刺激需求而采取的能够迅速产生激励作用的促销措施，是适用于一定时期、一定条件下的短期特殊促销。

2. 营业推广的特点

（1）短期促销。典型的营业推广不像广告、人员推销或公共关系那样作为一种常规性的促销活动出现，而是用于短期的和额外的促销工作，其着眼点在于解决某些更为具体的促销问题。

（2）方式灵活。营业推广的方式繁多，这些方式各有其长处与特点，可以根据企业经营的不同商品的特点和面临的不同市场营销环境灵活地加以选择和运用。

（3）效果明显。营业推广可以很快见到功效，因为它们向消费者提供了一个特殊的购买机会，能唤起广大顾客的广泛注意，尤其对于想买便宜东西的消费者更具有吸引力。

但是，营业推广也存在局限性：第一，影响商品的商誉。营业推广适用于品牌忠诚性较弱的消费者，此类消费者追求低廉的价格以及额外利益，因而营业推广容易对其产生效果，长期使用营业推广对品牌形象会造成损害。第二，借用后期销量。有些商品在推广期热销，但过后却无人问津，因为顾客早已大量囤货。

二、营业推广的目的

（1）消费者方面。主要包括促进新用户试用，鼓励顾客重复购买，鼓励使用者购买新包装商品和使顾客放弃使用竞争品牌的习惯，等等。

（2）中间商方面。主要包括鼓励中间商大量订货，促使中间商购买新的产品项目，鼓励非季节性购买，促使中间商参与企业的推广活动和建立起中间商对企业品牌的忠诚，等等。

（3）推销人员方面。主要包括激励推销人员努力推广企业的新产品；为鼓励对新产品成熟型号的支持，鼓励推销人员努力推销非时令产品，增加产品总销量和鼓励更高的销售水平；等等。

三、营业推广的工具

（1）对消费者的营业推广工具。主要包括特别产品保证、赠送样品、发放优惠券、提供各种价格折扣、消费信用、赠券、免费试用、部分退款、服务促销、现场示范、包装促销、累积购买奖励、交易印花、购物抽奖、竞赛、兑奖和游戏等。

（2）对中间商的营业推广工具。主要包括批量折扣、现金折扣、广告津贴、陈列折让、特别广告赠品、销售竞赛、联合推广、交易会或博览会等。

（3）对推销人员的营业推广工具。主要包括销售竞赛、销售红利、奖品、奖金、带薪休假等。

四、营业推广方案的制订、实施与评估

1. 营业推广方案的制订

（1）确定所提供利益的大小。提供的额外利益太小，难以引发顾客的购买行为；提供的额外利益越大，引起的销售反应也会越大，但这种效应也存在递减的规律。因此，要对以往的推广实践进行分析和总结，并结合新的环境条件，确定适当的刺激程度和相应的开支水平。

（2）选择营业推广对象。推广是面向目标市场的每一个人还是有选择的某类人？

范围控制在多大？哪些人是推广的主要目标？这种选择的正确与否都会直接影响到推广的最终效果。

（3）选择营业推广的媒介。比如选定优惠券这种推广工具，那么是直接送给消费者优惠券，还是媒体发放优惠券；是随商品发放优惠券，还是邮寄优惠券。这些涉及不同的接受率和开支水平。

（4）决定促销的时机和持续时间。在何时开始发动推广战役，持续多长时间效果最好等，也是值得研究的主要问题。持续时间过短，由于在这一时间内无法实现重复购买，很多应获取的利益不能实现；持续时间过长，又会引起开支过大和丧失刺激购买的力量，并容易使企业产品在顾客心目中降低身价。按照有关研究，每次的持续时间以平均购买周期的长度为宜。

（5）确定营业推广的预算。这要考虑各种推广工具的使用范围、额度、各种产品所处生命周期的不同阶段等多种因素来加以平衡和确定。

2．实施营业推广方案

在营业推广实施中，要密切注意和测量市场反应，并及时进行必要的推广范围、强度、频率和重点的调整，保持对推广方案实施的良好控制，以顺利实现预期的目标。

3．评估营业推广的效果

在营业推广方案实施后，要对其有效性进行总的评估，最普通的方法是比较推广前、推广期间和推广后的市场份额变化。此外，营销人员也可以采用消费者调研的方式来了解事后有多少人能回忆起这项推广活动，他们如何看待这项推广活动，有多少人从中得益，这项活动如何影响他们后来的品牌选择行为，等等。营业推广效果的评估还可以通过变更刺激程度、推广时间、推广媒介、推广对象来获得必要的经验数据，供比较分析并得出结论。

本章小结

1．促销是通过市场传播，传递企业或产品的存在及其性能、特征等信息，帮助顾客认识产品带给他的利益，从而达到引起顾客注意、使其产生兴趣并采取购买行为的过程。

促销的实质是卖方与买方之间的信息沟通。促销有人员推销、广告、公共关系、销售推广四种主要方式。四种方式的综合运用就是促销组合。

2．确定促销组合须考虑的因素包括：促销目标、产品因素、市场条件、促销预算、促销的总策略、不同促销方式的特点。

3．人员推销又称人员销售，是企业通过派出推销人员或委托推销人员直接与顾客或潜在顾客接触、洽谈、介绍、推广、宣传商品，以促进产品销售的促销方式。人员推销的特点：信息传递的双向性、推销目的的双重性、推销方式的针对性、推销过程的灵活性，费用比较高，优秀人员缺乏等。人员推销多用于产业用户和中间商的销售。人员推销的步骤包括事前准备、寻找顾客、接近顾客、介绍商品、处理异议、达成交易、售后跟踪。

4. 商业广告是指商品经营者或者服务提供者承担费用，通过一定媒介和形式直接或者间接地向目标受众介绍自己所推销的产品或者所提供的服务的广告。广告活动有五个构成要素：广告主、广告媒体、广告费用、广告受众、广告信息。广告按照不同的标准有不同的类型。广告策划的基本要求是：明确的广告目标、准确的广告定位、恰当的广告表现、适宜的广告媒体、合适的广告时机、符合广告法。可用销售效果和传播效果来测定广告效果。

5. 公共关系是一个组织机构（企业）通过双向的信息沟通与其社会公众之间建立的全部关系的总和，其三大构成要素是组织、公众、传播。公共关系的职能是：采集信息，监测环境；咨询建议，参与决策；组织宣传，创造气氛；社会交往，组建网络；教育引导，协调关系；科学预警，危机管理。公共关系可以对员工、中间商和顾客关系管理实行促销支持活动。

6. 营业推广是指为了刺激需求而采取的能够迅速产生激励作用的促销措施，是适用于一定时期、一定条件下的短期特殊促销。营业推广的特点是：短期促销、方式灵活、效果明显。但是可能影响商品的商誉及借用后期销量。根据营业推广不同的目的，可以灵活采用不同的工具。对营业推广要实行有效控制。

关键概念

促销　推式策略　拉式策略　人员推销　广告　商业广告　公共关系广告　公共关系　营业推广

练习与思考

一、判断正误

1. 从事销售工作的人统统被称为推销员。（　　）
2. 公共关系活动的主体是组织。（　　）
3. 人员推销工作的第一步就是接近顾客。（　　）
4. 顾客提出异议表明顾客对产品没有兴趣。（　　）
5. 促销的一切活动实质上是信息的传播和沟通过程。（　　）

6. 广告不得含有虚假的内容，不得欺骗和误导消费者。（   ）
7. 营业推广是一种经常、持续使用的企业促销方式。（   ）
8. 某企业侧重于运用广告进行促销，表明该企业采用的促销总策略是媒体策略。（   ）
9. 在对促销策略的运用中，消费品偏重人员推销与公共关系，而工业品则偏向于广告和营业推广。（   ）

二、单项选择

1. 生产制造商向最上级渠道成员进行营销刺激，由此逐级带动渠道成员多进货和向顾客销售产品的促销做法称为（   ）策略。
    A. 拉式　　　B. 推式　　　C. 整体　　　D. 顾客
2. 产业用品市场主要的促销工具是（   ）。
    A. 广告　　　B. 公关　　　C. 营业推广　　　D. 人员推销
3. 不同广告媒体所需成本是有差别的，其中最昂贵的是（   ）。
    A. 报纸　　　B. 电视　　　C. 广播　　　D. 杂志
4. 现代公共关系传播的本质即组织与公众之间信息的（   ）。
    A. 沟通　　　B. 交流　　　C. 单向交流　　　D. 双向交流
5. 制造商推销价格昂贵、技术复杂的机器设备时，适宜采取（   ）的方式。
    A. 广告宣传　　　B. 营业推广　　　C. 经销商商品陈列　　　D. 人员推销
6. 公共关系广告的主要目的是（   ）。
    A. 推销产品　　　　　　　B. 提供服务
    C. 盈利　　　　　　　　　D. 推销组织形象
7. 人员销售因为（   ）和效率低，因此限制了其运用，尤其是在消费品市场上的广泛使用。
    A. 讲求人际关系　　　　　B. 时间效应长
    C. 成本费用高　　　　　　D. 容易引起顾客反感
8. 2012年冬，宝洁公司在广州街头进行"海飞丝"洗发水试用装派送活动。这属于（   ）。
    A. 广告促销　　　B. 人员推销　　　C. 公共关系　　　D. 营业推广
9. 儿童智力玩具一般宜选择（   ）作为广告媒介。
    A. 报纸　　　B. 广播　　　C. 电视　　　D. 杂志

三、问答题

1. 什么是促销策略组合？影响促销策略组合的因素有哪些？
2. 什么是人员推销？人员推销的主要工作流程是怎样的？

3. 请比较报纸、杂志、广播、电视四大媒体的优缺点。
4. 如何进行广告策划？
5. 网络与传统媒体比较有何特点？
6. 广告效果测定的方法有哪些？
7. 什么是公共关系？公共关系与广告有何主要区别？
8. 什么是营业推广，营业推广有何特点？应注意的问题有哪些？

案例研讨 2014年天猫"双11"促销新玩法

2009年11月11日，淘宝商城把这民间年轻人的光棍节变为了"双11"购物狂欢节。每年的11月11日零点，各大知名网络商城，如淘宝、天猫、京东商城、苏宁易购、国美电器等都会拉开购物狂欢节的序幕。

2013年11月11日，淘宝和天猫在支付宝成交额达350亿元，比2012年的"双11"成交额高出159亿元。但在这个狂欢购物节结束后，电商再遭部分消费者和住店商家的质疑，有消费者投诉，称存在商品价格虚实难辨、商品存在缺货和假货猫腻、快递公司爆仓时延等问题，也有住店商家抱怨赚了吆喝赔了买卖等问题。

2014年9月19日，阿里巴巴在纽交所挂牌交易，随之而来的"双11"电商节也有了新的内容。2014年，天猫"双11"三大方向是"国际化""无线化"和"平台化"，围绕这三个核心策略的具体玩法也随之展开。

一、国际化——四海之内一起玩

今年"双11"的一大特色就是"买遍全球，全球可买"，就是让国内的消费者能买到全球的商品，包括来自美国、日本、韩国、澳大利亚、新西兰、英国、法国、意大利、德国等国家的商品。全球的消费者也能买到国内的商品；同时，220多个国家的海外消费者首次可以参与属于全球的购物狂欢。

目前，针对出口市场，阿里系有"淘宝海外"和"速卖通"两个平台，主要面向全球消费者，帮助中国卖家拓展海外市场，带动品牌出海，满足海外消费者需求。目前覆盖220个重点国家，分别针对海外外籍人士和华人市场。

为点亮全球市场，今年，"淘宝海外"和"速卖通"都加大了平台自身的推广力度，如与中国的台湾、香港等地的便利店和线下场所合作，进行推广活动，或是在国外的门户网站推广，等等。这也使得"双11"能够在这些国家或地区得到充分展现。

除了帮助众多商家出口，"双11"还会重点将海外商家的优质商品引入国内。目前已有20多个国家的海外商家已经入驻天猫国际，这部分市场优势得益于国内跨境电商进口保税模式的开启，与保税区合作的电商平台可享有货品过关便利，且税率较低，反映到商品上就是价格更优惠、物流配送速度更快。

作为今年新开辟的"双11"海外会场，天猫国际通过正品直供、全球包邮，将海淘代购模式商城化。"双11"期间，天猫国际也将以推荐全球各地特色商品的形式，来吸引消费者，如新西兰的奇异果汁、日本的电器等。

此外，国际支付宝、菜鸟跨境物流等物流和支付体系的完善和建立，也进一步推动阿里集团国际化业务。

二、无线化——"云+端"实践"双11"

无线化是今年"双11"另一个重头。这无疑是对年初马云提出的"云+端"战略的检验。阿里巴巴无线化的进程可以延展为无线化、社交化、个性化、本地化四个方面的结合探索，打通线上线下，实现"全民参与"。

天猫总裁王煜磊指出，我们的方向是能跨越PC互联网的边界，变成多终端互动、后端有供应链管理的方案。

2014年，天猫"双11"集合阿里巴巴集团"端"的各方力量，除了手机天猫、手机淘宝、支付宝钱包、淘点点等平台外，阿里投资的UCweb、优酷、微博、银泰等都加入其中。当然，这个生态体系里，商家、第三方服务商、线下Shopping Mall 的全面参与都是对"端"的加强。

"云+端"战略落地的"码上淘"和O2O都将在"双11"发挥重要作用。2014年，参加"双11"的全体店铺，可通过"码上淘"包裹码业务提前开启自己店铺的"互动到店"营销活动。消费者通过扫描包裹二维码，直接参与店铺红包活动。

截至目前，已超过18万家店铺使用包裹服务码。他们使用包裹服务码的主要思路是售后服务、二次营销和包裹的新用户营销服务都基于包裹为接触点，建立PC端店铺——包裹——无线端店铺的服务闭环。

天猫会员"优先购"是2014年"双11"无线端亮点。"优先购"指的是天猫会员通过天猫手机客户端，可以提前入场抢先预订"双11"全线商品。"双11"前，手机淘宝和手机天猫将发布"双11"特别版，让消费者可以随时随地享受掌上"双11"。同时，根据大数据应用，将为用户定制属于自己的"双11"页面。通过天猫范儿，消费者可以发布自己的购物晒图、视频，分享购物乐趣，与品牌互动。

O2O势必是今年"双11"无线化的另一重要阵地，包括线下购物、淘宝旅行、淘宝电影、淘点点几部分。在商城里，将有充值满额返"双11"代金券等活动，让剁手停不下来；淘宝电影精选贺岁档大片，以超低的价格放送给影迷；淘点点还将发放5折代金券回馈吃货。此外，机票折扣、酒店信息等本地生活类，此次"双11"将给消费者提供更具诱惑力的商品组合。

三、平台化——各类拍档一起玩

除了阿里系平台以及生态圈的合作伙伴外，今年"平台化"给予了每个人登上

"双11"舞台的机会,让其都能发挥自己的专长并且实现价值。

由26位明星拍档、12位设计拍档、11家时尚拍档、14个互动游戏拍档、6位技术拍档、1111个红包拍档以及更多的参与者组成的天猫"双11""全民拍档",为消费者呈现不同以往的购物狂欢节。

例如,往年"双11"的互动游戏都是由天猫小二开发;而2014年,每家店铺都可以拥有自己的狂欢法宝:天猫通过与14家互动游戏开发者的合作,将商家的个性化需求给到开放平台上的众多技术牛人,让开发者配合"双11"开发出一些好玩的游戏,使得用户可以边购物边娱乐。

除了游戏互动拍档外,届时将有26位明星拍档通过个人微博给粉丝发"双11"红包,更有1111微博大号、网络达人共同参与,成为红包使者。天猫设计师平台上的12位大牌设计师拍档将全程参与到天猫手袋、天猫专属包装盒等产品的设计中来。而时尚拍档将通过"双11"媒体站,帮助消费者定制购物主题,做消费者的私人时尚顾问。

值得一提的是,从全球1000家高校中筛选出的佼佼者作为技术拍档,将在"双11"真实环境下以个性推荐算法为命题来PK。

总之,通过天猫平台巨大的凝聚力,产生了各行各业的全民拍档,这就是天猫平台化的价值之一,也是生态圈能量的体现。

[资料来源:李文瑶:《环球网科技》,2014-10-13]

讨论题:

1. 促销有哪些方式?本案例采用了哪一种促销方式?
2. 天猫的"双11"促销方式有何优缺点?
3. 请为天猫"双11"促销产生的问题提供一套解决方案。

第十二章 市场营销策划

本章要点
◎市场营销策划概述
◎市场营销策划的程序
◎市场营销策划案的基本要素和结构
◎市场营销策划案的基本要求
◎市场营销策划案的撰写
◎市场营销策划案的实例

在实践中,一个企业之所以要从分析其所面对的市场营销环境入手,认真进行市场调研,研究顾客购买行为和市场竞争战略,并制定4P's策略,目的是为了进行市场营销策划工作,并通过市场营销策划案的方式表达出来并实施。因此,市场营销策划及其策划案是企业开展市场营销活动非常重要的部分。

第一节 市场营销策划概述

一、策划与计划的概念

按《现代汉语词典》的解释,策划是"筹划、谋划",计划是"工作或行动以前预先拟定的具体内容和步骤"。而《哈佛企业管理通鉴》中对策划做出的解释是:"策划是一种程序,其本质是一种运用脑力的理性行为。基本上所有的策划都是关于未来的事物行为。也就是说,策划是针对要发生的事情作当前的决策。换言之,策划是找出事物的因果关系,衡量未来可采取的措施,作为目前决策之依据。"日本长期从事于企业经营策划研究的专家和田创则认为:"策划是通过实践活动获取更佳成果的智慧,或智慧创造行为。"

可见,策划强调"筹"、"谋",它的"划"则是计划,策划与计划相比,更多了一层谋略和创新的含义。因此,策划就是人们在认真分析现有资源的基础上,激发创意,为达到预期目标,对未来将要发生的事情所做的安排和打算。

策划在当今社会中扮演着日益引人关注的角色,大众媒介、商务活动和各种各样的公众活动都需要策划,如CIS策划、公关策划、广告策划、营销策划、企业策划、影视制作策划等。也正是因为有了策划,才使得有关活动能够按预期目标顺利进行。

二、市场营销策划的概念

市场营销策划是策划在企业市场营销中的应用,是策划人员综合运用市场营销学和相关理论,在认真分析并有效运用各种经营资源的基础上,为实现企业预定的营销目标而创造性地对企业未来一定时期内的市场营销活动所做的安排和打算。它具有以下特点:

1. 主观性

市场营销策划是由策划人员完成的,它是对企业未来营销活动的预先安排,虽然这种安排的依据是客观的、真实的信息,但由于自始至终都是人脑在参与,故策划具有主观性。这种主观性主要体现在不同的策划人员对同一信息的认识和处理可能不同,且同一策划人员对同一信息在不同时间和不同情境下也可能有不同的看法。如策划人员之间因个性、生活背景、兴趣爱好和价值取向等的不同会影响其对信息的判断和处理，同一策划人员心情的好坏会影响对信息的评价。

2. 综合性

一方面，市场营销策划要求策划人员不仅掌握市场营销学、经济学、管理学、社会学等大量的综合知识和理论，而且还要求他们将这些知识运用到营销策划中去的能力和经验；另一方面，市场营销策划须通过市场调研等方式收集和掌握大量与企业相关的宏观和微观环境信息，并运用各种定性和定量的方法对其进行加工和处理，以制订出一流的市场营销策划案，并付诸实施。

3. 创新性

创意是市场营销策划的灵魂，创新思维是市场营销策划创意的起点。当今市场竞争的激烈和残酷使得市场营销策划拒绝平庸之作，而必须"以新的视角，用辩证的、动态的、系统的、发散的思维来整合市场营销策划占有的各类资源，在新的排列组合方法指导下，使各种生产要素在生产经营的投入产出过程中形成最大的经济效益"[①]。所以，一流的市场营销策划必须有独特的卖点、正确的定位、耳目一新的形象和科学的营销管理等。

三、市场营销策划的分类

市场营销策划涉及的内容相当繁杂和广泛，企业往往根据需要从不同的角度来进行有关策划，这就使得人们也从不同的角度对其进行分类。

1. 按范围划分

按市场营销策划涉及的范围，可分为综合的市场营销策划和专项的市场营销策划。

（1）综合的市场营销策划。是指比较完整地运用市场营销等知识，结合具体的情况，对企业的市场营销活动进行综合性的、全过程式的策划。它可以是企业针对某一产品、某类顾客或某些竞争对手来做一综合的市场营销策划。

（2）专项的市场营销策划。是指根据具体的要求，针对企业市场营销活动中的某一阶段或部分进行策划。如市场调研策划、分销渠道策划、价格制定策划、CI策划、产品包装策划、广告策划等。

2. 按主体划分

市场营销策划的主体是策划人员，这些策划人员可能来自于企业内部，也有可能来

---

① 陈国庆主编：《营销策划学》，广东省出版集团、广东经济出版社2004年版。

自于企业外部。根据策划主体的这一差异，市场营销策划可分为企业内部自主型策划和企业外部参与型策划。

（1）企业内部自主型策划。是指由来自于企业内部专职策划部门的策划人员进行的市场营销策划活动。一方面，由于策划人员对企业资源及其面对的环境比较熟悉，故这类策划往往具有一定的可操作性；另一方面，正是策划人员来自于企业内部，因受企业文化等方面的制约而直接影响其创新意识。

（2）企业外部参与型策划。是指来自于企业外部专门从事市场营销策划的企业或机构的策划人员进行的市场营销策划活动。这些专业企业或机构包括市场营销策划公司、广告公司、咨询公司、市场调研公司、公关公司、大专院校或研究机构等。这种策划一方面形成了起点高、创意新、视角不同的特点，策划方案往往战略指导性和逻辑系统性比较强；另一方面，由于策划人员来自于企业外部，故对企业资源及其面对的环境的了解程度会影响策划的可操作性。

第二节 市场营销策划的程序

市场营销策划是一项极具挑战性的复杂的创造性工作，为了保证市场营销策划工作的顺利进行，必须遵循一定的程序或步骤。虽然企业外部参与型策划还有一个物色有关策划公司并签订合作合同的过程，但一般情况下，不管是企业内部自主型策划或企业外部参与型策划，具体的市场营销策划程序如图12-1所示。

一、拟订计划

要进行市场营销策划，首先须拟订一份较详细的计划书，它是企业进行市场营销策划的依据。营销计划一般由四个部分组成：

1. 明确策划目的

明确策划目的是企业进行市场营销策划的前提。市场营销策划活动的目的大致有经济目的、社会公益目的、政治目的、文化目的、形象目的和法律目的等几种。如企业内部条件或外部环境发生变化，需要进行市场营销策划来解决经济上、政治上或法律上出现的问题，或企业为树立自身形象或产品形象，消除不良影响，需要连续不断地进行市场营销策划来实现形象或社会公益等目的。为此，策划人员首先要弄清企业对策划要达到的目的是什么，策划工作才能朝着这个目标一步步前进。

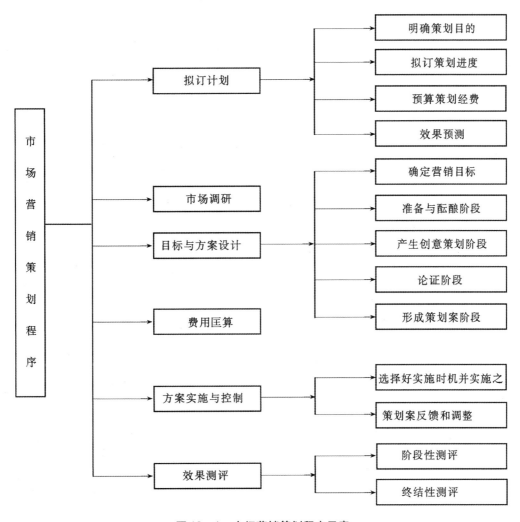

图 12-1　市场营销策划程序示意

2. 拟订策划进度

进度安排是计划书的重要内容。市场营销策划的进度须有详细的时间表，且大致分为四个阶段：

（1）准备阶段。是指正式策划的前期准备阶段。如策划人员准备、物质准备、舆论准备等。拟订计划书也是准备阶段的工作，尤其是其中的"确定策划目的"部分更是重中之重。

(2) 调研阶段。是指信息收集、处理和分析阶段。它是市场营销策划的基础性工作阶段，直接关系到策划的成败。

(3) 设计阶段。是指设计市场营销策划方案的阶段。策划人员根据调研阶段得到的信息进行酝酿，产生创意，形成策划方案。

(4) 实施阶段。是指将筛选出来的策划方案投入实施的阶段。实施阶段的长短由策划方案的性质来确定：如果是全局性、长期性的战略性市场营销策划方案，实施时起点明确，但终点不定，往往会在未来市场发生变化后进行调整；如果是企业专项战术性的市场营销策划方案，则往往起终点明确，具体时间由策划目的来定。

3. 预算策划经费

要进行企业市场营销策划就必须投入资金，进而须对此作一预算。预算内容主要包括：

(1) 市场调研费。是指策划人员组织市场调研小组（小组成员包括外请的专业调研公司或专业调查人员）开展调研活动时需要的经费，如外请调研公司或专业人员费用、信息收集处理费用、差旅费用等。合理地预算这一笔经费，有利于提高调研结果的可信度。

(2) 人力投入费。是指整个策划过程所需的人力费用。可以根据不同的分工或工时来计算。

(3) 策划费。是指给予创意策划者的知识价值的确认。企业内部策划人员的策划费可通过奖金等形式颁发，而企业外部策划人员的策划费则可通过事先签订合同的方式加以确定，如给一笔固定的费用或根据策划方案实施效果计算等。

4. 效果预测

效果预测是指策划人员对企业将要进行的市场营销策划可能出现的效果进行预测，以协助决策者进行有关决策。一般情况下，预测的效果内容随策划目的不同而异，常见的有两种：

(1) 经济效果预测。是指预测市场营销策划方案实施后产生的经济效益或效果。如销售额增加多少、市场占有率提高多少等。

(2) 形象效果预测。是指预测市场营销策划方案实施后是否能提高企业形象（如知名度和美誉度等）或产品形象。

二、市场调研

市场调研作为一项系统活动，在本书第五章作了详细的介绍。策划人员通过市场调研，研究分析了大量的信息，从繁杂的信息中找出企业市场营销问题所在，理出头绪，形成调研报告，并在得出调研结论的过程中，对市场未来发展趋势进行判断和预测，为下一步的方案设计提供依据。

三、目标与方案设计

在完成市场调研之后，策划人员须根据策划目的和调研结果提出营销目标，并围绕策划目的和营销目标设计市场营销方案，这是市场营销策划的关键阶段，直接关系到市场营销策划的质量高低和成败与否。可以说，市场营销策划的核心内容体现在营销目标与方案的设计上。

营销目标通常有经济效果目标（如销售额、市场占有率、产品投资回报率等）和形象效果目标（如企业或产品的知名度、美誉度等），这些目标不能只是概念化的，应以数量表达，转化为指标。

市场营销方案设计一般分为四个阶段：

1. 准备与酝酿阶段

准备与酝酿阶段是指策划人员将市场调研取得的信息消化吸收和研究分析，并进行方案酝酿的阶段。这一阶段花费的时间会比较多，也将反复运用否定之否定的哲学定律，是需要耐心、毅力和创造性思维的阶段。

2. 产生创意策划阶段

产生创意策划阶段是指策划人员经过反复酝酿，不断创新，产生策划雏形的阶段。这一阶段凝聚了策划人员的大量创意和心血，是市场营销方案设计的关键阶段。

3. 论证阶段

论证阶段是指将产生创意策划得到的初步方案经专家论证、逻辑推论、经验判断或选点试行等方式进行论证的阶段。通过这一阶段的工作，策划人员将初步方案与企业内外部的有关人员进行沟通和论证，从而确定具有可行性的市场营销方案。

4. 形成策划案阶段

形成策划案阶段是指策划人员将市场营销策划用书面文件形式表达出来，写成市场营销策划案。有关内容请参考本章第三节。

四、费用匡算

费用匡算是指为了达到营销目标而实施市场营销策划案所需的费用预算。除总费用外，还须计算出每一项营销活动所需的费用。如在匡算促销费用时，除列出促销总费用外，还须匡算出广告费用、推销员费用、公关费用和营业推广费用。在营业推广费用中，还应列出有关推广活动的费用，如现场示范费用、有奖销售费用等。

值得一提的是，费用匡算是紧密依赖于目标与方案设计的，在实际工作中，往往将这两个程序联系在一起考虑：先设计市场营销策划案，然后匡算成本，再依据成本调整市场营销策划案，直到确定一个科学合理的市场营销策划案为止。故一般情况下，都将费用匡算列入市场营销策划案。

五、方案实施与控制

方案实施与控制是指企业实施市场营销策划案并对其进行调控的过程。有人认为，市场营销策划在策划人员写成市场营销策划案并经企业批准就已经告一段落，策划人员并不需要对市场营销策划案的实施和测评负责任。但在实际工作中，企业在实施市场营销策划案时往往还得借助于策划人员的帮助来解决实施过程中出现的各种问题，除非所策划的市场营销方案比较简单，实施过程中不涉及技术性问题或碰到意外困难。事实上，这类情况一般比较少见。

在这环节主要做好两方面的工作：

1. 选择好实施时机并实施之

既然市场营销策划案是经过认真研究制定出来的，那么，一方面，企业和策划人员须精心选择好的实施时机，以取得事半功倍的效果。如广告方案中广告推出时机的选择就非常重要，一旦贻误时机，就有可能前功尽弃。另一方面，企业必须全力以赴地实施市场营销策划案，不能半途而废造成损失。

2. 策划案反馈和调整

由于企业面对的市场和环境是动态的，因此，市场营销策划案的实施过程可能会出现一些意料之外的情况和问题，这就要求企业有关人员及时掌握市场营销策划案实施中反馈的信息，根据反馈的信息及时调整市场营销策划案，使之适应市场和环境变化的需要。

六、效果测评

市场营销策划的最后一个程序就是对市场营销策划案实施效果进行测评。测评有两种：

1. 阶段性测评

阶段性测评是指在市场营销策划案实施过程中对前一阶段实施的效果进行测评。其主要目的是为下一阶段的实施提供方向和指导，保证营销目标的实现。

2. 终结性测评

终结性测评是指在市场营销策划案实施完成后进行的总结性测评。其主要目的是了解整个市场营销策划案的实施效果。如果实施效果理想,达到了预期目标,则要总结经验,以利再战;如果实施效果不理想,甚至差距很大,就要认真分析原因,有针对性地寻找存在的问题并解决,以便在不断提高策划人员策划能力和水平的同时,不断提高企业驾驭市场营销活动的能力。

第三节 市场营销策划案

市场营销策划的最终成果是在市场营销策划案中体现出来的,如果说市场营销策划是一台精彩的演出的话,那么,市场营销策划案就是这台演出的剧本,二者具有同等重要的意义;换言之,一流的市场营销策划还须有一流的市场营销策划案。实际上,看一个市场营销策划者(包括策划人员和策划公司)的能力如何,首先看的是其提交的市场营销策划案质量的高低。所以,市场营销策划者都非常重视自己提交的市场营销策划案,而掌握和提升策划案的写作能力,是任何一个成功的策划者必不可少的基础。

一、市场营销策划案的基本要素与结构

虽然市场营销策划案的内容、长度、形式随研究的对象、目的(目标)和组织的不同会有所变化,但大多数市场营销策划案都包含了以下基本要素和结构:

1. 市场营销策划案的基本要素

市场营销策划案的基本要素一般有5W2H1E。具体要素如下:

(1) What(何事)。实施什么市场营销策划案,即市场营销策划的目的与内容。

(2) Who(何人)。谁去实施市场营销策划案,即企业及策划者。

(3) Why(为什么)。为什么要实施市场营销策划案,即市场营销策划的缘由与背景。

(4) Where(何处)。在何处实施市场营销策划案,即市场营销策划案实施的环境或场所。

(5) When(何时)。在何时实施市场营销策划案,即市场营销策划案实施的起止时间。

(6) How(如何)。如何去实施市场营销策划案,即市场营销策划案的实施方法与措施。

(7) How much（多少）。需要多少费用，即人财物的费用与进度的预算。

(8) Effect（效果）。可能看得见的结论和效果是什么，即市场营销策划案实施效果的预测。

2. 市场营销策划案的基本结构

一般情况下，市场营销策划案的基本结构与基本要素（内容）保持一致。目前，比较公认的市场营销策划案由八个部分构成，其结构框架如表12-1所示。

表12-1 市场营销策划案的基本结构

序号	部分	内容	说明
1	策划导入	封面	市场营销策划案的脸面，应醒目整洁，充满吸引力
		策划小组名单	向读者显示策划运作的正规化程度和对策划案负责的态度
		目录	策划案的目录，方便读者阅读
		前言	表明策划的动机和意义、策划者的态度、感谢语等
2	策划概要	概要	概述策划案的整体思路与主要内容
3	策划背景	现状分析	分析环境、市场、顾客、竞争状态和企业内部现状等，说明策划的必要性和前提
		SWOT分析	分析外部的机会与威胁、内部的优势与劣势，确定策划案中必须强调的问题
4	策划意图	营销目标设定	概括要达到的具体营销目标，说明策划的意义
		概念形成	策划的方针，让读者了解策划内容
5	市场营销策略	目标市场	进行市场细分和目标市场选择
		定位	进行产品定位和市场定位
		营销组合策略	制定产品、价格、分销渠道和促销策略
6	策划实施计划	组织计划	策划案具体实施的方法
		预算	实施策划案所需的时间、费用、人员及其他资源
7	策划实施控制	策划效果预测	预测策划案可能获得的效果
		策划实施注意事项	说明控制策划案实施过程的方法及应急计划
8	附录	参考资料	与策划案有关的基础资料和参考事例等，增加策划案的可信度

二、市场营销策划案的基本要求

一般来说，一流的市场营销策划案须满足以下四大基本要求：

1. 丰富的内容

如上所述，将市场营销策划用书面形式表达出来，就是市场营销策划案。这就要求策划人员既要将已经成熟、内容丰富的市场营销策划完整、全面地用书面形式表达出来，又要将审核市场营销策划案的有关人员未必了解的一些内容补充进来，如有些只作为前提使用的背景性内容，对策划人员来讲是非常熟悉的，但市场营销策划案的审核者却不一定了解，为了方便审核者对市场营销策划案的理解，须将此部分内容补充到市场营销策划案之中。

2. 强大的说服力

一方面，由于市场营销策划案要提交给审核者并经得其批准后方能实施，故策划人员必须保证市场营销策划案具有强大的说服力；另一方面，该策划案无论是在信息的研究，还是在内容的合理组织等方面都有令人信服之处。

3. 娴熟的表达技巧

市场营销策划案由表达（如语言表达、结构组织等）技巧和应用性（如版面设计、字体运用等）技巧两部分组成。如果策划人员具有娴熟的表达技巧，则意味着既可使市场营销策划案行文流畅、阅读易懂，又可以通过美观的版面设计和字体吸引读者，大大增强了市场营销策划案的感染力。

4. 简明易懂的内容结构

要使市场营销策划案让人读起来明白易懂，必须注意以下几个方面：

（1）采用单线逻辑结构。按起承转合的顺序撰写市场营销策划案，各部分之间要做到承上启下，结构尽可能按单线逻辑展开，避免重复。

（2）简洁准确的标题。尽可能使用简洁准确的标题或句子来概括内容，以突出重点，引人注目。

（3）巧妙使用视觉要素。除一般文字外，还应巧妙运用图表、照片和插图等视觉要素，以使内容更加明白易懂。

（4）齐全的基本要素。市场营销策划案中必不可少的各项基本要素须齐全，否则，容易造成内容不连贯，直接影响策划案质量。

三、市场营销策划案的撰写

明确了市场营销策划案的基本结构之后，就可以着手撰写了。

1. 封面的撰写

封面是市场营销策划案的脸面，读者在阅读之前首先看到的是封面，它能起到第一印象的强烈视觉效果，从而对市场营销策划案的形象定位带来直接影响。因此，封面设计应醒目整洁，充满吸引力。封面制作应包含以下几个要点：

（1）标题。标题的设计要准确，名副其实，同时体现策划案呈报对象的名称和策划对象。如《××公司××策划案》，让人一看就能明了。有时为了突出策划的主题或者表现策划的目的，可以加上一个副标题或小标题。

（2）日期。在封面上标出正式提交策划案的日期，同时要有完整的年月日表示。如2010年6月17日。

（3）策划者。在封面下方标出策划者。如果是公司，则列出公司全称；如果是若干策划人员，则写上有关人员姓名。

（4）其他。如果有需要，封面还要显示编号、密级和总页数等。

上述内容可以只用文字表现，也可以在文字上配格子框，或配上与策划案内容相应的照片和插图，以使封面更加醒目。

封面的撰写格式见表12-2。

表12-2　策划案封面举例

密级：	编号：
×××××策划案 －＊＊＊＊＊＊＊＊＊＊	
策划机构：×××公司策划部 策划书完成日期：2014年10月31日 策划书适用时间段：2014年11月1日—2014年12月31日	

2. 策划小组名单的撰写

策划小组名单包括策划人员的姓名、头衔、联系方式、在策划案中承担的任务等，必要时还可写出策划人员的经历。这样做一方面可以向读者显示策划运作的正规化程度和对策划案负责的态度，增加权威性；另一方面也可以作为策划案实施过程中的基础资料，有利于策划案的顺利实施。

一般情况下，可以将策划小组名单直接写在封面上，但内容较多时可用图表的方式在附录中补充列示出来。详见表12-3。

表12-3 策划小组名单

序号	姓名	职务（职称）	联系方式	承担任务	经历

3. 目录的撰写

即使策划案的页数很少，也千万不要省略目录。目录可以使策划案的结构一目了然。所以，目录一经列出，策划案结构的逻辑效果好坏就显示出来了，策划人员可以借助目录来发现和改善逻辑效果。

同时，目录要求将策划案中每一部分的标题和所在页码列出来，也方便读者查询策划案中的内容。

目录的格式见表12-4。

4. 前言的撰写

前言是策划案的开头，要求必须清楚地阐述策划案的意义，引起读者的注意和兴趣。前言的文字不宜太多，一般在一页纸左右，字数控制在1000字以内。其内容主要有：

（1）点出主题和背景。如"××公司接受××公司的委托，就2010年度的广告策略进行具体策划"。

（2）阐述策划案的意义。主要说明为什么要进行策划。

（3）策划案要达到的效果。说明策划案实施后希望达到什么效果。

（4）其他。主要是致词和致谢，如对策划案委托人和给予过帮助的有关方面表达谢意。

5. 策划概要的撰写

策划概要是指用简明扼要的语言表述市场营销策划案的所有重点内容，使读者对策划者的意图和观点予以理解。

策划概要的撰写一般有两种方法：一是在制作正文之前事先确定，以使策划内容的正文撰写有条不紊地进行；二是在正文结束后事后确定，只要把策划内容归纳提炼就行了，具体由策划人员根据自己的喜好和经验来决定。

在实际运用中，也可用图表的形式来辅助表达内容的重点。一般来说，策划概要的篇幅不宜太长，多在两页纸以内。见表 12-5。

表 12-4　××公司 A 产品市场营销策划案目录格式举例

目　录
一、前言 …………………………………………………………………… 1
二、策划概要 ……………………………………………………………… 2
三、现状分析 ……………………………………………………………… 3
1. 宏观环境和微观环境 …………………………………………………… 3
2. 市场分析 ……………………………………………………………… 4
3. 竞争 …………………………………………………………………… 6
四、SWOT 分析 …………………………………………………………… 8
五、成功的要素与棘手的问题 …………………………………………… 9
六、营销战略 ……………………………………………………………… 10
1. 使命与营销目标 ……………………………………………………… 10
2. 财务目标 ……………………………………………………………… 11
3. 目标市场 ……………………………………………………………… 12
4. 定位 …………………………………………………………………… 13
5. 战略 …………………………………………………………………… 13
七、营销组合 ……………………………………………………………… 15
1. 产品 …………………………………………………………………… 15
2. 定价 …………………………………………………………………… 16
3. 渠道 …………………………………………………………………… 17
4. 促销 …………………………………………………………………… 18
5. 服务和内部营销 ……………………………………………………… 18
八、财务 …………………………………………………………………… 20
1. 销售预测 ……………………………………………………………… 21
2. 营销费用预算 ………………………………………………………… 21
九、控制 …………………………………………………………………… 22
1. 实施 …………………………………………………………………… 22
2. 营销组织结构 ………………………………………………………… 23
3. 权变计划 ……………………………………………………………… 24
附录 ………………………………………………………………………… 25

表 12-5 策划概要撰写示意

新事业宣传活动的概要
主题：重塑魅力的宣传活动 时间：8月7日—13日 地点：×××站前教室 方法：体验教学（免费——爵士舞教室、油画教室同时进行） 告知：报纸的附送广告 对象：年轻主妇

资料来源：（日）大木英男著：《行销规划工具书》，中国生产力中心，2002年。

6. 营销目标的撰写

营销目标要求突出准确性、挑战性、现实性、可衡量性和时间性，不能使用"大幅度提高"、"有较大增长"等含糊不清的用语，同时，指标表达也要准确。如"企业利润率为10%"的表达就不准确，因为利润率有成本、销售和资金等多种，必须明确到底是哪一种。正确的表达应该是"到2014年6月30日止，企业销售利润率提高10%"。见表12-6。

表 12-6 营销目标撰写示意

| 我们主要的营销目标是：
1. 第一年第一种产品完成30万台的销量，即第一种产品成功占领将7%的市场份额。
2. 第二年两种产品同时推出，目标是拥有12%的市场份额。
3. 第三年年底之前，在消费者目标市场中拥有35%的品牌认知度，在企业目标市场中拥有45%的品牌认知度。
……
我们主要的财务目标是：
1. 第一年的亏损控制在1000万元人民币以内。
2. 第二年里第一种产品的销量需要带来8%的利润。
3. 以出厂价每台250元售出，第一年销售收入为7500万元人民币。
4. 在头三年里每年保持10%的投资回报率 |

7. 概念的撰写

这里主要指的是概念的制作。概念的制作在市场营销策划中是最具创造力的一个项目。一般来说，制作概念主要有三种方法：

（1）概念置换法。是指用另一种更贴切的词汇来替代原来的概念。如有一种山地车，人们从其快速、轻便、敏捷三大特征联想开来，给这种商品取了一个爱称："羚羊"。

（2）概念拾取法。是指从许许多多的特性中，挑选出特别有代表性、特别出众的特性加以确定，将其他特性丢弃。如便利店有距离近、品种丰富、24小时营业等多种特性，但人们只将24小时营业这一特性拾取出来，突出其独树一帜的特性。

（3）概念统一法。是指将不同的若干个概念用一个新的概念来代表。如汽车、豪宅、金卡本为使用目的不同的商品，但在以"当代人身份象征"这一概念统一起来后，就大大刺激了消费者购买或拥有的欲望。

市场营销策划案中广泛应用如此制作的概念，它也是衡量一个策划案有无创意的指标之一。

8．预算的撰写

预算是市场营销策划案中必不可少的组成部分，它是指对未来将要实施的与策划案有关的活动进行资金分配。预算也可用来在策划案实施过程中追踪开支。其构成因素主要有：

（1）总额的预算。任何一个市场营销策划案首先都必须明了总共需要支出多少费用。

（2）不同项目（直至子目）的预算。市场营销策划案中需要产生费用的项目不少，每一项目下又会有若干子项目，那么，预算必须做到明确每一项目需要多少资金，且每一项目下的各个子项目又需要多少资金，并列出具体的表格。见表12-7。

表12-7 营销费用预算表

项目		摘要	金额（元）
1．广告		从7月中旬至12月底	1 000 000
其中	电视广告	以广东电视台及南方电视台为主	650 000
	电台广告	以交通台为主	50 000
	报纸广告	《羊城晚报》与《广州日报》	250 000
	直邮广告	在市内8个区范围内	50 000
2．营业推广		从7月中旬至12月底	350 000
其中	产品展示会	7月下旬进行	50 000
	样品赠送	以北京路为主	200 000
	幸运抽奖	以中山三路至中山五路为主	100 000

（3）固定费用与可变费用的预算。在所有的费用支出中，有些属于固定费用（如策划设计费等），有些属于可变费用（如差旅费等），将其分别报价有助于预算申请的通过。

9. 策划实施控制的撰写

这一部分主要对策划效果进行预测，并说明控制策划案实施过程的方法及应急计划。附有效果预测的策划案往往能给人以更加鲜明的印象，而制定一份针对每一环节的每月（或每周）的工作进度表以及针对每一环节的管理安排则是常用的策划实施控制的方法。见表12-8。

表12-8 策划效果撰写示意

本策划案的效果预测
在最后部分，笔者将本策划案实施后为我公司带来的益处，就现阶段可以预想到的一些情况列举一下。共包括以下三点： 1. 随着传真通讯商店的设立，能够倾听到直接消费者的心声，我们可以作为公司新商店开发基础资料的一部分内容 2. 随着无线通讯商店的设立，可使本公司的知名度得以更加广泛地渗透 3. 让营业部员工和策划部员工交替在无线通讯商店工作，可以作为员工培训的一种方式 　　特别是第三点，如果选派比较年轻的员工去锻炼，会取得更加明显的效果。关于这一点，可征求营业部的意见

资料来源：（美）玛丽·安伯克·伍德著：《营销计划手册》，上海人民出版社，2003年10月。

应急计划（又叫权变计划）在市场营销策划案中的出现，说明策划人员对未来可能出现的环境或其他方面的变化及该变化对市场营销策划案可能产生的影响做了预先的安排，反映了策划人员的业务能力及策划案的质量高低。见表12-9。

表12-9 应急（权变）计划撰写示意

索尼克公司将准备一份权变计划，用来应付个人数字助理产品（也称为掌上电脑）面临定价急剧下降的压力。如果一个主要的竞争者开始实施一场价格战或者开发了一种低成本的技术，这种现象就会发生。同时，如果具有小型电话功能的产品变得比个人数字助理产品更普遍（就像京瓷研制的产品），这样的情况也会发生。我们的权变策略（本例没有展开）需要推出一个有效的短期价格促销，如打折来保持竞争力，同时对不同目标细分市场的价格敏感度进行评估。在这短期价格促销的基础上，我们就可以实施更长远的计划，保持自己的市场份额，尽可能维护自己的利益

资料来源：（日）大木英男著：《行销规划工具书》，中国生产力中心，2002年。

10. 附录的撰写

附录的作用在于提供策划客观性的证明。因此，凡是有助于读者对策划案内容的理解、信任且有代表性的重要资料都可以考虑列入附录，有时也将原始资料（如调查问卷或图像资料等）录入。当附录的内容较多时，应在附录部分制作一张表页，在表页上编好目录和索引。

此外，市场营销策划案中的"策划背景"和"市场营销策略"部分分别在本书的第二章至第六章及第七章至第十一章中作了详细介绍，策划人员可根据需要参考。

值得一提的是，虽然市场营销策划案由八大部分组成，但在实际应用中，策划人员通常可根据需要对此进行调整。有时为了防止不测，策划人员会尽可能准备第二、第三备选策划案。

第四节 市场营销策划案实例

一、实例一：雀巢2012年上半年广告策划案

（封面和目录部分略）

1. 提案阐述

此次广告策划案通过诉求雀巢咖啡的"一天好开始"这个主题，整合各传播因素，进行整体营销传播方案策划。通过广泛的广告投放，扩大雀巢咖啡"一天好开始"的影响面，配合线上线下的营销活动——"早安雀巢"，在吸引新兴消费阶层选择雀巢的同时，通过早安问候活动提高品牌的美誉度，并加强品牌与消费者的情感联系，增强其对品牌的喜爱，并配合以相应的促销活动，增强整个广告活动的影响力。

2. 市场环境分析

（1）市场概况。

1) 中国咖啡行业整体市场概况。中国的咖啡生产基地，90%以上集中在云南。中国的咖啡行业企业，目前处于小散乱状态，真正成规模且有竞争实力的不多，能与"百年老店"雀巢叫板的更少。我国咖啡的消费量为每年3万吨，其中60%为速溶咖啡，传统冲泡方式的咖啡消费仅占30%，其余的10%为其他形式。中国速溶咖啡40%的年增长率，传统咖啡30%的年增长率，未来中国的咖啡消费增长空间极大，预计2012年将达到12万吨，但人均消费仍达不到100克。

未来几十年，高档中餐厅将成为咖啡消费新的增长点，二三线城市随着咖啡消费量

的不断增加，所占的市场份额也不断增加，将成为中国咖啡市场及未来20年的焦点推动市场。

2）雀巢咖啡市场概况。雀巢咖啡起源于1930年，遍及100多个国家，品牌价值高达130亿美元，被美国权威杂志《商业周刊》列为全球价值最高的咖啡品牌。每秒钟有4500多杯雀巢咖啡被享用，为人们的生活带来无限灵感。雀巢咖啡于20世纪80年代开始在中国销售；1988年，云南设立了咖啡种植基地。雀巢大中华区从瑞士引进生产线，直接投资累计达83亿元人民币，经营22家工厂，固定在华雇员约14000名，每天售出超过760万件雀巢产品。

雀巢的咖啡家族包括1+2系列、特调系列、醇品咖啡伴侣、即饮系列、尊赏系列、礼盒系列。雀巢获得了年轻有活力的大学生和都市白领的喜爱：雀巢咖啡在中国已连续5年被中国大学生评为"至爱品牌"，更被众多白领评选为"30年改变中国人生活的品牌"。

雀巢在中国市场已经形成较高的知名度并拥有固定消费者，且消费者忠诚度高。和对手相比，雀巢的口味偏淡，雀巢奶粉的负面新闻也为雀巢咖啡减分不少。中国的咖啡消费量以每年15%的速度增长，形成巨大消费潜在市场。不断有新咖啡品牌进入市场，咖啡品种及其替代品的增加使得整个行业的竞争越来越激烈。

（2）SWOT分析。

1）优势。品牌知名度高、美誉度好，是速溶咖啡市场的领导者，在中国市场占有率高，消费者忠诚度高。

2）劣势。一是作为市场领导者，面临逐渐强大的竞争对手，雀巢咖啡在新一代的消费者中，出现了购买率低的问题；二是雀巢咖啡近年来面临了食品安全危机和公关危机，对品牌造成了很大的负面影响。

3）机会。一是经济、方便的速溶咖啡是咖啡消费的主流，中国咖啡消费量以每年15%的速度增长，形成巨大的消费潜在市场；二是新兴的消费群体对咖啡文化的接受能力强，他们更能接受和被培养一种咖啡消费习惯。

4）威胁。一是竞争对手的逐渐强大，如星巴克、麦斯威尔，使其领导者地位的市场份额受到威胁；二是雀巢咖啡的负面新闻给竞争对手带来可乘之机。

雀巢咖啡作为市场领导者，面对不断增加的新兴需求空间，其更有实力扩大速溶咖啡的总需求，引导消费者形成早餐咖啡的需求，并且快速抢占这部分份额，刺激其重复消费。

扩大雀巢的品牌影响力，塑造良好的品牌形象，加强与新生消费阶层的情感联系，减少负面新闻对品牌的影响，增强消费者对品牌的喜爱。

（3）消费者消费特点分析。

1) 消费者构成及特点。雀巢咖啡的目标消费群是 18～35 岁的大学生和白领阶层，对广告有亲切感，注重流行新趋势，希望成为具有独特风格的年轻、时尚、充满活力的人群。

2) 消费者行为分析。主要有：

第一，购买动机。根据相关调查得出图 12-2。

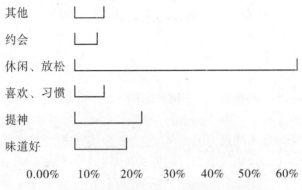

图 12-2　消费者购买雀巢咖啡的动机示意

从图 12-2 可以看出，大约 60% 的消费者购买雀巢咖啡的动机是休闲、放松，将近 20% 的消费者的购买动机是提神。换言之，雀巢咖啡在大多数消费者心目中是休闲、放松的最佳饮品。

第二，消费者细分。18～25 岁的大学生属于年轻活力消费类型，现在"90 后"已经成为大学生主力，这群消费者生活作息规律较差，充满活力，喜欢尝试新的事物。25～35 岁的白领阶层属于品牌消费型，他们着重生活品味，注重流行趋势，对品牌忠诚度较高。

第三，消费者态度。对于雀巢咖啡，有大约 55% 的消费者认为品牌信誉高，很值得信赖，有将近 8% 的人群喜欢雀巢咖啡的外观设计，有将近 30% 的人群认为雀巢咖啡的提神效果很好。

(2) 竞争对手分析。

1) 星巴克。全球最大的咖啡连锁店，是世界领先的特种咖啡的零售商、烘焙者和品牌拥有者。旗下零售产品包括 30 多款全球顶级的咖啡豆，手工制作的浓缩咖啡和多款咖啡冷热饮料，新鲜美味的各式糕点食品，以及丰富多样的咖啡机、咖啡杯等商品。

第一，品牌定位。消费者定位在爱好精品、重视品质的白领阶层，在白领阶层的知名度和品牌忠诚度高，是品质咖啡行业名副其实的领导者。

第二，竞争状况。品牌知名度极高，咖啡的品质高，重视渠道和服务创新，其价格定位是多数人承担得起的奢侈品。

2）麦斯威尔。有着100多年的辉煌历史，其品牌属于著名的食品巨头之一卡夫。在卡夫品牌影响力的带动下，麦斯威尔业务在中国得到迅速发展。

第一，品牌定位。针对消费者对咖啡需求的多样化，不断对咖啡技术进行革新，推出各种口味的咖啡，一边让人们享受咖啡艺术，一边体味生活的品质。展现一种温馨、休闲的生活情趣，更在于100多年来对其品牌形象的精心维护和创造。

第二，竞争状况。浪漫化的诗意创造是麦斯威尔塑造品牌的惯用手法，麦斯威尔有不少带有浪漫情调的歌曲，被到处传唱。品牌知名度、美誉度高。

3. 广告策略提案

（1）广告目标。

第一，吸引新的消费者尝试雀巢咖啡产品。

第二，通过感性的沟通，使品牌与消费者建立情感联系，增强对品牌的喜爱。

（2）创意分析。

"一天好开始"。世界上很多人的一天，都是从一杯香醇的雀巢咖啡开始的。

还未战胜睡意未消的双眼？还未进入工作学习的状态？一杯香浓馥郁的雀巢咖啡，是启动美好一天的活力源泉！帮助你唤醒精神，迎接崭新一天的学习、工作和生活！

首先，大学生和白领阶层一天开始的时间大致是早晨8点。让一杯咖啡带给你每天新的开始，让你充满活力，可以成为刺激其消费的因素。同时，雀巢咖啡可以提升品牌与消费者之间的情感沟通，比如与爱人的共同的家庭梦想，与父母充满亲情的家庭温暖，与志同道合的人的共同追求，等等。

（3）策略核心。首先，挖掘"一天好开始"的创意点，通过体验消费来加大产品对消费者的影响，刺激消费；其次，通过挖掘"一天好开始"的深层次情感动力，在产品和品牌服务上，通过雀巢的细心以及对于消费者生活细节的关怀，加强消费者与品牌之间的情感沟通。

（4）广告策略提案。由三个部分构成，见图12-3。

1）广告投放。

第一，平面广告。通过表达雀巢咖啡带给人的好心情和早安的问候，来诉求一天好开始。主要投放在各大中心城市的、受众群体的热点刊物。

第二，影视动画广告。主要包括三方面内容：一是创意阐述：诉求"一天好开始"，早上一杯咖啡带给人愉悦的心情和精神动力，让主人公的心情也随之改变，周围的一切都受其感染而变得美好，充满希望。一杯雀巢咖啡，一天好的开始。二是脚本细节：空白的背景、一个侧面行走的人。表达现代人的一种疲软的生活状态：每天都是新

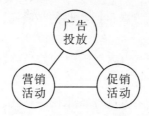

图12-3 广告策略提案构成示意

的,可是每天又都是相同的。画面整体呈现为一个时间轴:一个虚化的时间轴,引领人们机械地向前;也代表了现代人生活的不变和规律性。三是分镜头剧本:空白背景变化,代表主人公的心情。画面的切换和人物的行走为时间轴镜头。详见表12-10。

表12-10 分镜头剧本

镜头	景别	技巧	时间(min)	画面	字幕	画外音	音乐
1	全景		2	空白背景 侧面行走的人			一成不变、沉闷的音乐
2	全景	背景画面切换	2	空白背景 侧面行走的人 前方一股咖啡香气呈柔美线条飘来			音乐由慢变缓
3	全景	背景画面切换	2	行走的人随着飘香继续走 空白背景开始变化,开始有阳光的颜色(动漫)			音乐由缓变得舒畅
4	全景	背景画面切换	2	行走的人随着飘香继续走 背景开始有了太阳的完整样子(动漫)			舒缓的音乐
5	全景	背景画面切换	2	行走的人随着飘香继续走 背景有了绿色 渐现(动漫)			音乐开始变得欢快

续上表

镜头	景别	技巧	时间(min)	画面	字幕	画外音	音乐
6	全景	背景画面切换	2	行走的人随着飘香继续走 绿色部分展现出树和花在生长、绽放（动漫）			欢快的音乐
7	全景	背景画面切换	2	行走的人随着飘香继续走 树和花有了鸟、蝴蝶、蜜蜂（动漫）		鸟叫	欢快的音乐
8	全景	背景画面切换	2	行走的人随着飘香继续走 背景画面变化完整，有阳光、树和花及各种小动物（动漫）		鸟叫 "早安"	
9	全景	背景画面切换	2	画面渐隐。"一天好开始"LOGO		"一天好开始"	
10	全景	背景画面切换	2	雀巢咖啡LOGO		雀巢咖啡	

注：全长20分钟。

第三，户外广告。通过表达雀巢咖啡带给人的好心情和早安的问候，来诉求一天好开始。主要投放在各大中心城市的地铁站、户外广告牌。

第四，促销广告。主要有POP广告、促销包装、促销海报。

2）营销活动。

活动一。早安雀巢——"一天好开始"赠饮试喝活动。此次活动主要针对大学生和白领阶层两个群体，在他们每天早晨出现率最高的场合进行赠饮试喝活动。通过此次活动，让消费者体验雀巢早餐咖啡，从而刺激其再次消费；另外，将"一天好开始"的早餐咖啡诉求传递给消费者，并且通过此次雀巢的"早安问候"，增强消费者对品牌的好感度。

活动一主要包括以下内容：

一是活动设计阐述。由雀巢统一着装的"早安大使"们在各大高校的校园餐厅进行早餐热咖啡的派送，包括在地铁站进行派送，并对每位接受试饮的人说一句"早安"。将活动的试饮动机消除到最小，从情感上影响消费者，达到"一杯热咖啡，是雀巢的早安问候"的活动效果，引导一种早餐咖啡的消费需求。

二是地点和时间的选择。大学校园选择校园餐厅，白领群体选择地铁站出入口。时间选择在春季，春困季节送早餐咖啡更能达到活动效果。持续时间为4个月，每个月都会在不同的中心城市展开此次活动。

三是广告投放。配合此次活动，在地铁站和杂志版面上投放"一天好开始"平面广告，扩大影响面和影响力度。另外，"早安大使"要有统一着装，一次性咖啡杯要有活动设计体现。

活动二：#早安 一天好开始#@×××——微博早安问候活动。此次活动与新浪微博合作，由@雀巢咖啡通过对名人、明星互发早安开始，发起全民"早安问候"，提醒受众"早安问候"的必要性，通过鼓励网友互发"早安"问候参与此次活动，并通过活动激励扩大活动的影响面，使雀巢品牌与消费者建立情感联系，传递早餐咖啡"一天好开始"的诉求，增强对品牌的喜爱。

活动二主要包括以下内容：

一是活动设计阐述。"一天好开始"的动力不仅仅来源于身体上的精神充沛，还有情感上的充沛，来源于生活的动力。而生活的动力源自哪里？可能是家人、朋友、爱人。互道早安是件平常的事情，可是我们多久没有跟他们说早安了？通过这样的诉求，来吸引受众参与其中。一句平淡的问候，也许就是自己和他人美好一天的开始。

二是活动激励。参与#早安 一天好开始#@×××早安问候活动，有机会获得IPAD、IPHONE、雀巢咖啡、雀巢相关赠品等。此次活动奖项的产生，主要是随机抽取的早安幸运奖，早安问候最多的早安大使奖、早安微小说奖、最具魅力的早安奖。

三是广告投放。配合此次活动，在地铁站及杂志版面等投放"一天好开始"平面广告，以及在新浪微博投放活动广告。

3）促销活动。配合线上线下活动以及广告的投放，在各大终端进行促销活动。促销方式主要有：

第一，节假日促销。包括：

打折式促销：2012年1月1日至3日、5月1日至3日在各超市进行8.5折的促销活动。

惠赠促销：在2012年2月13、14日，即凡是购买雀巢咖啡满68元的情侣，即赠送两袋雀巢威化巧克力。

限时抢购：6月6日当天在各大超市开展限时一小时的抢购活动，即在规定的时间内购买雀巢咖啡，享受7.5折的优惠。

第二，体验式促销。包括：

免费品尝促销：3月8日在各大型超市设置雀巢咖啡专卖点，由促销员为前来光顾的女性顾客提供免费的咖啡品尝。

竞赛式促销：4月10日在超市开展关于雀巢咖啡历史或现有产品的知识竞赛活动，吸引顾客参加。答对相关竞赛题目，即获得雀巢速溶咖啡一小袋的馈赠。在提高顾客对产品关注度的同时，还可以加深他们对雀巢咖啡的了解，对潜在消费者的消费行为起到潜移默化的影响。

4. 媒介投放提案

（1）媒介选择。主要有以下几种：

1）杂志。选择《销售与市场》《时尚旅游》杂志。理由是这两本杂志的受众与雀巢咖啡的受众相吻合。广告方式为封三。

2）网络。选择新浪。理由是受众相吻合，且与新浪微博的活动合作，可以加强广告合作。广告方式为弹出式广告、旗帜广告。

3）POP促销广告。配合促销活动的促销广告。

4）海报。配合各终端广告，在活动期间向受众接触面投放活动海报。

5）电视广告。选择央视一套、北京卫视。理由是这两台电视频道辐射中国的主要中心城市的受众，收视率高、影响范围广、覆盖面大、渗透力强。

6）LED楼宇广告。在北京、上海、广州、深圳、武汉、成都等各大高级写字楼电梯内投放LED广告。电梯是白领上班族的必经之地，乘客固定，有极强的针对性，环境较封闭，广告信息突出，受注意度很高，广告效果好。

7）户外广告。北京地铁、上海地铁、广州地铁。地铁作为大多数白领群体每日的交通工具，客流量极大，地铁广告受注意度很高。

（2）投放计划。媒介投放计划详见表12-11。

表12-11 媒介投放计划

媒介	投放方式	预算（元）	投放时间
杂志			
《销售与市场》评论版	封三	100,000	1月
《时尚旅游》	封三	约250,000	2月
网络			
新浪	首页旗帜	450,000/天*2	1月
		450,000/天*2	3月
POP	活动促销	10*100	促销期间

续上表

媒介	投放方式	预算（元）	投放时间
海报	活动促销	50＊100	促销期间
电视			
央视一套	约20：44黄金档剧场下集预告一	201,300＊30	3月
北京卫视	约21：31－21：35"超级秀"正片前	30,000＊30	4月
LED	高级写字楼	2,000,000	5、6月

5. 活动执行计划

活动执行计划见表12－12。

表12－12　活动执行计划

时间	内容
2012.01—2012.04.31	广告投放
	活动促销、节日促销
1、2月，北京、上海、广州	早安雀巢——"一天好开始"赠饮试喝活动
3月，武汉、成都	
4月，地级城市高校	
2012.05—2012.06	广告投放
	活动促销
	#早安#一天好开始#@×××——微博早安问候活动

6. 预算

预算见表12－13。

表12－13　预算表

项目	金额
广告预算（元）	11,095,000
活动预算（元）	5,000,000
总预算（元）	16,095,000

［资料来源：http：//wenku.baidu.com/view/4bd634f64693daef5ef73d87.html 百度文库，2014－10－30］

二、实例二：EC湿巾校园营销策划案

（封面和目录部分略）

1. 前言

景兴商务拓展有限公司（以下简称景兴）位于广东省佛山市，成立于1998年。多年来景兴根据不同阶层的女性消费特点，先后研发生产了ABC、Free、小妹系列卫生巾，EC系列、清丽系列湿巾等产品，其中含景兴独有KMS健康配方的ABC系列卫生巾，能及时清洁与提神效果显著的EC系列湿巾更是受到追求高品质生活的消费者的青睐。据国际知名AC尼尔森数据分析景兴的一项统计显示，作为高品质的个人护理产品，景兴旗下的ABC系列卫生巾在南方市场的占有率高居第二，并且已进入国内市场占有率的前六名，而湿巾系列产品在中国市场占有率也位列前三。

A&E湿巾有限公司（以下简称A&E）是景兴下属的专门从事EC-2湿巾系列产品策划推广的子公司，A&E以"提高个人护理水平"为目标，致力于提供优质、清洁、美丽健康的护理产品，满足和丰富人们的追求，且在以下三方面显示出其特点：

第一，品牌形象：清新、舒爽、健康。

第二，品牌定位：清爽洁净，瞬间神采飞扬。

第三，诉求对象：选择、渴望优质生活的现代年轻人。

为提高EC品牌在A人学B校区的知名度，从而为该品牌进一步拓展高校市场打下坚实基础，我们将针对该品牌特点、理念、效用首先进行全面深入的营销环境分析和SWOT分析，然后在此基础上对市场进行细分和目标市场选择，并结合产品的属性和当代大学生崇尚青春、健康、时尚的潮流，对品牌进行市场定位。通过独特的"清爽洁净，瞬间神采飞扬"营销口号，传递产品健康、时尚、与众不同的品牌概念，吸引更多的消费者。

2. 营销环境分析

（1）宏观环境分析。一方面，近两年来，湿巾作为个人和家庭清洁用品，其市场的需求已经形成，消费者已经开始认识到湿巾与普通干纸巾的不同作用，尤其是带有消毒、美容和提神醒脑功能的湿巾产品，消费者对其的作用是认可的。另一方面，从目前市场销售情况看，某些品牌的销量已经有了明显的增长。如广州佛山的某些湿巾，由于其摆放的货架位置是在超市收银台侧面的货架上，与口香糖之类的小商品放在一起，不少消费者在等候结账的闲暇时间里随意拿起湿纸巾产品，加上湿纸巾的包装色彩比较新颖。

由此可见，湿巾产品的销售尚未像普通干纸巾那样形成日常所必需的习惯性消费，

消费者对其的认知只是尝试型的。所以，接下来厂家需要加强对消费者的引导，使消费者对湿巾的使用认知与普通干纸巾产生同等作用。

2006年第三季度，上海市质量技监局对市场上的一次性湿巾产品质量开展了专项监督抽查，共抽查了本市生产和销售的41种一次性湿巾产品。经检验，合格40种，抽样合格率为97.60%。其中A&E生产的EC系列湿巾也顺利通过了该项检测。

(2) 微观环境分析：

1) 消费者分析。A大学B校区在校学生有6000多人，男女生比例为6:4。调查显示，对湿巾的消费具有复杂性、易变性和情感性，特点明显，且对湿巾的需求主要是基于求实心理、求新心理和求美心理，能接受的价格为4.00～4.50元/包。

有56.65%的消费者注重的是湿巾的质感质量。对于湿巾的效用，有41.83%的消费者是看中了其具有日常护理功能，吸收污垢微粒，清爽不油腻，清洁毛孔，有效去除脸部过多油脂的功能。消费者偏好的首先是质量，其次是品牌。

2) 竞争者的分析。在湿巾行业上，强生、心相印和EC同处于中高端市场，这三种产品位列中国湿巾市场前茅。强生和心相印各具优势，对于EC具有较大的竞争力。通过调查发现，强生、心相印和可伶可俐都对B校区学生有不少的影响。见图12-3。

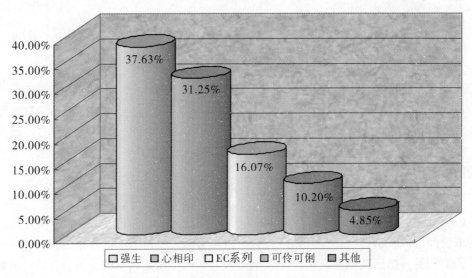

图12-3 目标市场消费者对EC品牌的认知

由此可知，EC系列在A大学B校区学生中的影响力不足，与强生和心相印有较大差距，消费者的态度更加倾向于强生和心相印。而在产品和价格方面的情况见表12-12。

表 12-12　EC 与竞争对手分析

品牌	产品种类	功效	平均价格(元)	优势	劣势
EC	EC-1 洁肤 EC-2 薄荷 EC-冰湿 EC-西柚薄荷	洁肤 消毒 提神醒脑	4.00	功效较齐全 科技含量较高 （特含洗必泰消毒剂）①	产品功效差异不明显，价格偏高
强生	婴儿倍柔护肤柔湿巾 婴儿清爽洁肤柔湿巾	清洁滋润 柔软温和	3.00	针对性强 价格较低廉	面向消费人群窄，功效单一
心相印	洁肤柔湿巾 消毒柔湿巾 婴儿润肤柔湿巾	纯正温和 保湿护肤 抗菌效果可靠	3.50	市场占有率高 面向消费人群广	产品针对性较弱

注：①洗必泰消毒剂具有相当强的广谱抑菌、杀菌作用，是一种较好的杀菌消毒药，对革兰氏阳性和阴性菌的抗菌作用比新洁尔灭等消毒药强，即使在有血清、血液等存在时仍有效。

(3) SWOT 分析：

1) 优势：

第一，具有良好的企业形象。A&E 的母公司景兴作为中国十大女性产品生产商之一，以呵护女性、关怀女性为宗旨，树立了一个有活力、健康、时尚的企业形象。

第二，拥有高质量的产品。EC 湿纸巾系列产品均采用进口优质水刺无纺布，感觉柔软舒服。外包装均采用铝膜、易拉贴包装，使产品更密封、更安全。

EC-2 湿巾是我们的主推产品之一，它是在原来基础上加入新的配方研制而成的，完善了它的护理功能，加大了该产品的技术含量。

第三，占有较高的市场份额。EC 湿巾系列产品在中国市场占有率位列前三，具有良好的竞争力。

第四，消费者忠诚度较高。据调查结果分析，有 65.23% 的消费者都认为使用 EC 产品后感觉很好，表示会继续拥护 EC 产品。可见，消费者对 EC 产品有较高的品牌信任感。

第五，明晰的品牌销售战略。制定了明晰的品牌销售战略，消费者群体明确且集中。

2) 劣势：

第一，消费群体过于狭窄。产品的针对性过强使其面向的消费群体过于狭窄。湿纸巾本来就不算日常生活必需品，由于产品定位在注重仪表、注重个人卫生、需要经常保持精神的事业型人士和新潮女性，使得它不能像普通干纸巾那样拥有庞大的消费群体。

第二，价位偏高。根据调查分析，EC 湿巾在整个湿巾市场上的价位偏高，价格比同类型产品高 1 元钱左右。

第三，品牌认知度不高。根据问卷调查结果显示，品牌在目标市场学生当中的品牌认知度不高，只有 16.07%。

3) 机会：

第一，消费者生活品位提高。大学生追求的层次由以前低级的生理需求、安全需求上升到高一级的尊重需求、归属需求甚至自我实现需求，在生活质量方面追求高品质的享受，追求更健康、更个性化的生活。作为不同于普通干纸巾的新型湿巾可以给人带来方便、健康，有很大的发展空间。

第二，天气日益炎热。夏天就要来了，目标市场所在地年平均气温为 21.40～21.90℃，每年 1～7 月平均气温逐渐上升，炎热的夏天从 6 月持续到 10 月，目标市场上的学生每周运动时间超过 3 小时的约占 65%，所以湿巾的目标市场需求量是很大的。

第三，消费群体年轻化。目标消费群年龄集中在 20 岁左右，年轻一族接受新事物的能力优于其他年龄阶层，减少了推广新潮产品的阻力。

第四，品牌的新鲜感。目标市场上没有展卖过湿巾，根据大众的猎奇心理，我们的产品会给消费者以新鲜、新奇的感受，增加他们对产品的关注程度。

4) 威胁：

第一，替代品很多。湿巾的替代品很多，例如毛巾、手帕、吸油纸、普通的干纸巾等。其中普通干纸巾的替代性最强，虽然它在功效质感方面远远不及湿巾，但它的价位要便宜很多；而且从生活习惯上来说，据调查结果显示，在夏季只有 29.60% 的人用湿巾拭汗，而用干纸巾的高达 51.34%。

第二，目标市场有 EC 产品出售。目标市场上有小超市卖 EC 西柚薄荷湿巾和可伶可俐湿巾。

第三，目标市场男生占四成。男生平时对生活细节的关注程度普遍低于女生。

第四，产品类型与目标市场消费者的消费习惯存在一定差异。

3. 目标市场战略

（1）市场细分。从性别、消费水平和消费者生活方式三方面来细分目标市场——A 大学 B 校区在校学生。

（2）市场定位。本策划目标市场选择为有一定购买力的新潮型、运动型和社交型在校学生，其中以女生为主，也可打出情侣或是男生也应注重护肤的旗号，尽量吸引男生的购买欲望，提高男生市场的购买率。

（3）目标市场营销策略。A&E 此次的推广活动主推产品是 EC 系列，主要推广对象是大学生，产品和消费群都很集中。根据 A&E 主推的产品特点以及对消费者的分析，将 A&E 的目标市场营销策略定为集中性市场营销策略。

4. 推广目标

EC 品牌认知度从 16.07% 提高到 50%，EC 系列产品在目标市场上 3 天的销售额为 1500 元（注：现场销售时间为 3 天）。

5. 产品策略

（1）产品组合。产品组合包括宽度、长度、深度和关联度四个衡量变量。本次 EC 系列产品组合的衡量变量见表 12-13。

表 12-13 本次 EC 系列产品组合的衡量变量

产品线的长度	擦拭湿巾
	EC-1 洁面湿巾
	EC-2 薄荷湿巾
	EC-冰湿巾
	EC-西柚薄荷湿巾

即宽度为 1，长度为 4。

（2）产品组合方案主要有：

第一，根据消费者个性组合。情侣装、夏日清爽装、亲情装、旅行装、男生宿舍装、女生宿舍装。

第二，自由选择组合。让消费者根据自己的需要自由组合产品。

（3）产品服务主要有：

第一，售前。在产品进入市场初期，主要目的是让消费者认识我们的产品。因此，在售前我们将提供样品、产品目录等资料，以供消费者参考。

第二，售中。一是服务策略。令顾客即使在我们店里找不到合适的货品，也能得到一份令人愉悦的微笑。顾客就是上帝，无论顾客提出什么样的问题，我们都乐意去解答，力求做出一种宾至如归的效果。免费使用试用装，现场可提供镜子，让顾客亲自体验产品效果，提高顾客的满意度以及购买欲。二是送货上门。可短信、电话订购，销售人员尽快为顾客送货上门。

第三，售后。承诺在销售 3 天之内若质量和包装有问题可以包退包换。认真处理对待顾客的批评与建议。

（4）品牌策略主要有两个方面：

第一，让消费者了解 EC 的健康品牌内涵：清新、舒爽、健康，通过一系列围绕以健康品牌为主线的宣传以及公关活动，对目标消费者及潜在消费者进行感染，让他们逐步了解 EC 的健康品牌形象及 EC 提倡的优质、洁净生活的理念。

第二，让消费者了解 EC 的健康保健文化。将从设计品牌吉祥物、海报广告、立体广告、现场真人广告 Show 和 DV 广告来展开广告宣传攻势。

（5）包装策略：

第一，精美外包装袋。因为产品的体积小，商家也没有专门的包装袋提供，所以，我们准备了精品店里用的方形精美包装袋，分为小、中、大型，视买的产品数量而定。

第二，礼品包装。有些人会选择买了送给男（女）朋友或亲人，可以在顾客需求的情况下向他们提供礼品包装。买到一定数量可免费包装，数量少加收适量的包装费。

第三，成套包装。将套装组合的产品用透明胶或者彩带固定在一起。

6. 价格策略

（1）定价方法。在考虑成本的基础上采用低价策略进入目标市场。

（2）定价因素。同类产品在目标市场上的价格、成本、税金、合理利润、市场调查的结果等。

（3）最终定价。推广时期的最终定价为 3.50～4.00 元/包。

（4）折扣定价策略。在推广后期若有一定数量产品剩余，会选择数量折扣，采用买几送一之类的手段来进行产品的销售。

7. 分销渠道策略

（1）专卖店。设立产品销售中心——专卖店，选址在目标市场的中心花园。

（2）流动销售。在一些时段增派人手在校园各处流动销售，人流大的地段相应多设流动销售点，扩大销售覆盖网络。

（3）发展战略合作伙伴。与在目标市场上销售的其他产品结成战略合作伙伴，尤其是价格较高的产品，把我们的产品作为赠品在销售他们产品的过程中赠与消费者。

8. 促销策略

（1）促销目标。核心是沟通信息，同时促销目标要服务于整个品牌策划推广活动的总体目标即提高 EC 湿巾品牌及其所属公司景兴公司在目标市场的知名度。

（2）促销组合。采用人员推销、广告、公关、营业推广的组合方式。且以人员推销和营业推广为主，广告和公关为辅。

（3）人员推销策略。主要考虑采用试探性策略、针对性策略、诱导性策略、处理抱怨策略、购买动机策略、百分百消费者满意策略、肢体语言策略、形容词策略、P.E.T 策略等九种人员推销的策略。

（4）广告策略。主要有：

1）广告方式。主要由设计品牌吉祥物、海报广告、立体广告、现场真人广告 Show

和 DV 广告组成。

2）广告目标：打造清爽、舒适和健康的品牌形象。

3）广告宣传口号：Easy clean，easy for life。

4）广告宣传格调：浪漫　梦幻　高雅。

5）广告宣传时间：2007 年 4 月 16 日—2007 年 4 月 26 日。

（5）营业推广策略。主要有赠送样品、廉价包装、限期销售。

（6）公关策略。主要有以下几方面：

第一，问卷调查，倾听消费者心声。

第二，团建班会小品，别开生面的"亮相"。

第三，权威部门认可其质量。

第四，新闻软体宣传。

9. 控制

（1）推广期间基本财务支出与利润预算。由于产品是代销性质，所以可不考虑产品占用的资金。现分别做出 2007.4.3—2007.4.26 期间销售费用财务支出预算（见表 12-14）和利润预算（见表 12-15）。

表 12-14　销售费用财务支出预算（2007.4.3—2007.4.26）

财务支出项目	预算金额（元）
（一）促销费用	363.50
（二）管理费用	171.00
（三）营业费用	60.50
（四）机动费用	40.00
总预算支出额	￥635.00

表 12-15　利润预算表

湿巾产品类别	预算销量（包）	销售额（元）	成本（元）	毛利润（元）	销售费用（元）	净利润（元）
EC 系列湿巾	432	1500.00	1130.00	370.00	635.00	75.00
其他辅助商品	432	2700.00	2360.00	340.00		

注：1. 校园销售活动只有 3 天，故此表中的销售额是 3 天的销售额。

2. 其他辅助商品均由 A&E 提供。

(2) 计划执行进度表（略）。

(3) 应急方案（略）。

作者备注：本案例是在作者指导的2005物流（1）班和2006工商（1）班学生完成的EC湿巾校园营销方案的基础上改写的，原方案用于校园内品牌大赛，其内容不得作为任何商业用途。

本章小结

1. 策划就是人们在认真分析现有资源的基础上，激发创意，为达到预期目标对未来将要发生的事情所做的安排和打算。

2. 市场营销策划是策划在市场营销中的应用，是策划人员综合运用市场营销学和相关理论，在认真分析并有效运用各种经营资源的基础上，为实现企业预定的营销目标而创造性地对企业未来一定时期内的市场营销活动所做的安排和打算。

3. 市场营销策划的程序是拟订计划、市场调研、目标与策划案设计、费用匡算、策划案实施与控制和效果测评。

4. 将市场营销策划用书面形式表达出来，就是市场营销策划案。

5. 市场营销策划案的基本要素为5W2H1E：What（何事），Who（何人），Why（为什么），Where（何处），When（何时），How（如何），How much（多少）和Effect（效果）。

6. 市场营销策划案的基本结构由八部分组成：策划导入、策划概要、策划背景、策划意图、市场营销策略、策划实施计划、策划实施控制和附录。

7. 市场营销策划案的撰写既要充分考虑市场营销策划案的基本要素和结构，也要关注撰写要求和方法。

关键概念

策划　市场营销策划　市场营销策划程序　市场营销策划案　市场营销策划案的撰写　5W2H1E　策划导入　策划概要　策划背景　策划意图　策划实施计划　策划实施控制　应急计划

练习与思考

一、判断正误

1. 策划就是计划。（　　）

2. 市场营销策划是策划在企业市场营销中的应用。（　　）

3. 创意是市场营销策划的灵魂，创新思维是市场营销策划创意的起点。（　　）

4. 内容丰富的市场营销策划案肯定能被策划委托人采用。（   ）
5. 预算也可用来在策划案实施过程中追踪开支。（   ）
6. 凡是有助于读者对策划案内容的理解、信任的资料都可以列入附录。（   ）
7. 市场营销策划案一经批准就须全力实施，而且不能调整。（   ）

二、单项选择
1. 市场营销策划是由策划人员完成的，自始至终都是人脑在参与，故具有（   ）。
   A. 主观性　　　B. 综合性　　　C. 创新性　　　D. 参与性
2. 市场营销策划的核心内容体现在（   ）阶段。
   A. 费用匡算　　　　　　　　B. 目标与方案的设计
   C. 效果预测　　　　　　　　D. 市场调研
3. 5W2H1E 中的 E 是指（   ）。
   A. 环境　　　　B. 效率　　　　C. 效果　　　　D. 效益
4. SWOT 分析属于（   ）的内容。
   A. 策划导入　　B. 策划概要　　C. 策划背景　　D. 策划意图
5. 概述策划案的整体思路与主要内容的是（   ）。
   A. 策划导入　　B. 策划概要　　C. 策划背景　　D. 策划意图
6. 将不同的若干个概念用一个新的概念来代表，属于（   ）。
   A. 概念置换法　B. 概念统一法　C. 概念拾取法　D. 不同概念法

三、问答题
1. 如何将市场营销策划与市场营销计划区分开来？
2. 如何理解策划中的创意？
3. 市场营销策划案的基本要素和结构有哪些？
4. 你认为撰写市场营销策划案时常会犯什么错误？
5. 你认为实例一"雀巢 2012 年上半年广告策划案"的撰写有无值得改进的地方，为什么？
6. 你认为实例二"EC 湿巾校园营销策划案"的撰写存在什么问题？应如何解决？

主要参考文献

1. （美）菲利普·科特勒，等. 营销管理［M］. 北京：中国人民大学出版社，2009.
2. （美）菲利普·科特勒，卡塔加雅，塞蒂亚万. 营销革命3.0从产品到顾客，再到人文精神［M］. 北京：机械工业出版社，2011.
3. 吴建安. 市场营销学［M］. 3版. 北京：高等教育出版社，2007.
4. （美）迈克尔·波特. 竞争优势［M］. 北京：华夏出版社，2000.
5. （美）里斯·特劳特. 定位［M］. 北京：中国财政经济出版社，2002.
6. （美）保罗·A. 郝比格. 跨文化市场营销［M］. 芮建伟，等译. 北京：机械工业出版社，2000.
7. B. A. 克鲁捷茨基. 心理学［M］. 北京：人民教育出版社，1984.
8. （美）曼昆. 经济学原理［M］. 北京：北京大学出版社，1999.
9. 朱玉童. 渠道冲突［M］. 北京：企业管理出版社，2004.
10. （美）玛丽·安伯克·伍德. 营销计划手册［M］. 上海：上海人民出版社，2003.
11. 廖为建. 公共关系学简明教程［M］. 广州：中山大学出版社，2001.
12. 王静. 现代市场调查［M］. 北京：首都经济贸易大学出版社，2005.
13. 罗纳德·B. 马克斯. 人员推销［M］. 北京：中国人民大学出版社，2002.
14. （美）William Wells. 广告学——原理与实践［M］. 北京：清华大学出版社，1999.
15. （美）凯文·莱恩·凯勤. 战略品牌管理［M］. 北京：中国人民大学出版社，2004.
16. （美）斯特恩. 市场营销渠道［M］. 北京：清华大学出版社，2001.
17. 傅浙铭，冯健民. 营销八段——企业营销战略［M］. 广州：广东经济出版社，1999.
18. 陆学艺. 当代中国社会阶层研究报告［M］. 北京：社会科学文献出版社，2002.
19. 亚德里安·J. 斯莱沃斯基，等. 发现利润区［M］. 北京：中信出版社，2000.